RAY. C. P. BOONE

LE BANANIER

CULTURE — INDUSTRIE

COMMERCE

PARIS

SOCIÉTÉ D'ÉDITIONS
GÉOGRAPHIQUES, MARITIMES ET COLONIALES
ANCIENNE MAISON CHALLAMEL FONDÉE EN 1839
17, RUE JACOB (VIᵉ)

1926

LE BANANIER

RAY. C. P. BOONE

LE BANANIER

CULTURE — INDUSTRIE

COMMERCE

PARIS

SOCIÉTÉ D'ÉDITIONS

GÉOGRAPHIQUES, MARITIMES ET COLONIALES

ANCIENNE MAISON CHALLAMEL, FONDÉE EN 1839

17, Rue Jacob (VIᵉ)

1926

CULTURE. — INDUSTRIE. — COMMERCE

HISTORIQUE

Il serait difficile, même impossible, d'affirmer d'où le bananier est originaire. Cette précieuse plante a été connue de toute antiquité dans de nombreux pays qui revendiquent tous d'être son berceau.

Si la plupart des auteurs s'accordent pour dire que le bananier est originaire de l'Asie — comme l'humanité — sans cependant préciser de quelle partie de l'Asie, nous avons tout lieu de croire qu'il proviendrait de l'Asie méridionale d'où il s'est répandu dans les deux hémisphères. De l'Asie méridionale le bananier passa en Arabie, d'où il émigra en Égypte, et de la côte septentrionale de l'Afrique, il se répandit dans le sud de l'Espagne, pour de là gagner le Nouveau Monde. Les Portugais l'introduisirent des Indes au Açores et les Espagnols des îles Canaries à Saint-Domingue, d'où il fut répandu dans les Antilles. C'est également des Indes que le bananier passa à Ceylan, à Java, à Sumatra et ensuite dans les îles du Pacifique, particulièrement aux Philippines, puis dans toute l'Océanie. Ce furent également les premiers navigateurs qui trafiquèrent avec l'Inde occidentale, qui transportèrent le bananier sur les côtes orientales d'Afrique à Madagascar, et à Zanzibar d'où il pénétra vers les grands lacs jusqu'au cœur de l'Afrique, et descendit par le Zaïr ou Congo jusqu'à la côte occidentale d'Afrique.

L'aire du bananier est par conséquent immense. Et s'il est difficile de préciser l'endroit d'où il s'est répandu dans les cinq parties du monde, il est tout aussi difficile d'énumérer toutes les variétés, parce que beaucoup de bananiers n'ont pas encore été baptisés, ni classifiés scientifiquement et aussi parce que les noms vulgaires diffèrent d'un pays à l'autre et même dans un même pays de sorte qu'il devient impossible d'établir leur identité ou synonymie. En outre, la plante et le fruit diffèrent parfois notablement dans une même variété suivant le lieu, le degré de température et d'humidité et surtout suivant la nature et la fertilité du sol. Il n'est donc pas surprenant que les caractères botaniques de cette plante ne soient pas mieux connus.

VARIÉTÉS

Le bananier, qui appartient à l'ordre des Scitaminées et à la famille des Musacées, est une plante vivace dont il existe un très grand nombre de variétés.

On donne aux bananiers, sans distinction d'aucune sorte, le nom de : *tsiu*, en Chine ; *chec*, au Cambodge ; *chuôi* (qui en quoc-gnu se prononce *touille*), en annamite ; *seging*, en tagal ; *mocha, kadali*, en sanscrit ; *pala, keli-palan*, en hindou ; *kehal, khelkhang, anavalu*, en cinghalais ; *moz, maoz, mauz*, en persan ; *kluee lang tang*, au Siam ; *mondgui, pouin*, en Nouvelle-Calédonie ; *vudi*, aux îles Fidji ; *vahi*, à Tahiti ; *miera, meia, meita, meika*, dans la plupart des îles de la Polynésie ; *vellacoi, vasha, vazhapaghan, pisang*, en Malais ; *ayaba*, au Soudan ; *okbo*, en Guinée ; *akondro*, à Madagascar, etc.

Rien qu'en Asie, d'où le bananier est originaire, on rencontre une infinité de variétés de *Musa*, principalement dans la partie méridionale. Roxburg décrit trois sortes de *Musa paradisiaca* comme étant originaires de l'Inde et environ trente de *Musa sapientum* ; Rheede en énumère huit et G. Baker, dans la *Flora of British India*, donne dix formes différentes de bananiers ; d'autres, citent quinze à vingt sortes rien que dans la Présidence de Madras et dix dans celle de Bombay ; dans le Burma, Mason dit avoir réuni le nom de vingt-cinq différentes sortes de bananiers cultivés et Kurtz en cite trois à l'état sauvage qui sont : le *Musa rubra*, le *Musa glauca* et le *Musa sapientum* ; E. Oates cite quatorze sortes ; Ripley en énumère dix-neuf pour l'Arracan. Le Dr Helfer dit de son côté que dans le Tenasserim on ne cultive pas moins de vingt espèces de bananiers, tandis que pour l'île de Ceylan, Moore énumère dans son *Catalogue of Ceylon Plants*, quarante-sept sortes de bananiers dont trente-neuf sortes de *M. sapientum* et *M. paradisiaca* et huit autres qu'il classe sous des espèces douteuses : *M. rosacea* et *M. Troglodytarum.*

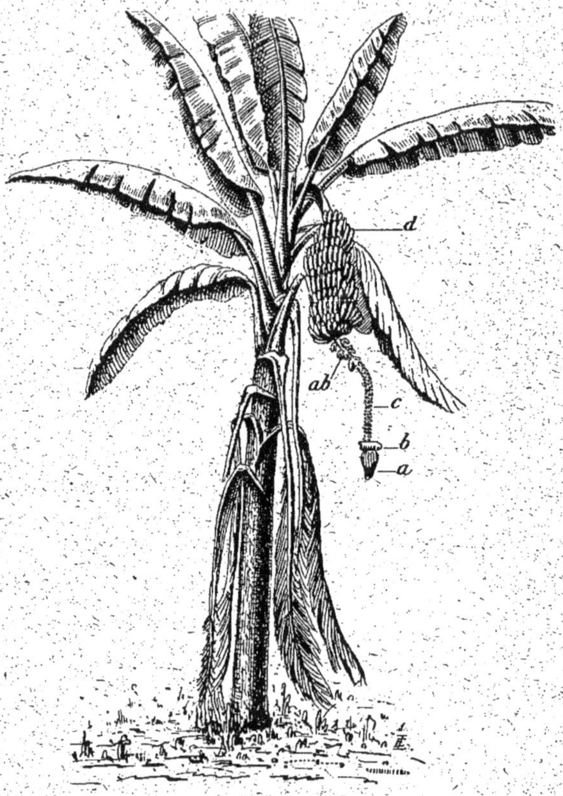

FIG. 1. — Aspect général du bananier.
a) Fleurs mâles recouvertes de bractées. — *b*) Bractée.
— *c*) Portion de pédoncule dont les fleurs mâles sont tombées. — *ab*) fleurs stériles. — *d*) régime.

Dans les îles du Pacifique les variétés sont également nombreuses : à Tahiti, Banks et Solander reconnurent vingt-huit espèces de bananes ; aux Fidji, Seeman dit qu'il en existerait dix-huit ; aux îles Hawaii, J. E. Higgins a rencontré une vingtaine de formes distinctes du *M. sapientum* ; tandis qu'aux Philippines, Blanco aurait trouvé cinquante-sept variétés ; mais le Bureau d'Agriculture estime qu'il doit bien y avoir cent variétés de bananes dans ces îles. A Java, on ne compte pas moins de quatre-vingt sortes de *M. paradisiaca* et à Kuala Lumpur, dans les États fédérés malais, il existe un jardin d'essai comportant pas moins de soixante variétés de bananiers.

La Guyane posséderait quinze à vingt variétés de bananiers et le Brésil trente à quarante.

En Afrique les variétés sont également nombreuses ; au Gabon et à l'île San Thomé, on distingue pas moins de vingt variétés de *Musa*. Dans le Mayumbe (Bas-Congo belge) seul la Mission Comte Jacques de Briey a étudié un grand nombre d'espèces, de variétés et de formes de bananiers. Du sous-genre *Eumusa*, il ne cite pas moins de onze variétés, quinze espèces de *Musa paradisiaca*, quatre *Musa sapientum* et une vingtaine de bananiers à fibres.

Pour Baker (1) tous les bananiers africains se rangent sous le vocable spécifique *M. sapientum* L. avec quatre variétés :

M. sapientum L. var. *paradisiaca* L.

                 var. *Massoni* Baker.

—   var. *vittata* Hook.

—   var. *sanguinea* Welw.

Mais K. Schumann, dans sa *Monographie du genre Musa*, n'admet pas cette classification et reprend l'ensemble sous le nom de *M. paradisiaca* L. comprenant quatre sous-espèces :

M. paradisiaca L. *subspec. normalis* O. Kuntze.

—   —   *sapientum* (L) O. Kuntze

—   —   *seminifera* (Lour). Baker

—   —   *troglodytarum* (L). Baker.

Pour le Mayumbe le Cte J. de Briey, propose de ranger les vingt variétés de bananiers à fruits comestibles qu'il a pu étudier sous les quatre types suivants : *M. emasculata* de Briey *M. decrescen* de Briey ; *M. paradisiaca* L. et *M. sapientum* L.

G. Watt (2) dit qu'il existe une quarantaine d'espèces de bananiers dont plusieurs ne sont souvent considérées que comme de sim-

---

(1) *Flora of tropical Africa*, VII, p. 329-330.
(2) *The Commercial Products of India*, p. 787.

ples variétés cultivées ; Kurtz (1), décrit dix-huit espèces indiennes et cite neuf formes cultivées qui sont : *M. troglodytarum*, *M. corniculata*, *M. Rumphiana*, M. *zebrina*, M. *rhinozerotis*, M. *nana*, M. *basjoo*, M. *sapientum* (dans laquelle il comprend *M. paradisiaca* L.) et *M. textilis*.

W. Fawcett (2) divise les *Musa*, d'après Baker (3), et Schu-

Fig. 2. — Une inflorescence du bananier.
A. Inflorescence venant de s'épanouir et portant encore les bractées caduques. — B. Fleur femelle.— C. Fleur mâle. —*ov.* ovaire. — *st.* étamine. — *p.* périanthe à 5 lobes (3 segments de calice et 2 de corolle. — *p'.* partie intérieure du périanthe.

mann (4) en trois groupes, comprenant soixante-six espèces ou races : *Eumusa*, *Rhodochlamys* et *Physocaulis*.

Les *Eumusa* se distinguent par les fleurs qui sont disposées côte

(1) *Journ. of Agric. Hort. Soc. of India* (old series) XIV, 299 ; (new series), V, 112-168).
(2) *The Banana*, p. 263 et suiv.
(3) *Annals of Botany*, VII, 205 (1893).
(4) *in Pflanzenreich de Engler*, IV. (1900).

à côte et sur deux rangées superposées sous chaque bractée ; tandis que chez les *Rhodochlamys* les fleurs sont côte à côte mais sur une seule rangée seulement. En outre la couleur des bractées a également servi en partie à la séparation des *Eumusa* et des *Rhodochlamys*, mais comme les bractées chez les *Eumusa* sont fréquemment colorées en rouge, ce caractère n'a par conséquent qu'une valeur bien faible.

Voici, d'après Fawcett, les principaux caractères distinctifs des trois sous-genres de *Musa*.

I. Sous-genre *Eumusa*. Stipe cylindrique. Nombreuses fleurs sous chaque bractée. Pétale libre ovale acuminé. Bractées vertes, brunes ou violet foncé. Fruit ordinairement comestible.

II. Sous-genre *Rhodochlamys*. Stipe cylindrique. Peu de fleurs par bractée. Pétale libre linéaire. Bractées de couleur vive, souvent rouges. Fruit ordinairement pas comestible.

III. Sous-genre *Physocaulis*. Stipe en forme de bouteille. Nombreuses fleurs par bractée. Pétale libre ordinairement tricuspidé. Fruit non comestible.

Voici d'après Fawcett, les soixante-six espèces et races de bananiers :

1º Le sous-genre *Eumusa*, comprenant les *Musa* dont les fruits se mangent : *sapientum* L., et les trois sous-espèces : *paradisiaca* L. *seminifera* Lour. et *troglodytarum* L. ; *acuminata*, Colla., *corniculata*, Lour., *Cavendishii*, Paxt., *nana*, Lour., *lasiocarpa*, Franchet, *glauca*, Roxb., *Nagensium*, Prain, *Wilsonii*, Tutcher, *discolor*, Horan ; *basjoo*, Baker ; *Martini*, *textilis* Née, *amboinensis*, Miquel., *tikap*, Warb. ; *Bakeri*, Kook ; *flava*, Ridley ; *tomentosa*, Warb. ex K. Schum., *celebica*, Warb. ex K. Schum., *lanceolata*, Warb. ex K. Schum., *Pierrei*, Hubert ; *Harmandii*, Hubert ; *Hillii*, F. Muell ; *Fitzalani*, F. Muell., *Banksii*, F. Muell., *fehi*, Vieil., *malaccensis*, Ridley ; *zebrina*, *hirta*, Becc.

2º Le sous-genre *Rhodochlamys* comprenant les *Musa*, dont plusieurs produisent des fruits plus ou moins comestibles : *maculata*, Jacq. ; *rosacea*, Jacq. ; *sumatrana*, Becc. ; *microcarpa*, Becc. ; *salaccensis*, Zolling. ; *coccinea*, Andr. ; *rosea* ; *rubra*, Wall. ; *angcorensis*, Gagnep. ; *sanguinea*, Hook. ; *assamica*, Hort. Bull. *Mannii*, Wendl. ; *aurantiaca*, Mann. ; *velutina*, Wendl et Drude ; *violascens*, Ridley ; *campestris*, Becc. ; *borneensis*, Becc.

3° Le sous-genre *Physocaulis*, comprenant les espèces de *Musa* non comestibles : *ensete*, Gmel.; *Holstii*, K. Schum.; *fecunda*, Stapf. ; *Perrierii*, Claverie ; *ulugurensis*, Warb. et Moritz ; *nepalensis*, Wall. ; *ventricosa*, Welw. ; *Buchananii*, Baker. ; *Davyæ*, Stapf., *Livingstoniana*, Kirk. ; *proboscidea*, Oliver. ; *superba*, Roxb. ; *Schveinfurthii*, K. Schum et Warb. ; *Chevalierii*, Gagnep. ; *elephantorum*, K. Schum et Warb. ; *Gilletii*, De Wild. ; *religiosa*, Dybowski ; *Homblei*, Beguaert ex De Wild. ; *Arnoldiana*, De Wild. ; *Laurentii*, De Wild. ; *Bagshawei*, Rendle et Greves ; *gigantea*, Kuntze ; *Brownii*, F. v. Muel. ; *sylvestris*, Lemarié.

Bien que déjà longue, cette énumération est encore loin d'être complète.

Il est extrêmement difficile, avons-nous dit, d'identifier les diverses variétés de *Musa*, aucune ne se distinguant par des caractères réellement botaniques. En effet, bien que Linné n'admette que deux espèces : le *Musa sapientum* ou *figue-banane* et le *Musa paradisiaca* ou *grosse banane à cuire*, auxquelles certains y ajoutent une troisième : le *Musa chinensis* Sweet ou *banane naine* ; d'autres rattachent la plupart des variétés à un seul type : le *Musa sapientum*. Du reste, comme dit M. J. Dybowski (1) « Les caractères qui les séparent n'ont qu'une valeur secondaire et se trouvent seulement plus ou moins accentués dans un cas ou dans l'autre.

« Il semble donc que l'on doive adopter l'opinion de Roxburgh, de Desvaux et de Brown, qui n'admettent qu'une seule espèce, ayant fourni les races et variétés actuellement cultivées. »

Au point de vue industriel, tout au moins, on peut diviser les *Musa* en deux grandes catégories : les bananiers à fruits comestibles et les bananiers à fruits non comestibles.

La première catégorie peutêtre subdivisée en bananiers dont les fruits se mangent crus et bien mûrs et en bananiers dont les fruits se mangent surtout cuits. Mais, comme parmi ces derniers il y en a qui à la rigueur peuvent se manger crus quand ils sont bien mûrs, nous ne ferons aucune distinction.

Les bananiers de la seconde catégorie pourraient également être

____

(1) *Traité pratique de cultures tropicales*, t. I, pp. 456-457.

subdivisés en bananiers séminifères, en bananiers à fibres et en bananiers non fructifères ou d'ornement.

A. BANANIERS A FRUITS COMESTIBLES.

Cette catégorie comprend, ainsi que nous venons de le voir, les trois espèces suivantes : *M. sapientum, M. chinensis* et *M. paradisiaca.*

1° *Musa sapientum,* L.

Le *Musa sapientum* ou des sages, dont le fruit est exclusivement destiné à être mangé cru et bien mûr, est encore désigné, suivant les peuples ou les régions, sous les noms de *banane,* par les Européens en général : *figue-banane,* aux Antilles françaises ; *bacove,* par les Européens des Guyanes; *pacova (pacoba, bacoba)* par les Brésiliens ; *banana,* ou *sweet plantain,* par les Anglais ; *camburi* et *plantano Guinea (guineo)* et encore *Dominico (Domenico),* par les Espagnols de l'Amérique ou des Antilles ; *obstbanane,* par les Allemands ; *Cadali bala,* par les Malabares ; *chûoi (touille) su,* en Cochinchine; *pisang batu,* en Malaisie ; *okbo oghéda,* en Guinée ; *libengué, (mabengué* au pluriel) par certaines tribus du district des Bangalla. (Congo-belge) ; *tau hnek pyay, saip. cho* ou *ya khaing* des Burman (Inde).

Voici, d'après G. Watt (1) les différents noms vernaculaires donnés dans les Indes anglaises au *M. sapientum :*

Kéla, kach-kula, maoz-kula, Hind. ; — *Kala, kach-kula,* Beng. ; — *kéla, Khela, muz ;* Penjb.) — *kewiron,* Sind ; — *Kéla, kil.,* Bomb. ; — *kil, kadali,* Mar. ; — *kela,* Guz. ; — *Mouz, maoz, kil,* Dec. ; — *Vazhaip-pazham, valei,* Tamil ; — *Anati, amti, ariti, kommuariti, nalla-ariti, chakrakili-ariti, bonta-ariti, kadali,* Tel. ; — *Balé, balé-naru,* Kandesch ; *vasha, vazhappaghan, vellacoi, pizang (pisang),* Malais, *ya khaing, ya-thi-lan, napuyá-si, huga-pyau, ngetpyau, ngapyi-sthi,* Burm. ; *wal-kaihil, kehal,* Sing. ; *kadali, rambha,* Sans. ; *tulh-tula, mouz, shajratul-tahl, shajratul-mouz,* Arab. ; *tulhtula-mouz,* Pers.

(1) *Dictionary,* etc., t. V.

Voici, d'après E. Raoul (1) la description botanique du *Musa sapientum* L. : « Tige vert-jaunâtre maculée de brun-noirâtre, fibres résistantes, utilisables pour cordages dans nombre de variétés. Sève

Fig. 3. — Floraison du bananier.
a) Spadice ou rachis. — *b*) Bouton floral. — *c*) Fleurs femelles.
— *d*) ovaire. — *e*) Jeunes bananes. — *f*) Bractée. — *b*ª) Bouton
floral et fleurs mâles.

incolore. Rejets du pied. Feuilles plus foncées, plus arrondies aux deux extrémités que celles du *Musa paradisiaca*, bordées d'un filet obscurément vert purpurin, quelquefois très nettement visible ;

(1) *Manuel pratique de cultures tropicales*, pp. 217-218.

pétiole plus court et plus épais que dans le *Musa paradisiaca* ; marges extérieures tintées de rouge.

« Spadice très long, à partie terminale prolongée, inclinée vers la terre et terminée par un gros bourgeon. Régime à huit ou dix étages, en chicane ; fruits au nombre de neuf à douze, ou en nombre double, les étages étant souvent doubles dans certaines variétés. Bractées d'un pourpre violacé à l'extérieur, de coloration lie de vin et quelquefois vertes à l'intérieur. Fleurs stériles persistant assez longtemps après la chute des bractées. Pistil des fleurs fécondées persistant après la fécondation.

« Fruit petit, jaune ; à peau fine non adhérente, pulpe jaune-rouge parfumée, sucrée ; fruit oblong, presque cylindrique, un peu arrondi à ses extrémités ; couleur du fruit peu caractéristique, vert-jaune et parfois rouge-violet. Fruit se mangeant cru ; séminifère, mais comptant de très nombreuses variétés cultivées, chez lesquelles les grains avortent normalement. »

L'inflorescence qui termine la tige est enfermée dans les bractées qui à mesure qu'elles tombent, dégagent une série de fleurs disposées parfois en deux rangées superposées (voir fig. 2 et 3). Les fleurs femelles ou du côté de la base de l'inflorescence sont fertiles, tandis que les fleurs mâles placées à l'extrémité sont stériles et caduques (voir fig. 1). Chaque rangée de fleurs réunies sous une même bractée forme un ensemble (verticille) de fruits qu'on désigne sous le nom de main (*hand*, en anglais, *mano*, en espagnol ; *penca* et *mâo*, en portugais) comportant jusqu'à vingt-deux fruits, et l'ensemble des mains forme le régime (*bunch*, en anglais ; *cacho*, ou *racimo*, espagnol et en portugais). Un régime peut se composer de trois à quatre mains seulement, jusqu'à douze et quinze mains suivant les variétés.

Énumération et distribution des principales variétés.

Indes Anglaises.

Il existe de nombreuses variétés et races de bananiers cultivées aux Indes.

G. Watt, rapporte que parmi les formes cultivées dans la Prési-

dence du Bengal, les cinq principales décrites par Liotard sont connues sous les noms de : *table plantain*, ou plantain de table, qui est la
meilleure, n'est cultivée que pour les Européens ; vient ensuite la
champa, puis la *dhakkai* et enfin la *kantali* et la *kanch-kolla*. Ces deux
dernières, toutefois, sont des bananes à cuire.

M. DACCA. Horan. Le *Musa dacca, dhakkai* ou *dhakka* se distingue
par sa tige et ses feuilles vert-pâle, pruinées en-dessous ; pétiole avec
large bord rouge ; fruit jaune pâle, long, restant bien attaché au
rachis lorsqu'il est tout à fait mûr ; chair tendre et légèrement rosée.
On ne le rencontre vraiment en abondance que dans l'est de la Présidence du Bengal et plus rarement dans les Provinces du Nord-Ouest.

M. CHAMPA Hort. Tige et côte médiane de la feuille rouges ; fruit
couleur paille clair, de quinze centimètres environ de longueur.
D'après Cameron il y a deux formes de *M. champa :* le *champa* proprement dit dont le fruit peut atteindre 14 centimètres de longueur
et le *chini-champa*, qui ne diffère du premier que par sa taille plus
petite. La chair est très douce et aromatique. Ces deux formes se
rencontrent également dans les Provinces du Nord-Ouest.

Watt cite, dans la Présidence de Madras, la *guindy* ou *puvaly*
(Tamil) qui est la plus populaire et aussi la meilleure sorte cultivée.
Le régime peut contenir jusqu'à mille fruits. Le fruit est cylindrique, de petite taille, avec péricarpe mince, brillant et lisse ; sa chair
a une saveur douce et très délicate.

La *rustali*, qui est peut-être un peu moins bonne que la précédente
est plus répandue comme fruit de table.

Pour le Poona, dans la Présidence de Bombay, Woodrow décrit
huit formes cultivées, dont les quatre meilleures sortes sont : la
bajapúri, dont le fruit, long, pointu, triangulaire, avec péricarpe
épais, jaune, est d'une saveur agréable ; la *sonekale*, que l'on considère comme la meilleure de toutes, est petite, cylindrique, au péricarpe mince et jaune, et d'une saveur très supérieure ; la *raikalé*
ou *rajkalé*, qui est grande, avec péricarpe épais, rouge et chair agréable, et enfin la *kúli* dont le fruit est pareil à la dernière sorte, mais
jaune et également de saveur agréable.

Dans les Provinces du Nord-Ouest on cultive, en plus des formes
dacca et *champa* déjà citées, la *rám-kela* qui est une grande variété
rouge, mais de qualité inférieure aux autres.

Dans l'Assam, Darrah mentionne les sortes *malbhag*, *pura* et *ban tulsikol* qui sont les trois meilleures.

MALAISIE.

Parmi les bananiers de la Malaisie, nous mentionnerons :

Pisang djernang ou banane aiguille, nom qui lui a été donné à cause d'un appendice filiforme (le style) qui surmonte le long bec qui termine le fruit. Celui-ci est court, à trois côtés.

Pisang medji ou banane dessert (*Musa mensaria* Rumph.), la meilleure de toutes les bananes avec la banane royale ; fruit 10 à 15 centimètres de long ; la pulpe est tendre, douce et parfumée.

Pisang radjah (*Musa regia* Rumph.) ou banane royale est pareille à la précédente, mais plus petite (7 à 8 centimètres sur 2,5) ; le péricarpe, couleur jaune d'or est lisse, fin ; la pulpe est très douce et délicieuse.

Pisang maas ou banane d'or, dont le fruit plus petit que le précédent a également une belle couleur jaune d'or ; pulpe très parfumée.

Pisang hijan, fruit mince et à côtés, chair jaune paille, exquise.

Pisang kling, fruit grand à peau lisse, jaune pale ; chair moins douce que celle de la variété précédente.

Pisang tando ou banane corniculée. Tout le régime ne comporte généralement que deux à trois mains, parfois d'un seul fruit qui acquiert alors de grandes dimensions. Le fruit se mange cru ou cuit.

Sagot et Raoul donnent encore les noms javanais des espèces et races suivantes :

Pisang scripti		*Musa Rhumphiana* Krz.	*Sapientum.*
—	*long long.*	—	—
—	*sekati.*	—	—
—	*oudang.*	—	—
—	*palembang.*	—	
—	*lampong.*	—	
—	*gember.*	—	
—	*ambon.*	—	
—	*sousou.*	—	
—	*rajah seré.*	—	
—	*ambon loumont.*	—	
—	*saboulon.*	—	
—	*onye.*	—	

A cette liste on peut ajouter : *Pisang djaheh* ou banane poivre ;

      — *sepal*

      — *ambon angklong*

      — *gading besear*

      — *batu* ou *batou*

De toutes ces formes, c'est le fruit du *P. radjah seré* ou *sereh* qui est le plus recherché ; le péricarpe est peu adhérent à la pulpe qui bien qu'ayant un aspect farineux, est très fondante, de digestion facile et d'un goût exquis.

Iles Phillipines. Les principales variétés et les plus appréciées sont :

Lacatan, Bungulan, Butúan, Lacatan Morado, Daliring señora, ni-langon et la banane de Chine.

Cochinchine.

Au bananier type dont nous avons donné, plus haut, la description botanique, E. Raoul dit (1), qu'il faut rattacher les *Musa* suivants :

Pisang bidji, Pisang batu (Malaisie), *Chuôi (touille) sû* (Cochinchine). Cette variété séminifère, dont le fruit se mange cuit, possède une tige très haute, nettement verte. Les bractées et les bourgeons terminaux sont verts ; la sève incolore. Le fruit, cylindrique, long de quinze centimètres est vert même à maturité ; son péricarpe est épais, la pulpe molle, renfermant des graines très noires et dures.

Chuôi (touille) hot et *Chuôi (touille) hot rûong, Musa sp.* qu'il décrit comme suit : La plante est d'un vert triste assez semblable au *Pisang bidji*. Ses fruits, qui se mangent crûs sont « à angles très accusés, terminés par un amincissement non pointu, pulpe visqueuse mucilagineuse, musquée, très blanche, graines grises, très nombreuses, sans dureté spéciale. excavées. »

Chuôi (touille) mat. Musa seminifera, Loureiro, ou « banane miel » que Raoul dit être une variété du précédent, a la tige caractérisée par sa couleur vert-clair, tirant sur le blanc. Son régime, qui est plus court, ne mesure que 0^m50 environ et ses fruits, à graines rares, sont marquées de stries parallèles.

(1) *Op. cit.*, pp. 218-219.

Chuôi (touille) da. Musa seminifera, Loureiro. Ce bananier, que M. Raoul avoue ne pas avoir examiné lui-même, a été décrit, dit-il, par M. Pierre, de la façon suivante : « Tige plus élevée et plus glauque que celle du *Touille su.* Régime très long (1 à 2 mètres) à développement successif, fruits nombreux, pressés, inégaux, allongés, assez petits, de couleur verdâtre, un peu jaune, chair peu épaisse acidulée, grains en chapelets. »

En plus de ces variétés on cite encore les suivantes :

Chuôi tia ou *Chuôi gia lom* ou *banane pomme ;*

— *tien* ou *banane-poire* connue en Malaisie sous le nom de *Pisang djaheh,* dont le goût rappelle celui du raisin muscat ;

— *va* ou *banane-capitaine,* qui est d'un beau vert ;

— *côm* ou *banane riz* qui se mange avec le riz grillé ;

— *lûong sa* ou *banane française,* à fortes côtes, qui est originaire de la Réunion ;

— *cao ; Chuôi cao lûong, Chuôi com lûong* et *Chuôi com trang ; Chuôi la ; Chuôi va tûong ; Chuôi va cûoi ; Chuôi va lung,* etc. (1)

ANTILLES FRANÇAISES.

A la GUADELOUPE on connaît surtout la *raimbaud* qui est la meilleure et la *pouyat* ou *poyo :* encore parfois appelée, par erreur *poteau,* qui est le nom d'une variété se mangeant cuite. La *poyo,* qui est très voisine, sinon identique à la *Gros Michel,* est la seule variété que l'on exporte. C'est une grande banane, jaune-verdâtre à maturité, un peu arquée, légèrement anguleuse au début ; sa chair, plutôt ferme, est d'un blanc crémeux et très parfumée.

Les régimes ont en moyenne 1^m50 à 1^m75 de long et pèsent à peu près 20 kilogrammes ; chaque régime comprenant de 8 à 10 mains, de 15 à 17 fruits environ, soit 130 à 160 fruits.

MARTINIQUE. La meilleure banane à manger crue est la *poyo* ou *Gros Michel.*

M. J. Dybowski rapporte (2), d'après M. Nollet, Directeur du

(1) L. PYNAERT, I, *Les Bananiers.* p. 27.
(2) *Op. cit.* p. 459.

Jardin des Plantes à la Martinique, qu'il existe aux Antilles de nombreuses variétés de *figues-bananes* qui sont dénommées différemment suivant que le fruit rappelle, par sa saveur, celle d'un autre fruit, dont les plus estimées sont : la *banane de la Dominique* ou *banane Aris* [a], qui est la *Dominico* de Cuba, et de certaines contrées de l'Amérique du Sud, dont les régimes de douze et quinze mains, avec vingt à vingt-deux bananes par main, donnent des fruits très sucrés. C'est la plus délicate de toutes les bananes.

La *figue-prune*, ou *figue-dessert*, ou *sucrée*, *figue Freycinet*, qui est très petite, très sucrée et très recherchée comme dessert. Son régime comporte sept à huit mains de vingt à vingt-cinq fruits chacune. Le péricarpe est si délicat qu'il est presque impossible d'expédier cette banane dans de bonnes conditions. C'est la *pisang rajah* de l'archipel Malais.

La *figue-pomme*, qui est plus grosse et trapue, et dont le goût rappelle celui de la reinette. C'est la *apple banana* des Anglais : la *manzana* des Espagnols ; la *maça* des Brésiliens. Elle est encore connue au Nicaragua sous le nom de *Guinea manzana.* »

La *figue noire*, qui est très grosse et excellente ;

La *figue-rose* ou *figue rose de la Jamaïque ;*

La *figue vipère* ou *Cacambourg ;*

La *figue makangua* ou *makanguia*, qui produit des régimes de huit et neuf mains, de douze à quinze fruits très sucrés.

Parmi les très bonnes bananes de dessert de la Réunion, J. Dybowski mentionne :

La *figue Gabou*, la *figue Gingeli*, la *figue mignonne*, la *figue barbade*. Celle-ci est classée par Heuzé (1) parmi les *Musa paradisiaca.*

Cuba.

Les principales variétés cultivées sont : la *ciento a la boca*, dont la pulpe jaune, douce et très agréable comme goût, mais dont le péricarpe est trop mince pour pouvoir l'exporter ; la *niño*, la *maukano*, qui est également connue à Porto-Rico ; la *enana criolla*, très bonne ;

---

[a] P. Hubert (*Le Bananier*, pp. 60-61) et L. Pynaert (*op. cit.* p. 30) classent cette variété parmi les *musa paradisiaca.*

(1) *Les plantes alimentaires*, p. 308.

la *manzana* qui est une des meilleures sortes ; la *Congo*, cultivée dans quelques parties de l'île et enfin la *Johnson*.

En plus de ces variétés, qui sont les plus cultivées, sauf peut-être la dernière, que l'on cultive spécialement pour l'exportation, on peut encore citer l'*enana Porto-Rico* de petite taille ; la *dedo de dama* — qui est la *lady's finger* de la Guyane Anglaise, — que l'on cultive également en Floride sous le même nom ou *doigt de femme*. On rencontre encore également dans le commerce les variétés *morada colorada* et *cinco colorada*.

Si la *figue banane (Musa mensuaria)*, bien connue aux Antilles, dans l'Amérique Centrale et dans certaines parties de l'Amérique du Sud, et qui appartient au type *Musa sapientum*, n'est pas fort goûtée des Anglais et des Français, qui lui préfèrent de beaucoup le fruit du bananier nain de Chine, les Anglais d'Australie, par contre, ont délaissé la banane de Chine pour la sorte dite *Jamaïque*, qui est la *Gros Michel*, ou encore *Martinique*, parce qu'elle se transporte dans de meilleures conditions. C'est la raison pour laquelle elle a été introduite, en 1910, au Queensland (Australie septentrionale), où elle est déjà cultivée depuis nombre d'années, sous le nom de *Fidji*, parce que cette variété a été importée de la Jamaïque dans ces îles en 1891. C'est encore pour la même raison que d'après M. H. A. A. Nicholls, les variétés *Martinique* et de Cuba seraient plus appréciées aux États-Unis.

Voici ce que rapporte à ce sujet M. Nicholls ou plutôt E. Raoul, le traducteur de son *Petit Traité d'Agriculture Coloniale* paru en 1901 :

« Les variétés les plus appréciées sur les marchés américains sont la variété de la Martinique avec ses gros fruits jaunes et la variété de Cuba, qui a des fruits plus courts et moins gros avec une écorce d'un rouge foncé. La variété Martinique est aujourd'hui la plus exportée, et elle est connue dans les États-Unis comme banane de la Jamaïque. A la Dominique, on l'appelle *Figue la rose* (ᵃ) et à la Trinité, *banane Gros Michel.* »

(ᵃ) Il ne faut pas confondre le nom de *Figue la rose*, donnée à la Dominique à la banane *Gros Michel* de la Trinidad, qui est la *Figue rose*, ou de la *Jamaïque* de DYBOWSKI, avec celui de *Figue rose*, qui est donné à la Guadeloupe à une sousvariété du *Musa sapientum, Musa cruenta*, dont le péricarpe, assez épais, est

Les noms de *Martinique*, *Jamaïque* et *Gros Michel* sont synonymes de la grande banane à manger crue qui était désignée autrefois sous le nom de *Pouyat*, du nom de Jean-François Pouyat, qui l'introduisit à la Jamaïque. A la Guadeloupe on l'appelle *poyo* qui est une déformation de *pouyat*. C'est la variété qu'on cultive pour ainsi dire exclusivement à la Jamaïque, au Costa Rica et dans la plupart des pays grands producteurs de bananes pour l'exportation à destination des États-Unis.

La plante, qui atteint cinq à six mètres de hauteur, dans les bons terrains, est moins robuste que la petite variété de Chine. Elle produit de grands régimes dont les fruits sont bien plus grands, mais aussi moins parfumés, que ceux de la variété de Chine. Par contre, les fruits sont plus rustiques, par suite de l'épaisseur de leur péricarpe et, par conséquent, ils résistent plus facilement aux chocs et à une température assez basse, raisons pour lesquelles les régimes peuvent être transportés sans emballage. Ils se conservent aussi plus longtemps que ceux de la variété *chinensis*, lorsqu'ils sont convenablement entreposés dans une chambre réfrigérée en attendant leur vente.

SURINAM.

Dans la Guyane hollandaise, on cultive les deux variétés *Gros Michel* et *Congo*. Les fruits de cette dernière ressemblent beaucoup à ceux de la première variété, mais ils sont d'un jaune plus pâle ; la chair, d'une saveur un peu plus douce, a aussi un parfum différent.

Très sujette à la maladie dite de *Panama*, la variété *Gros Michel* fut abandonnée pour la *Congo*, mais celle-ci a le défaut de mûrir très irrégulièrement.

A la GUYANE, il existe, d'après le Dʳ P. Sagot (1), les variétés de

---

également d'un brun-rouge-violacé quand le fruit n'a pas atteint son degré de maturité complet. La banane de cette dernière variété est à peu près de la même dimension que celle de la *figue pomme* ou *manzana*, mais sa chair est peut être un peu plus ferme. C'est la banane à laquelle les anglais donnent les noms de *red fig* et de *claret*, à cause de sa couleur lie-de-vin foncé et qu'il ne faut pas confondre avec la banane du *Musa violacea* ou *roxa* de L. PASZKIEWICZ (1), qui appartient au type *Musa paradisiaca*. (R. C. P. B.)

(1) Le Bananier Massao dans le Bas Parana.
(1) *Le Bananier*, p. 15.

bacoves ou *figues-bananes* suivantes, qui se distinguent toutes par la couleur et le goût de leurs fruits :

La *bacove pomme*, dont le fruit de volume moyen a une chair blanche et un péricarpe jaune à la maturité. Le fruit, très doux, a un parfum qui rappelle la pomme. C'est la même variété que la *figue pomme*, dont il a été question plus haut.

La *bacove créole*, dont la chair est un peu jaunâtre et a un parfum aromatique plus pénétrant, appartiendrait plutôt au type *Musa paradisiaca*. C'est la variété la plus anciennement cultivée dans le pays.

La *bacove musquée*, dont le fruit est très petit, très sucré et d'un goût très particulier ;

La *bacove violette* produit un régime bien fourni, dont les fruits sont très gros. Ceux-ci sont d'un pourpre violet très foncé lorsqu'ils sont jeunes, mais à mesure qu'ils mûrissent cette teinte s'éclaircit. C'est une espèce assez commune à Cayenne où elle porte différents noms, ainsi que dans l'État du Para, au Brésil, où elle est connue sous le nom de *banana violeta*. On la rencontre également à la Réunion.

C'est vraisemblablement la même variété que celle mentionnée par Dybowski sous le nom de *figue rose* ou de la Jamaïque.

« La *figue bigarreau*, rapportée des Philippines par M. Perrottet, introduite à la Réunion, en 1820, et à Cayenne, en 1826, a la chair d'un jaune orange pâle et possède une agréable acidité qui manque aux autres espèces. Son goût a été comparé à celui du Bigarreau. »

Parmi les bananes à manger crues de la Guyane, P. Hubert cite une sous-variété du *Musa sapientum* qui donne la *banane cochon*, qu'il ne faut pas confondre avec celle du même nom qui est produite en d'autres pays par une variété du *musa paradisiaca*.

Les principales variétés cultivées dans la Guyane Anglaise sont : la *small fig* ou *Lady's finger* dont les fruits sont très serrés, de couleur jaune paille à maturité, mesurant de 7,5 à 10 centimètres ; la *large fig* ou *cokerite*, dont le fruit recourbé, mesure de 10 à 12,5 centimètres, le régime comportant jusqu'à 300 et 400 fruits ; la *Jamaïcan*, la *Surinam* ou *sour banana* qui a 15 à 20 centimètres de longueur, de couleur jaune paille, avec chair plutôt sèche avec parties dures au centre, de goût quelque peu acide ; la *giant green* ou *Canaan banana* qui a 15 à 18 centimètres de longueur ; la *giant red*, ou banane rouge-foncé de 12 à 16 centimètres ; l'*arrbaba* ou *apple banana,* qui est la *figue pomme,* dont la chair est molle et légèrement acide ; elle mesure 15 à 20 centimètres.

Au VÉNÉZUELA on connaît surtout la *camburi morada* ou banane rouge ; la *camburi criolla* ou banane créole, dont la tige de la plante est marbrée de noir ; le fruit petit, et délicieux ; la *manzana* dont la tige et les feuilles sont teintées de rouge ; le fruit plus petit que la banane créole, est délicat et le plus estimé de toutes les sortes ; et la *camburi pigmeo,* qui est la banane de Chine.

En ÉGYPTE on cultive surtout la *baladi* et la *sobaa-el-sit.* La première qui est de grande taille, et aussi la plus connue, a le fruit jaune verdâtre, gros, long de 10 à 12 centimètres ; la chair, d'une saveur très agréable, est très riche en sucre. La seconde donne des fruits plus petits (7 à 8 centimètres), légèrement recourbés et minces, de couleur jaune foncé.

L'AFRIQUE ORIENTALE ALLEMANDE produit aussi une assez grande variété de bananes.

Parmi les espèces se mangeant crues, cultivées dans le Mishambaa (Usambara occidental) on mentionne : le bananier *huti* dont il existe plusieurs variétés : les petites et les grosses. A l'état de maturité, les fruits de la petite variété sont jaunes, aromatiques et très doux. Les fruits de la grande variété se mangent également cuits et appartiennent au type *paradisiaca.* Les plus gros pèsent jusqu'à 6 kilos. Dans le gouvernement de Dar-es-Salâm, la variété la plus répandue est la *sukari* dont le régime comporte 8 mains, chaque main se composant en moyenne de dix-sept à vingt fruits. Dans le Wasaramaland, on connaît la *Kishuckari* dont la tige atteint trois à quatre mètres de hauteur, et dont le régime, composé de 5 à 20 mains, de dix à douze fruits chacune, produit des fruits très doux ; la *kideroma* de la même taille que la variété précédente, produit un régime de 8 à 15 mains, de huit à douze fruits courts, épais, dont la pulpe a également très bon goût ; la *hala-hala,* variété dont la multiplication est très lente, à cause du peu de rejets qu'elle donne, produit un régime atteignant jusqu'à un mètre vingt-cinq centimètres de long et les fruits dix à quinze centimètres.

A MADAGASCAR on connaît la variété *mignonne blanche* ou petite figue, à péricarpe mince, pesant en moyenne 140 grammes et la variété locale *ménaloco.*

Congo Belge. Au Congo Belge le bananier se rencontre à peu près partout et il en existe de très nombreuses variétés. Mais il n'existe pas de véritables bananeraies en dehors de celles créées par les Européens. Les bananiers sont plus ou moins groupés, sans symétrie aucune, et en plus ou moins grand nombre, autour ou dans le voisinage des cases des indigènes, et il n'est pas rare de rencontrer des plants de manioc ou dignames, du maïs ou des papayers, entre les touffes de bananiers.

Toutefois, dans certaines régions plus ou moins découvertes, comme dans le sud du Congo, les bananiers sont particulièrement nombreux entre les vallées du Lubudi et du Lualaba ; en aval du confluent du Lubudi (Lovalé) ; dans certaines parties du district des Bangalas, ainsi que dans le Bas-Congo. Dans le nord-ouest du lac Tanganika, Descamps, dit avoir rencontré d'immenses bananeraies à Lukata — qui a donné son nom à une variété de banane — entre Baraka et Uvira, où les indigènes ont planté les bananiers entre le pied de la montagne et le bord du lac. Plus au nord, dans la vallée de la Rusisy — fleuve qui réunit le lac Tanganika au lac Kivu — il existe également des bananeraies qui sont souvent dévastées par les éléphants.

Sur la rive gauche de la Niemba, affluent méridional de la Lukuga, dans l'Urua (Sud-Est du Congo), Descamps dit (1) avoir vu un bananier fétiche en fleur. « La fleur, dit-il, se trouvait à 1ᵐ 50 du sol ; les feuilles à côtés rouges, au lieu de se recourber comme chez le bananier ordinaire, se redressaient gracieusement et n'étaient pas déchiquetées par le vent comme celles des bananiers des villages qui font peine à voir. »

Durant son séjour au Mayumbe, dans le Bas-Congo la Mission Comte Jacques de Briey a étudié uniquement des bananiers comestibles, tous appartenant au groupe *Eumusa* parmi lesquelles sont trois variétés : les *Satama, Satama-rubra* et *Fieloto* du *Musa sapientum* qui ont été décrites par M. R. De Wildeman, de la façon suivante :

Musa sapientum var. *Satama*, de Briey — noms vernaculaires :

_____

(1) Notes sur les cultures des indigènes au Congo. In *L'agr. trop.* 1ʳ année. Nº 5, 25 mai 1909. Part. I, pp. 76-78.

Salama (Basundi, Benza) ; *Santidi* (Bacongo) ; *Sautoma* (Bazobe, Loango) ; *Palata* (Région de Luki). Les fruits de ce *Musa* sont représentés Pl. VII, fig. 12 et Pl. VIII, fig. 3 grandeur naturelle dans l'ouvrage de M. De Wildeman.

« Stipe de 3^m 80 à 4^m 30, vert jaunâtre maculé de brun-noirâtre, peu renflé à la base.

« Feuille à limbe elliptique, très allongé, asymétrique, de 2^m 85 à 3 mètres sur 35 centimètres environ de large, d'un vert terne supérieurement, et d'un vert-blanchâtre inférieurement, à pruine abondante.

« Nervure médiane de 2,8 centimètres d'un vert jaunâtre sur les deux faces. Pétiole de 58 à 60 millimètres de long sur 4 centimètres de diamètre.

« Inflorescence de 48 sur 10 centimètres avant épanouissement, très inclinée ; bractées ovales, rouge-brun extérieurement, d'un carmin vif intérieurement, de 27 à 30 sur 17 à 18 centimètres ; fleurs se continuant jusqu'au bout de l'axe.

« Régime assez compacte, mais les mains distantes en moyenne de 13 à 14 centimètres restent visibles ; fruits courts et très courtement pédicellés, relevés à 60° contre le rachis qui est jaunâtre terne et glabre.

« Régime de 9 à 13 mains à 9 à 15 doigts, au-dessus de la dernière main de bananes, l'inflorescence développe encore 60 à 100 mains de fleurs mâles qui tombent avec leur bractée. A complète maturité, le régime est prolongé par un long axe grêle, atteignant 1 mètre à 1^m 25 de long couvert de cicatrices de plus en plus rapprochées et terminé par un groupe de bractées, encore fermées, formant une masse terminale conique aiguë.

« Poids moyen de 20 à 22 kilos, atteignant 33 kilos.

« Bananes petites, régulières, courtes et bien remplies, de 16 à 17 centimètres de long et 4,5 centimètres de large, toujours un peu côtelées ; avant maturité complète, elles présentent des vides transversaux de la largeur du petit doigt, qui leur donnent un aspect annelé caractéristique. Peau lisse, fine, verte, pointillée de blanc et marbrée de brun, devenant jaune-blanchâtre à maturité, à chair blanche, compacte, très estimée ; graines avortées jaune-pâle presque invisibles. Bien mûre elle possède un léger goût de banane de dessert avec un arrière-goût de guimauve.

« Les indigènes ne la consomment en général que cuite à l'eau,
car rôtie sur les charbons à la manière ordinaire elle devient gluante.
Dans l'Ouest, elle est souvent mangée mûre comme le font les Portugais... (1) »

Cette variété « se rencontre dans les cultures dans la proportion
d'environ 8 %, rejette moyennement et pousse encore de façon
satisfaisante en terrain fatigué, en donnant 5 à 7 mains.

« Dans la région de Kikoko (centre nord) on trouve une variété
beaucoup plus grosse, jaune clair, marqué de tâches rouille ; chair
blanche et si ferme qu'elle est presque croquante, sans parfum. »

« *Musa Sapientum* var. *Satama-rubra*, De Wild. nov. var. Noms
vernaculaires : *Satama na Ganga Zambi* (= *Satama des missionnaires américains.)*

« Les Missionnaires protestants ont introduit récemment une
variété très parfumée de *Satama*, dont la chair est brun-rosé et la
peau rose-carminé ; à maturité complète elle atteint en dimension
et en poids, le double du type.

« Elle est consommée par quelques rares chrétiens et sa disper-
sion est actuellement nulle (2). »

Musa Sapientum var. *Fieloto* de Briey nov. var. dout le nom vernaculaire basundi est *Fieloto Fiela*, dont le fruit est représenté,
grandeur naturelle Pl. VI, fig. 3.

« Presque identique au *Satama*, sauf, que le stipe est d'un vert
plus sombre et ne porte que très peu de macules noires. Toute la
plante est recouverte d'une pruine cireuse blanche extrêmement
abondante, qui lui donne l'aspect d'un objet frotté de talc.

« Feuille à limbe ovale, asymétrique, de 3 à 3^m 10 sur 35 à 37
centimètres de large, vert sombre terne supérieurement, blanc-
bleuté inférieurement. Nervure médiane de 2,7 centimètres, vert
franc supérieurement, blanc inférieurement, à pétiole de 75 à 80
centimètres sur 4 centimètres.

« Inflorescence avant l'anthère de 56 sur 13 centimètres, fusi-
forme-allongée. Bractées vertes, rougeâtres sur les bords et à la
pointe, à pruine blanche, la première de 50 sur 22 centimètres ;

(1) DE WILDEMAN, *Mission Forestière et Agricole du Comte Jacques de Briey
au Mayumbre*, pp. 360-361.
(2) DE WILDEMAN, *op. cit.* p. 363.

rachis très gros et très cannelé, de 6 centimètres de diamètre, à la base, d'un vert sombre mat. Le bouton de bractées terminales est ovoïde-arrondi comme dans le *Tiba*. Les cicatrices des bractées sont distantes de 17 millimètres vers l'extrémité du rachis.

« Régime semblable à celui du *Satama*.

« Banane de 13 à 14 centimètres de long et environ 4 centimètres de large, généralement un peu plus courte et d'un vert un peu plus clair que le *Satama*, souvent tachée de brun. De même goût que cette dernière, mais plus fin, à peau s'enlevant facilement, sans fibres et sans gaîne farineuse à goût désagréable.

« La meilleure banane à consommer mûre, très bonne également cuite, sauf rôtie. Les indigènes la mangent crue (N'Toto) et cuite à l'eau (1). »

Cette variété est cultivée dans la proportion de 1 p. 1000 ; elle est très productive et émet un grand nombre de rejets ; elle « aime les terrains riches et profonds, et craint la sécheresse (2). »

Au Congo Français, le nom vernaculaire de la banane de San Thomé est *né sandaman* ; on connaît encore la variété dite *madoungo* qui est la banane *mulher* de San Thomé.

Au Gabon il existe plusieurs variétés qui ont été introduites dans l'île de San Thomé et dont voici les noms vernaculaires.

Bondo, connue à San Thomé sous les noms de *Bananeira mulher* ou *muela* (banane de femme, nom qui lui a été donné parce qu'on la donne à manger aux femmes enceintes) ; c'est la *madoungou* du Congo français.

Petite bondo, connue à San Thomé sous le nom de *banana da Ilha* ou banane de l'île ;

Mucômbe, c'est la *banana parda* de San Thomé ;

Mangué c'est la *rosea*, *ouro* ou encore *vermelha* de San Thomé ;

Mutoto ou banane *quichiha* de San Thomé.

Voici d'après M. Moller (3), les principales variétés de bananiers cultivés à San Thomé, dont le fruit se mange cru :

Bananeira plata, qui a été importé du Brésil à San Thomé. La

---

(1) De Wildeman, *op. cit.* p. 364.
(2) De Wildeman, *op. cit.* p. 366.
(3) *Les Bananes à San Thomé.*

plante, qui atteint 5 mètres de haut, et les feuilles 4 mètres de long et 1 mètre de large, donne un fruit dont la chair, très savoureuse est très blanche, ce qui lui a valu le nom de *plata* ou d'argent.

Bananeira riscada ou bananier rayé, encore désigné sous les noms de *Benin, bananeira de fulhas riscadas, bananeira pintada* et de *bananeira do Gabâo* produit la banane connue en Europe sous le nom de *banane de San Thomé* bien qu'elle ne soit pas indigène. En effet, le nom de *Gabâo* lui a été donné parce que cette variété a été importée du Gabon. Ce bananier, dont la fructification est plutôt tardive, exige un sol sablonneux et riche en humus, pour donner de beaux fruits.

Bananeira Mulher ou *Bananeira muela* ou bananier de femme, qui est très recherché à San Thomé, est une variété importée du Gabon, où elle est connue sous le nom de *bondo*. Peu cultivé en dehors de la zone inférieure et moyenne de l'île, ce bananier, dont la tige très grosse et atteignant 4 mètres de hauteur, produit de gros régimes comportant jusqu'à 150 fruits qui, « à maturité se tournent par en haut et non par en bas, à l'inverse de toutes les autres bananes. » C'est une variété précoce.

Bananeira da Ilha ou bananier de l'Ile, ainsi dénommé parce qu'il a été importé de l'île Principe ou du Prince, située dans le voisinage de celle de San Thomé. Mais il n'est pas originaire de l'île du Prince car il y a été introduit du Gabon, où il est connu sous le nom de *Petit bondo*.

Moins prolifique que le bananier *mulher* ou *bondo*, il en diffère surtout par « ses fruits qui ne sont pas tournés par en haut, mais par en bas. »

Bananeira parda ou bananier gris-sombre est encore une variété importée du Gabon où elle est désignée sous le nom de *mucômbe*. La tige et les feuilles sont d'un bleu violet ; le péricarpe de la banane qui est très savoureuse, est d'un gris sombre, d'où son nom.

Bananeira rôsea encore connu sous les noms de *bananeira ouro* et de *bananeira vermelha* provient également du Gabon, où on l'appelle *mangué*. La tige, qui est grosse, ainsi que les feuilles et les fruits sont d'un bleu violet-rougeâtre. Les fruits ne sont pas très appréciés, dit-on, parce qu'ils sont trop doux.

Bananeira quichiha, auquel on donne aussi parfois le nom de

bananeira de San Thomé serait, croit-on, importé du Gabon où on
l'appelle *mutoto*, parce qu'il a été surtout cultivé à San Thomé par
les indigènes du Gabon. La tige, peu grosse, et les feuilles sont d'un
bleu-violet. Les fruits, très savoureux et riches en sucre, sont cylindriques et brillants.

Bananeira maça qui produit la *banane pomme* a une tige qui, dans
les bons terrains, atteint trois mètres de hauteur. La tige ainsi que
les feuilles sont d'un vert jaunâtre ; les fruits, à péricarpe rougeâtre
et brillant, sont très savoureux. « Dans un terrain pierreux et léger
les fruits viennent plus petits, mais ils ont plus de goût, si bien qu'on
les appellent alors *Bananeira figo*, et les gens pensent qu'il s'agit
d'une autre variété. »

Plusieurs des variétés énumérées ci-dessus, sont également connues au Brésil.

Parmi les variétés de bananiers du Brésil, dont les fruits se mangent crûs, les auteurs citent :

La banane *da prata (musa argentea)* ou banane d'argent. Tige haute
fruit triangulaire mesurant 0^m 10 à 0^m 15 de longueur et 0^m 038
de diamètre environ ; péricarpe épais de 0^m 003 d'épaisseur, jaune
lorsque le fruit est mûr, n'est pas adhérent à la pulpe qui est très
blanche — ce qui lui a valu le nom d'*argent*, — et d'une saveur très
agréable et douce. C'est la meilleure variété à cultiver car son fruit
est très recherché et le mieux coté sur les marchés. Malheureusement
c'est une variété qui dégénère facilement comme les autres espèces
de son genre. C'est la variété qui est surtout cultivée à Paranagua
pour l'exportation, en Argentine.

La banane *maça (musa malus)*, paraît avoir été introduite par les
nègres d'Afrique. Son fruit est assez semblable à celui de la variété
prata, mais les arêtes sont peu saillantes ; il mesure 0^m 10 à 0^m 15
de long, suivant A. R. de Castro (1), et 0^m 24 suivant P. de Moraes (2), le péricarpe, jaune et mince, lisse et plus adhérent à la pulpe,
que celui de la variété *prata*. La pulpe est tendre et savoureuse,
mais contient presque toujours des cellules plus ou moins dures
que l'on ne rencontre dans aucune autre variété.

---

(1) *A Bananeira e sua cultura.*
(2) *A Bananiera, sua cultura, industria,* etc.

Nous avons vu, en parlant des bananiers cultivés à San Thomé, que la variété *maça* plantée dans un terrain peu riche produit des fruits plus petits, mais supérieurs comme goût à ceux de grande taille provenant de bananiers cultivés dans de bons terrains, et que les habitants prennent pour une autre variété. Nous venons de voir aussi que MM. de Castro et de Moraes ne sont pas d'accord sur la taille du fruit. Cette divergence vient de ce qu'il existe plusieurs formes de *maça* parmi lesquelles, Paszkiewicz (1) cite : la *maça grande branca* ou grande variété à pulpe blanche ; la *maça grande vermelha*, ou à pulpe rosée ; la *maçasinha* ou petite maça et la *maça apertada* ou variété à petits fruits très riches en tanin, âpres et de mauvaise qualité. De ces différentes variétés, la première est seule cultivée en grand.

La banane *maça-roxà*. Cette variété a les mêmes qualités que la précédente et ne diffère que par la couleur et le goût de sa chair qui sont moins accentués que chez la *maça*.

La banane *ouro* ou *dourada (Musa aurea)*. C'est la *pisang rajah* qui a été importée de Batavia ou de la Chine. La plante atteint jusqu'à cinq mètres de hauteur ; la tige, ainsi que le dessous des feuilles sont de couleur pourpre ; le fruit a la forme de la banane *maça*, mais il est moins grand, mesurant 0^m 09 à 0^m 10 de long, selon M. de Castro et 0^m 20 suivant M. de Moraes — ce qui fait supposer qu'il y a plusieurs sortes de *ouro* — et 0^m 028 de diamètre. C'est de toutes les bananes celle qui a la peau la plus fine, ayant à peine trois quarts de millimètres d'épaisseur, et la plus lisse. La pulpe, d'une couleur jaune d'œuf, est d'une saveur très agréable, ayant le goût de pomme encore plus prononcé que chez la *maça*.

La *ouro* ou *oro* en espagnol, qui est une sous-variété de la *figue pomme (maça ou manzana)* est très rustique. Elle s'accommode des terrains sablonneux et secs et en plus elle est très résistante au vent. Malheureusement son fruit a un péricarpe trop mince, ce qui constitue un grave inconvénient pour le transport des fruits en vrac. En effet, le moindre choc produit sur la pulpe une tache foncée qui ne tarde pas à fermenter. En outre, une fois mûr, le fruit se détache assez facilement du verticille.

____

(1) *Le Bananier dans le Bas Parana.*

La banane *massa* ou *massaô* ou banane massue, est un fruit assez semblable au précédent ; la peau, de couleur jaune-clair, est fine ; la chair, d'un goût très agréable, est blanchâtre comme celle de la *prata*.

La banane *mosquito* ou banane moustique, ainsi appelée à cause de sa petite taille. La chair, rosée, est d'un goût très agréable.

La banane *tamara*, est une dérivation immédiate de la *maça* comme la précédente.

La banane *preta* ou banane noire, ainsi appelée parce que la partie inférieure des feuilles est foncée, comme la peau des fruits qui en murissant devient carmin vif.

La banane *sambúra (Musa angulosa)*. Ce bananier ressemble beaucoup à la variété *ana* ou de Chine, mais il est un peu plus grand, ainsi que ses fruits qui ont près de 0^m 20 de longueur, et des arêtes saillantes. La chair, de couleur jaune-foncé, n'est pas très savoureuse.

La banane *de bico verde (Musa bicolor)*. C'est une petite variété dont le régime et les fruits sont généralement petits, d'un jaune vif avec extrémités vertes.

La banane *hannoan* ou corne de bœuf. La tige de cette variété naine est argentée comme l'est aussi le dessous des feuilles qui sont rondes et courtes. Le fruit, gros et long, a une pulpe jaunâtre, fondante et très savoureuse.

La banane *ridonto* ou ronde est une variété demi-naine, dont la tige est mince et un peu rougeâtre ; les feuilles étroites et longues ; la pulpe du fruit blanche, fondante et très estimée.

La banane *cobra* ou cuivrée est une autre variété demi-naine, dont la tige et les feuilles sont de teinte brune. Le fruit, recourbé, à deux côtes, a une chair jaune et fondante.

2º **Musa chinensis.** Sweet.

Ce Musa, dénommé Cavendishii par A. B. Lambert et *nana* par Loureiro, est une variété naine de Chine (voir fig. 4), connue des Anglais des îles Canaries, sous le nom de *Johnson* et de la Trinidad, sous celui de *governor*. Dans certains quartiers de la Guyane elle est connue sous le nom de *bacove rongou* (1) ; dans l'Amérique

(1) Dr P. SAGOT, *Le Bananier*, p. 16.

du Sud, au Paraguay, elle est connue sous le nom de *China, enana brasilera* et *carapé* en langue guarani ; au Brésil, on l'appelle *ana* ou *catura ;* au Vénézuela, *camburi pigmeo ;* elle est dénommée *hindi* en Égypte ; *canim bala,* dans toutes les îles de la Sonde (Malaisie) ; *kina* à Tahiti; *chuôi (louille) du u* en Cochinchine; *vudi ni papalagi,* aux îles Fidji, etc.

Très rustique cette variété se développe plus rapidement et fruc-

Fig. 4. — *Musa Cavendishii.*

tifie aussi plus vite que la plupart des autres *Musa* et est par ce fait très propagée aux colonies par les Européens. Au Congo belge nous avons aménagé une bananeraie assez étendue, qui a donné de très beaux rendements.

Le nom de nain, — *aná,* en portugais ; *pigmeo,* en espagnol, — lui a été donné à cause de sa petite taille, qui parfois ne dépasse pas un mètre cinquante centimètres. Les feuilles relativement épaisses sont ovales, d'un beau vert. Les fleurs stériles, qui n'ont qu'un ovaire rudimentaire séchant après s'être épanouies, sont à l'extrémité du spadice tandis que les fleurs fertiles sont à la base. La petite quantité de fleurs stériles de l'extrémité du spadice permet de distinguer tout de suite cette variété des *musa paradisiaca* et *sapientum*.

Les fruits, charnus et cylindriques, beaucoup plus courts que dans la variété *figue-banane, bacove, camburi*, etc. n'a que $0^m 10$ à $0^m 15$ de longueur et est très jaune à maturité ; sa pulpe est très parfumée et fondante. Les régimes se composent parfois de 12 à 15 mains de 8 à 10 fruits chacune.

Voici la description botanique que M. E. Raoul (1) donne de ce *musa* qui, d'après lui, ne serait qu'une forme cultivée d'un bananier sauvage qu'on découvrira tôt ou tard :

« Tige très grosse, proportionnellement à la hauteur, se terminant moins en pointe que dans les autres bananiers, hauteur de la tige de $1^m 50$ à 2 mètres ; sève incolore ; feuilles d'un vert intense, glauque en dessous, relativement épaisses et courtes, oblongues, arrondies aux deux extrémités ; pétiole en gaine, court, épais, aux marges recourbées. Spadice incliné ; bractées ovales, rouges à l'intérieur, rouge-lie-de-vin violacé à l'extérieur, recouvertes de cérosie blanche, cachant en général de 8 à 9 fleurs. Bourgeon terminal oval. Pétale externe à peine deux fois plus long que l'interne, étamines égales. Anthères pas plus larges que les filets à fruit recourbé verdâtre. Type de la fleur femelle : cinq filets dont un avec anthère. Fleurs du spadice presque toutes fertiles, donnant jusqu'à 250 fruits non séminifères. »

Le fruit est exquis mais un peu indigeste lorsqu'on en abuse.

MM. P. de Moraes et A. R. de Castro ne sont pas d'accord sur la valeur alimentaire de la banane *anâ*. Le premier déclare que le goût de cette banane n'étant pas très agréable on la destine surtout à l'alimentation des animaux, tandis que d'après M. de Castro, elle est très douce et excellente pour manger crue ou frite. Toutefois ces deux auteurs s'accordent pour dire que cette variété est très cultivée au Brésil, surtout à Santos, dans l'état de Saô-Paulo, d'où on en exporte de grandes quantités en Argentine, ce qui est confirmé par M. A. Gomes do Carmo. A l'île San Thomé on connaît également le *bananeira anà*, ou bananier nain, importé de l'île Madère et qui

____

(1) *Op. cit.* p. p. 220-221.

produit des fruits très petits mais succulents. En Cochinchine il est
connu sous le nom de *Chuô-duu.*

Quoique réussissant très bien au Congo et au Brésil, dans l'Amérique Centrale, toutefois, les essais de culture de cette variété n'ont
pas donné de très bons résultats. Cet échec serait attribué, paraît-
il, à la végétation trop puissante, causée par un climat constamment
humide et chaud.

Dans la Guinée française on cultive trois formes de *musa chinensis :* celle dite de Camayenne, la variété locale ou des Rivières
du Sud et celle des Canaries.

Chez la première les fruits sont généralement plus gros et ont un
pédoncule plus long que ceux produits par le type des Canaries ; les
verticilles sont plus écartés et les fruits moins nombreux sur chacun.
Quant à la variété locale, on lui reproche d'être plus sensible que les
autres variétés à la *pourriture du cœur.*

3º *Musa paradisiaca,* L.

La banane à cuire ou grosse banane à côtes, est désignée sous les
noms de *banane ordinaire, grosse banane, banane à cuire,* ou vulgai-
rement *banane-cochon,* par les Français ; *plantain* et *Adam's fig,*
par les Anglais ; *plantano arton,* par les Espagnols de l'Amérique
Centrale et du Sud ; *Pferdebanane* et *Mehlbanane,* par les Allemands ;
banana da terra (ª), *banana da India,* de *Maranhão,* de *Fernambouc*
et *banana de Farta velhaca,* par les Brésiliens. Dans l'Inde portugaise elle est connue sous le nom de *banana de assar. Americani* est
le nom que lui donnent les Égyptiens ; elle est appelée *likemba*
(makemba, au pluriel) par les Budjas, ou indigènes du district des
Bangalla (Congo belge) ; *n'donguila,* par les indigènes du Congo
français, où l'on connaît aussi la *bitobe.* En Guinée, on lui donne le
nom d'*okbo ibroin ;* au Gabon, celui de *ikondo.* Les naturels de la
Guyane lui donnent le nom de *paruru* ou *palourou ;* les Néo-Calédo-
niens, celui de *poigate ;* c'est la *kantela-kela* et *kach-kela* des Indes
anglaises.

Certains auteurs considèrent le *Musa paradisiaca* comme une

____

(ª) HEUZÉ (*Plantes alimentaires,* p. 310) classe cette variété parmi les *Musa*
sapientum.

espèce distincte. Mais, d'après la plupart des botanistes, ce n'est qu'une variété cultivée du *Musa sapientum* et suivant Schumann ces deux sortes devraient être classées sous le nom de *Musa paradisiaca*. G. Bank le considère comme une sous-espèce de *Musa sapientum*.

Un peu plus rustique que le *Musa sapientum*, le *Musa paradisiaca* diffère du premier : 1º par les fleurs stériles de l'extrémité du spadice qui se fanent et noircissent sans tomber ; 2º par la constitution de son régime qui est moins grand, comportant aussi moins de verticilles et par conséquent, moins de fruits, mais ceux-ci sont plus gros, et moins aqueux que ceux du *musa sapientum* et souvent aplatis et anguleux. 3º Le pétiole, plus vert, est aussi plus recourbé. Une fois arrivé à maturité parfaite, le fruit est d'un jaune orangé, et sa pulpe, assez molle, est moins fondante et moins sucrée que celle des variétés se mangeant crues.

Voici la description botanique de ce *Musa* telle qu'elle est donnée par P. Sagot et E. Raoul (1).

« Tige verte non mouchetée, fibres peu tenaces, sève incolore, rejets au pied. Pétiole plus arqué que dans le *M. sapientum*, quelque peu glauque, à bords relevés en gaine, de façon à déterminer un canal étroit.

« Feuilles vertes, relativement épaisses, elliptiques, à face supérieure plus claire.

« Spadice moins long que dans le *M. sapientum*, bourgeon terminal ovale. Bractées ovales, oblongues, généralement d'un violet rougeâtre ou d'un rouge cendré à l'intérieur ; d'un brun-ardoise ou d'un violet ardoisé à l'extérieur, couvertes souvent d'inflorescences blanches. Bractées et fleurs stériles sèches, en forte partie persistantes.

« Fleurs n'avortant que dans une faible partie du spadice. Spadice moins incliné que dans le *M. sapientum* ; de 3 à 7 étages, de fractions de verticilles de fleurs fertiles.

« Fruits à peau épaisse adhérente, plus gros et beaucoup plus longs que dans le *M. sapientum*, jaune-pâle, courbés à leur extrémité et

____

(1) *Op. cit*, p. 219.

portant de trois à cinq angles plus ou moins arrondis ; pulpe plus ferme, plus sucrée ; grosse production. »

Il existe de nombreuses variétés de *Musa paradisiaca* ou bananes ordinaires.

D'après Heuzé, ce *Musa* a produit quatorze variétés au Malabar (Inde) ; vingt-neuf à Tahiti ; quinze aux îles Tonga ; seize dans la Malaisie et quatre-vingt à Batavia (1).

La mission Comte J. de Briey, au Congo belge, a étudié au moins vingt-cinq variétés et formes d'*Eumusa* cultivées dans le Mayumbe (Bas-Congo belge) dont les fruits se mangent cuits.

Description et distribution des principales variétés.

INDES ANGLAISES. G. Watt (2), rapporte que pour la Présidence de Madras seule, le Dr Shortt décrit treize différentes formes cultivées qui ont toutes des noms vernaculaires différents, dont la *monthen* est la sorte la plus grande et aussi la plus commune des fruits à cuire. On la cultive surtout dans le Tamil ou partie méridionale. Dans la Présidence de Bengal, on connaît surtout la *kachkala* ou *kanch-kolla*.

CEYLAN. Parmi les variétés les plus estimées du *Musa paradisiaca* on mentionne les suivantes : *suwandale*, *kolikuttu* et *embril*.

ANTILLES FRANÇAISES. Les variétés les plus connues sont : le *bananier sans nombril*, dont le régime, assez petit, ne comporte qu'une dizaine de verticilles, d'une quinzaine de fruits chacun.

Le *bananier noir*, produisant un régime possédant à peu près le même nombre de verticilles que le précédent, mais un plus grand nombre de fruits.

Le *bananier puce*, dont le régime se compose de six à sept mains environ, avec une douzaine de fruits par main.

Le *bananier à cornes*, dont le régime, plus petit encore que les autres variétés, ne compte que cinq à six mains de six fruits environ chacune. Les fruits de cette variété sont très longs et très gros.

(1) HEUZÉ, *op. cit*, p. 308.
(2) *op. cit.*

Congo belge. Les formes du sous-genre *Eumusa*, dont les fruits se mangent cuits, étudiées au Mayumbe (Bas-Congo) par la mission Comte J. de Briey, ont été décrites par M. E. De Wildeman (1).

Les fruits de la plupart des *musa* décrits ci-dessous sont représentés grandeur naturelle, d'après un échantillon bien développé dans l'ouvrage de M. De Wildeman, Pl. VI à XI.

Nous nous bornerons à reproduire ici la partie de la description botanique qui est compréhensible du commun des mortels, laissant de côté, — bien que cela ait une très grande importance pour l'étude des bananiers — la description des organes floraux avec leurs figures dont les éléments sont fort variables. Du reste, M. de Briey est le premier à avoir reconnu que les fleurs ne présentent leurs caractères particuliers qu'à un niveau déterminé de l'inflorescence, au-dessus et au-dessous de ce niveau ces caractères étant soumis à une certaine variation.

Au type *Musa emasculata* on rapporte les quatre variétés suivantes :

Musa emasculata var. *Lomba* de Briey. Noms vernaculaires : *Lomba* (Basundi, Benza, Bazobe, Loango) ; *Dikoka* (Bacongo) ; *Koko-Diavongo* (Bayumbe).

« Stipe vert-jaunâtre de 3ᵐ 50 à 4ᵐ 50, un peu renflé à la base, spirale des feuilles courte et dense.

« Feuilles. — Pétiole de 0ᵐ 50 × 0ᵐ 36, à marges largement teintées de rose. Limbe ovale de 2ᵐ 25 à 2ᵐ 40 sur 31 à 32 centimètres, vert franc luisant à la face supérieure, vert terne inférieurement, bordé d'un liséré rouge autour des deux tiers inférieurs, bien visible surtout sur les feuilles jeunes et brunissant dans la feuille adulte ; nervure médiane de 2, 3 centimètres de large d'un vert franc supérieurement, vert jaunâtre inférieurement.

« Inflorescence portée avant l'anthère presque horizontalement ; les deux premières bractées-stériles, vertes, étroites et très allongées, la troisième de 50 centimètres sur 20 centimètres, verte, un peu rougeâtre porte à son aisselle 7 à 12 fleurs femelles. Le fragment de verticille suivant lequel elles sont insérées est tourné vers le sol. Au delà de cette première main l'axe se rétrécit brusquement au sixième

---

(1) De Wildeman, *op. cit*, pp. 306 à 359.

de son diamètre et porte une dizaine de centimètres plus haut 2 bractées de 45 × 12 centimètres insérées au même niveau, emmêlées et très chiffonnées ; celles-ci abritent un court moignon cylindrique arrondi, de 7 × 1,3 centimètres. Ce moignon, purement parenchymateux, est souvent teinté en rouge sombre, de façon à simuler le bourgeon de bractées qui termine habituellement l'axe.

« Régime formé par une seule main de 7 à 12 fruits insérés à la face inférieure du rachis et portée presque horizontalement. Les bananes occupant la position la plus basse sont souvent très cintrées, fortement relevées et portées très divergentes. Poids moyen de 5 à 6 kilos. avec environ 35 % de déchets.

« Bananes très grosses, longues et régulières, cintrées ou droites, selon leur position dans la main, assez fortement côtelées, à peau fine, d'un vert jaune, lisse, puis blanc-jaunâtre avec des taches brunes, bien remplies, à chair couleur citrouille.

« Dimensions types moyennes : 35 à 37 × 5 centimètres, d'un poids moyen de 300 grammes, parfois plus longues et plus grosses, atteignant 46 centimètres de long et le poids de 448 grammes.

« Se mange cuite et cueillie avant complète maturité. »

. . . .

« Culture. — Existe dans la région dans la proportion de 3 à 4 %, rejette moyennement du pied, 3-4 rejetons. N'est pas très hâtif, fleurit une dizaine de mois après la plantation, peu productif et très résistant, vient bien en tous terrains. »

Musa emasculata var. *Kiala* de Briey. Noms vernaculaires : *Kiala* (Basundi, Benza) et *Dikoko-Diavongo* (Bayumbe).

« Stipe vert jaunâtre de 3ᵐ 50 à 4ᵐ 50, un peu renflé à la base, spirale des feuilles courte et dense.

« Feuilles à pétiole de 50-55 sur 4 centimètres, à marges assez ouvertes, largement teintées de rouge. Limbe ovale de 2ᵐ 25 à 2ᵐ 40 sur 37 à 38 centimètres, vert jaune et luisant sur la face supérieure, terne et pruineux sur la face inférieure, frangé dans sa moitié inférieure d'un liséré rouge sang. Nervure médiane de 2,5 centimètres, vert jaune supérieurement, jaunâtre inférieurement. Dans la feuille jeune le pétiole et la nervure médiane sont, à leur face inférieure, lavées de rose ; cette teinte ne disparaît qu'après le complet développement de la feuille.

« Inflorescence fermée de 62 à 65 centimètres de long, sur 14 centimètres. La première bractée stérile est verte avec un peu de rouge à la base seulement.

« La deuxième bractée verte, lavée de rouge, recouvre 9 à 12 fleurs femelles, la suivante 6 à 7 seulement ; elle est entremêlée avec la quatrième qui est stérile, longue et chiffonnée. L'axe de l'inflorescence se termine brusquement à son aisselle par un petit moignon verdâtre et recourbé en corne de 4 centimètres sur 1,4 centimètres à la base.

« Régime : Semblable comme port et comme aspect à celui du Lomba, sauf en ce qu'il comporte deux mains ; la première insérée face au sol ; la seconde, à la partie supérieure du rachis qui est presque horizontal.

« Le nombre maximum de bananes par régime est de 24 à 25, en moyenne 18 à 20 ; le poids varie de 7 à 9 kilos.

« Bananes longues, plates, droites ou cintrées selon leur position dans le régime ; à peau lisse, d'épaisseur moyenne, se détachant bien, vert pâle, puis jaune-paille à chair ferme, d'un jaune-beurre.

« Très estimée, d'un poids moyen de 250 grammes, atteignant 0^m 40 de long et 5 centimètres de large.

« Culture. — En proportion de 3-5 %, rejetant moyennement, 3 à 5 rejetons ; assez hâtif, fleurissant vers.le dixième mois et mûrissant un mois plus tard. Peu productif, mais peu exigeant quant au terrain, on le rencontre parfois dans des plantations abandonnées depuis 2 ou 3 ans, formant encore un régime chétif de quelques fruits, tandis que les espèces voisines ne fructifient plus. »

Musa emasculata var. *Kimbende* de Briey. Noms vernaculaires : *Kiala Kimbende* (Basundi, Bayumbe, Benza Bazola) qui signifie : Kiala rayé.

« Stipe gros, vert-jaunâtre, largement maculé de brun et de rouge vers le haut, de 3^m 50 à 4 mètres ; spirale des feuilles dense.

« Feuilles à pétiole court de 0^m 45 à 0^m 50 de long et 4 à 4,2 centimètres d'épaisseur, entièrement rouge-brun, limbe ovale-elliptique, de 2^m 30 à 2^m 50 de long et 39-40 centimètres de large, vert franc. Nervure médiane irrégulièrement maculée sur la face supérieure, à taches rouges, l'extrémité seule restant entièrement verte, à la face inférieure elle est d'un rouge brun, uni dans les deux tiers basilaires.

« Inflorescence allongée, étroite, à rachis strié et à plaques rouge-sang en saillie, à 2 mains, parfois 3, volumineuses, de 4 à 11 doigts chacune, si rapprochées qu'elles paraissent n'en faire qu'une ; trois, centimètres au-dessus des premières, deux nouvelles bractées insé-rées dans les mêmes conditions ; juxtaposées, distantes de 2 milli-mètres, stériles, longues, flasques et chiffonnées, entremêlées avec la bractée terminale au niveau de laquelle le rachis finit brusque-ment presque sans moignon terminal.

« Régime à 2, parfois 3 mains ; quand ce régime produit 3 mains en sol très fertile, la première peut comporter 11 doigts, la seconde 7 à 8 et la troisième 5 à 6. Le rachis est peu incliné sur l'horizontale, les bananes très cintrées sont portées divergeant dans tous les sens.

« Bananes longues, grosses, côtelées, à peau épaisse et verruqueuse d'un vert jaunâtre moucheté de rouge sombre. Mûre, elle vire au jaune clair et les taches rouges au brun sale. Chair ferme, un peu compacte, couleur de beurre frais, graines avortées grisâtres de 1 millimètre environ de diamètre, très nombreuses. Poids moyen : 235 grammes.

« Ne se mange que cuite, soit bouillie, soit rôtie. Très appréciée.

« Culture. — Se rencontre dans la proportion de 1/2 %. Assez hâtif. Fleurit au bout de 8 mois, rejette peu et de production très médiocre, les régimes dépassant rarement 8 à 10 kilos. Vient bien en tous terrains, même pauvres, mais n'est pas à sa place en terrains riches, car il ne donne jamais plus de 25 fruits. Il serait, au dire de l'indigène, très sensible à la sécheresse.

. . . .

Musa emasculata var. *Zengani* de Briey. Noms vernaculaires : *N'Zengani* (Basundi, Benza, Bazolu, Loango), qui veut dire : qui va par 3.

« Stipe vert-jaunâtre de 3^m50 à 4 mètres, peu renflé à la base, parfois taché de rose, spirale des feuilles haute et peu dense.

« Feuilles à limbe de 2^m70 à 2^m90 sur 0^m47 à 0^m48, vert sombre, luisant sur la face supérieure, vert terne en dessous, ovale presque elliptique, arrondi et asymétrique à la base, bordé d'un liséré rouge sombre de 3 à 4 millimètres faisant le tour complet de la feuille. Pétiole de 55 à 60 sur 4 centimètres à très larges marges roses. Nervure médiane de 2,5 centimètres d'un vert jaune supérieurement, jaune-verdâtre inférieurement. Dans les feuilles jaunes, pétiole et nervure médiane sont, à leur face inférieure, teintés de rose ; cette teinte s'atténue mais ne disparaît pas quand la feuille commence à se faner.

« Inflorescence presque horizontale, constituée comme celle du Kiala, mais comportant 3 et très exceptionnellement 4 mains ; bractées ovales-aiguës, d'un rouge-sombre, très foncées extérieurement et d'un rouge cendré intérieurement, la première bractée fertile atteignant 45 centimètres de long et 19 centimètres de large. Les 3 bractées stériles terminales mesurent : 37 sur 9 centimètres ; 36,5 sur 8 centimètres et 36 sur 7 centimètres.

« Régime. — Très semblable à celui du Kiala, sauf qu'il comporte 3 et parfois, mais rarement, 4 mains de 12 à 17 doigts par main.

« Poids variant en moyenne de 10 à 12 kilos, au maximum de 18 kilos.

« Banane polyédrique, en général droite, d'un vert clair mat, puis blanc-jaunâtre, souvent marbrée de brun clair, à peau épaisse de 3,5 millimètres, à chair saumonée très ferme, à graines noires de 1 millimètre, ridées, espacées.

« Poids type : 270 grammes ; assez peu estimée, ne se mange que cuite.

« Culture. — Existant dans la proportion de 1 à 2 %, rejetant bien, 2 à 7 rejetons ; moyennement hâtive, fleurissant au bout de 10 à 11 mois, peu productif, mais venant bien en tous terrains. »

Musa protractorachis. De Wild. nov. spec. Nom vernaculaire : *M'Bomo* (Basundi).

« Stipe de 3ᵐ50 à 4 mètres à peine rempli à la base, vert-jaunâtre avec des taches grenat. Spirale de feuilles larges et très étalées. Limbe ovale, de 2ᵐ35 à 2 mètres sur 36 centimètres, vert sombre luisant supérieurement, vert terne inférieurement, bordé sur tout son pourtour d'un large liséré rouge. Nervure médiane de 2 centimètres environ semée sur la face supérieure d'un abondant pointillé rouge ; face inférieure jaune-verdâtre lavée de rose vif, entièrement jaune dans la feuille âgée. Pétiole de 35 à 38 centimètres sur 3,5 centimètres jaune-verdâtre avec de larges marges rose vif qui se recouvrent à la face supérieure, base du pétiole rose.

« Inflorescence presque horizontale de 58 sur 13 centimètres, bractées ovales très aiguës, d'un vert-jaunâtre ; première bractée fertile de 40 sur 13 centimètres ; inflorescence généralement à 2 mains de fleurs parfois 1, plus rarement 3, puis 3 bractées stériles enchevêtrées ; la dernière abrite un long filament blanc qui termine le rachis.

« Régime en général à 2 mains de 8 à 13 bananes, en général 10, ne dépassant guère en poids 12 à 15 kilos, mais vu les grandes dimensions du fruit, la proportion des parties inutiles : épicarpe, rachis, est plus faible que dans toute autre variété en sorte qu'elle peut être considérée comme assez productive.

. . . .

« Banane. — Grande et très régulière, un peu cintrée, restant de teinte très claire, jaune-verdâtre durant toute la croissance, virant au blanc, jaunâtre en mûrissant, à chair d'un jaune beurre, très ferme ; peau épaisse, très lisse, assez adhérente, très bien remplie ; renfermant des graines avortées d'environ 0,5 millimètres brunes, très espacées. Bananes de 35 centimètres en moyenne de long et 5 centimètres de large.

« Poids typique : 500 grammes, pouvant atteindre 850 grammes et mesurer alors 90 centimètres de long et 6,5 centimètres d'épaisseur.

« Se mange bouillie ou de préférence rôtie sur le charbon, acquerrant alors un goût fin rappelant celui de la châtaigne. Elle est l'une des bananes les plus estimées des indigènes.

« Elle se cultive de façon toute particulière dans le nord-est (région de Maba-Maduda, Sangha-Gouna), la proportion des plantes en culture y atteint 6 à 8 %, elle n'est que de 1 % dans la région de Tshela et de Ganda-Sundi. »

Musa decrescens de Briey nov. spec.

Chez ce type, qui comprend trois formes, que M. De Wildeman désigne sous le nom de variétés, le nombre de fleurs qui va en décroissant rapidement, n'est jamais élevé.

Musa decrescens, var. *Pembuki* de Briey nov. var. Noms vernaculaires : *Diumba di Pembuki*, *Dibimbi* (Basundi, Benza) (= le Diumba blanchâtre.)

« Stipe de 3 à 4 mètres peu renflé et bien enterré, rouge sombre vers la base et entièrement noir au sommet. Feuille à limbe ovale, presque elliptique, de 2^m 30 à 2^m 50 de long sur 40 à 41 centimètres, vert franc supérieurement et vert-bleuté, pruineux, inférieurement. Pétiole de 50 sur 4 centimètres, rouge-noirâtre en-dessous à l'état adulte ; feuilles jeunes entièrement vertes mais à nervure se couvrant très rapidement d'un pointillé rouge qui envahit la face supérieure jusqu'aux deux tiers de sa hauteur et se change dans la feuille adulte en une teinte uniforme d'un rouge-brun très foncé qui passe à la partie restée verte à un pointillé décroissant. A la face supérieure la nervure médiane reste toujours verte.

« Inflorescence peu volumineuse, allongée, pendante, bractées lancéolées très allongées, pourpre très foncé à l'extérieur, carmin vif à l'intérieur.

« La première bractée fertile abrite 5, et très exceptionnellement 6 ou 7 fleurs ; la suivante 4 ou 5, puis viennent une main de 4, une de 3, 3 ou 4 de 2 fleurs, 13 ou 14 de 1 fleur, dont la première de ces dernières est seule fertile.

« L'inflorescence se continue ensuite par 15 ou 16 bractées étroitement emboîtées, ne portant pas trace de fleurs à leur aisselle et se termine par une fleur très grande, isolée, à pièces florales, soudées ou déformées.

« Régime grêle, très clair, à bananes très peu recourbées portées obliquement en avant, formant avec le rachis un angle de 60° au plus. Les fleurs stériles persistent sur le rachis, mais les bractées tombent, elles apparaissent ainsi très isolées ; vient ensuite un tronçon dénudé que termine un paquet étroit et très aigu de bractées contenant au sommet la fleur supérieure qui ne s'ouvrira jamais.

« Banane grosse, très régulière, vert clair pointillée de blanc, d'un blanc jaunâtre à maturité, à peu d'épaisseur moyenne, à chair couleur crème, compacte, un peu farineuse, à graines avortées de 0,5 millimètres, étroitement enveloppées par la pulpe. Bananes de 3, 5 centimètres de long et 5 centimètres de large, très estimées, se mangeant rôtie ou bouillie.

« Poids type : 220 grammes.

. « Culture. — Dans la proportion de 3-5 %. Très peu productif. Régimes d'un poids de 4 à 10 kilos. Moyennement hâtif, fleurissant

9 mois après la plantation, se rencontrant en tous genres de terrains, mais à régime ne dépassant pas le poids de 6 kilos si le sol n'est pas excellent. Rejette peu du pied.

. . . .

Musa decrescens var. *viridis* De Wild. nov. var.

« C'est une variété de Diumba di Pembuki à stipe et feuilles entièrement verts sans aucune trace de rouge dans tout l'appareil végétatif, sauf dans les pièces florales qui en sont abondamment lavées.

« Pour le port et les mensurations, elle se reporte au type. »

Il existe certaines différences dans la fleur et en outre, « dans cette variété, la réduction du nombre de fleurs en descendant l'inflorescence se fait moins brusquement que dans le type rouge.

« Cette variété est excessivement rare et inconnue des indigènes. »

Musa decrescens var. *rubromaculata* De Wild. nov. var. Noms vernaculaires : *Diumba di Benda* (Basundi, Benza, Loango.) ; *Dibembe Diumba di Nana* (Luki), qui signifie *diumba rayé*.

« Présente à peu près les mêmes caractères que le Diumba di Pembuki, sauf que la couleur du stipe est plus sombre, d'un rouge-noirâtre, la face supérieure de la nervure médiane légèrement maculée de rouge sombre dans le tiers inférieur et la feuille plus allongée et plus ovale.

« Même disposition du régime, même couleur des bractées, mêmes dimensions des fruits.

« Les bananes de 37 centimètres environ de long et 3,5 centimètres de large se différencient par les fines côtes, les stries et les verrues dont elles sont couvertes, toutes les éminences sont rouge-sang, le fond de la peau vert pâle, il en résulte cet aspect caractéristique rayé qui lui a valu son nom. Le stigmate persiste très longtemps sur le fruit sans se dessécher et les graines réduites à une membrane noire ridée, mesurant environ 1 millimètre, sont nombreuses, espacées d'environ 5 millimètres.

« Culture. — Environ 1 % ; mêmes particularités que pour le Diumba di Pembuki.

. . . .

Musa purpureo-tomentosa De Wild. nov. spec. Noms vernaculaires : *Muisi Tia* (Basundi) ; *Muisi Tuia* (Benza) ; *Muisi M'Basu*

(Bayumbe), qui veut dire : l'enfumé, fumée de feu ; *M'Fuba* (Région occidentale).

« Pour tout ce qui concerne le stipe, les pétioles et les feuilles, le Muisi est semblable au Kilola, sauf que la teinte rose est presque uniforme sans les filets blancs signalés chez le Kilola. Feuille ovale de 2,20 à 2,50 mètres sur 40 centimètres environ de large, bordée tout autour d'une marge rouge-sang.

« Pétiole de 40 à 50 sur 3 à 6 centimètres, nervure médiane de 2-3 centimètres ; dans la feuille âgée le pétiole ne conserve que des marges rouges et une large bande dégradée rose vif à la face inférieure.

« Inflorescence rouge-pourpre clair, lavée de jaune-soufre, le rachis est très cannelé et duveteux ; dans l'inflorescence complétement développée il est d'un violet-pourpre foncé, chatoyant, velouté, tout à fait caractéristique. Les fleurs mâles persistent et sont portées retroussées contre l'axe, leurs bractées tombent.

« Le bourgeon terminal est ovoïde, très court, et arrondi.

« Régime de 6 à 8 mains de 8 à 12 doigts. Les fruits sont portés complétement redressés contre le rachis, le régime formant une masse compacte presque cylindrique.

« Au moment où les dernières bractées, recouvrant des fleurs fertiles, tombent, le jeune régime est entièrement d'un gris-violacé qui lui a valu le nom d' « enfumé ». La teinte s'éclaircit rapidement, les bananes de la base deviennent franchement vertes, celles des deux mains supérieures sont lavées de grandes traînées rouge-violacées qui persistent longtemps.

« Le poids du régime est en moyenne de 12 kilos, mais peut atteindre 25 kilos.

« A complète maturité, la banane, de 32 sur 3,5 centimètres, est d'un jaune-roux, à peau moyenne, lisse, à chair blanche farineuse, à graines de 1,5 millimètres, brunâtres, elle ne se mange que cuite et pèse en moyenne 150 grammes.

« Elle se trouve dans les cultures dans la proportion de 2-3 %, reje te peu du pied, 2 ou 3 rejetons seulement, fleurit 10 à 11 mois après plantation et préfère les sols frais. Elle est de productivité plutôt faible, et médiocrement estimée.

. . . .

Le *Musa bidigitalis*, dont nous allons donner la description, et qui appartient également aux *Eumusa*, ne possède jamais que deux fleurs par bractée et par conséquent deux fruits. Mais comme ceux-ci sont placés l'un à côté de l'autre et non pas superposés il faudrait donc les considérer comme placés en une série, qui est le caractère des *Rhodochlamys*. Aussi M. De Wildeman ajoute que bien que M. J. de Briey place cette nouvelle variété dans les *paradisiaca*, il a préféré la séparer spécifiquement.

Musa paradisiaca var. *bidigitalis* de Briey. Noms vernaculaires : *Kubika, Kubikila* (Bayumbe) ce qui signifie : celui qui reste.

« Stipe vert-jaunâtre de 3ᵐ 50 à 4 mètres de haut, spirale des feuilles haute et tachée.

« Feuille à limbe ovale-elliptique, vert terne supérieurement, vert-jaunâtre inférieurement ; nervure médiane de 3 centimètres de large, verte au-dessus, jaune en dessous. Pétiole court de 48-50 centimètres, gros, jaune, bordé de marges étroites brunes.

« Inflorescence mixte, longue, très volumineuse, allongée, pendante, à bractées très grandes, d'un rouge sombre extérieurement, carmin vif intérieurement, dont la dimension diminue très lentement, la huitième bractée couvrant des fleurs stériles mesure 33 sur 20 centimètres.

« Régime de 7 à 10 mains uniformément de 2 bananes, celles-ci très grosses sont insérées à l'extrémité d'un bourrelet mamelonné qui témoigne de l'avortement du reste de la main.

« Les frùits très cintrés sont portés horizontalement la pointe fortement relevée. Le rachis est très gros, d'un pourpre violacé, puis vert violacé dans les parties âgées et très peu cannelé, il porte au-delà des mains à bananes, 15-25 mains de fleurs mâles dont les brac-tées seules sont caduques. Quand la maturité est complète et que le bananier tombe, il reste encore un très volumineux bourgeon ter-minal pesant plus de 2 kilos.

« Banane de 45 centimètres de long et 6 centimètres de large, très grosse, d'un poids moyen de 450 grammes, atteignant un maximum de 662 grammes, cintrée, très arrondie, en forme de saucisse, d'un vert sombre passant à la couleur mirabelle à la maturité, à peau épaisse se séparant bien, peu fibreuse, chair élastique, très ferme, remplissant le fruit, jaune un peu ocreux (couleur citrouille). Graines avortées noires très petites mais très nombreuses.

« Très appréciée, se mange cuite de toutes façons et même crue quand elle est très mûre (*M'Toto*).

« Culture. — Peu productive, régimes de 15 à 20 kilos dont il faut déduire au moins 40 % pour le rachis, peu exigeante quant au sol, mûrissant assez hâtivement vers 11 mois. Elle n'existe pas chez les Sundis, mais se rencontre dans la proportion de 2 % dans le centre est (Benza-Bayumbe).

. . . .

Des *Musa paradisiaca*, M. J. de Briey a étudié, les quatre variétés suivantes : *Bende, Kitebbe, Bilu et viridis*.

Musa paradisiaca var. *Bende* de Briey, nov. var. Noms vernaculaires : *Bende, Bende-Tseluka* (Basunde, Bayumbe, Benza, Loango, Bazolu) qui veut dire : le rayé, ou Tseluka rayé, à cause de ses affinités très nettes avec le Tseluka qui est une autre variété de bananier, que nous décrirons plus loin.

« Stipe vert jaunâtre de 3^m 50 à 3^m 75 portant quelques macules brunes vers le sommet. Spirale des feuilles très lâche.

« Feuilles à pétiole gros et court de 45 sur 4 centimètres, à base large, marges à filet de bordure brun.

« Limbe ovale, légèrement asymétrique de 2,25 à 2,35 mètres sur 38-39 centimètres, vert franc et luisant sur la face supérieure, vert terne inférieurement, à nervure médiane de 2,5 centimètres, d'un vert franc au-dessus, vert-jaunâtre en dessous.

« Inflorescence pendante, allongée ; bractées ovales-aiguës, celles de la base d'un vert-jaunâtre très lavé de rouge sombre, les suivantes rouge sombre à l'extérieur, d'un carmin vif à l'intérieur.

« Régime de 7 à 11 mains redressées contre le rachis, formant une masse cylindrique très compacte, continuée par une quinzaine de mains de fleurs mâles desséchées, persistantes et très denses. La partie stérile de l'inflorescence n'est pas très longue, et le bourgeon terminal a le temps de s'ouvrir presque jusqu'aux dernières bractées avant la maturation du régime, les dernières fleurs ainsi découvertes sont bien constituées mais très petites, de 22 millimètres, environ de long.

« Bananes de taille moyenne de 23 centimètres de long sur 3,5 centimètres de large, très régulières, et semblables à celles du Tseluka, n'en différant que par des stries rouges discontinues, en saillie sur la peau et abondantes dans le tiers inférieur.

« Peau d'épaisseur moyenne, verruqueuse ; chair grisâtre puis crème. Très estimée, mais ne se mange que cuite ; poids moyen : 170 grammes.

« Se rencontre dans toutes les régions dans la proportion de 2 à 4 % ; très hâtif, fleurissant au bout de 6 à 7 mois et assez productif. Excellente variété rejetant malheureusement peu du pied et assez exigeante quant au sol.

« Les indigènes la plantent de préférence en bordure des villages et accumulent dans les bosquets de cette variété leurs ordures ménagères.

« C'est avec le Tseluka, la première banane qu'ils ont à leur disposition presque dès la fin des pluies.

. . . .

Musa paradisiaca var. *Kitebbe* de Briey nov. var. Noms vernaculaires : *N'Gulu-Kitebbe*, *N'Gulu N'Tebbe* (Basundi) qui signifie Banane cochon.

« Stipe vert-rosâtre, de 3 à 3^{m}50 sur 22 à 25 centimètres de diamètre, à base franchement élargie, à plateau radiculaire volumineux. Spirale des feuilles haute et lâche.

« Feuille pétiolée à pétiole de 4 centimètres de large, entièrement verte dans la feuille adulte, à base large et très engainante.

« Limbe de 2^{m}20 à 2^{m}40 sur 70 à 80 centimètres de large, presque exactement elliptique, d'un vert sombre luisant sur la face supérieure, vert-jaunâtre moucheté de rouge sur la face inférieure. Nervure médiane vert clair supérieurement, jaune pâle inférieurement.

« Inflorescence très allongée, volumineuse, pendante, à bractées pourpre foncé extérieurement et d'un rouge cendré intérieurement.

« Régime formé de 6 à 7 mains de 11 à 14 doigts, clair, pendant verticalement, les bananes moyennement cintrées sont à peu près perpendiculaires à l'axe ; le rachis est brun-rougeâtre clair et largement côtelé.

« Il reste au point d'insertion des bananes, qui sont rouge-brun très foncé, une petite partie vert vif, la juxtaposition de ces parties forme sur le rachis des demi-cercles clairs caractéristiques.

« Bananes de 34 centimètres en moyenne sur 4 centimètres de large, vert pâle, lisses, quand elles sont très jeunes, se recouvrant vers la maturité d'un pointillé couleur rouille qui s'étend en tache d'huile et recouvre bientôt toute la banane qui prend une teinte brun très foncé.

« Chair blanc-grisâtre, très ferme, presque croquante, et peu épaisse de 4 millimètres, très fibreuse, à graines de 0,5 millimètres, noires.

« Le régime pèse de 10 à 12 kilos, la banane peu estimée, environ 150 grammes.

. . . .

Musa paradisiaca var. *Bilu* de Briey var. nov. Noms vernaculaires: M'*Bilu* (Basundi, Benza, Bayumbe, Loango).

« De tous les bananiers celui qui, après le Loko-Loko, présente la végétation la plus puissante. Atteint couramment 5 mètres à 5^m 50 avec un diamètre de 40 à 45 centimètres à la base et 52 à 55 centimètres au plateau.

« Stipe d'un vert sombre et élargi à la base, possédant un aspect vernissé caractéristique. Spirale des feuilles haute et serrée.

« Feuilles ovales, asymétriques de 2^m 60 à 2^m 85, sur 44 à 47 centimètres ; limbe vert sombre supérieurement et inférieurement, à bord frangé d'un filet noir.

« Pétiole épais, assez court, de 55 à 65 sur 4 centimètres, à nervure médiane vert clair supérieurement et vert franc inférieurement.

« Le vert du limbe n'est pas uniforme, il est lavé par place d'un vert plus clair, ce qui lui donne un aspect moiré caractéristique.

« Inflorescence portée horizontalement jusqu'au moment de la fructification, à rachis vert-violacé, bractées ovales-obtuses, d'un pourpre violacé à l'extérieur et d'un rouge cendré à l'intérieur.

« Elle compte de 9 à 13 mains de 19 à 21 doigts de fleurs fertiles, et se prolonge longuement par 25 à 30 mains de fleurs mâles distantes de 1 centimètre, qui restent adhérentes au rachis. Les bractées des premières seules tombent ; cette partie stérile du régime forme un large cylindre, enchevêtré de bractées desséchées et terminé par un gros bourgeon, ovoïde-allongé, formé par des bractées fraîches qui n'ont pas le temps de s'ouvrir ; la partie stérile se détache et tombe environ deux semaines avant la complète maturité.

« Régime volumineux, très dense, à 9-13 mains de 19 à 21 doigts, redressés presque verticalement et très enchevêtrés.

« Banane petite, d'un vert très sombre et très caractéristique, pâlissant très légèrement en murissant, toujours très contournée et très côtelée, s'amincissant régulièrement aux extrémités, à graines très visibles, noires, bien séparées de la chair blanc-grisâtre, très appréciée des indigènes ; de 22 centimètres en moyenne de longueur et 4 centimètres de large.

« Rôtie ou bouillie, elle conserve une chair très ferme. Poids moyen de 130 grammes.

« Se rencontre en proportion de 12 à 15 % dans les cultures, mais dans la région du Nord-Est, le Tseluka lui cède le premier rang ; la production atteignant 30 à 35 %. Très productif, mais très tardif, ne fleurissant que 12 à 13 mois après plantation, et rejetant très peu.

« Régimes de 20 à 45 kilos, en moyenne de 28 kilos.

La quatrième variété de *Musa paradisiaca* étudiée par M. J. de Briey ou var. *viridis* comprend plusieurs formes dont les cinq suivantes ont été étudiées :

Musa paradisiaca var. *viridis* f. *Seluka* de Briey. Noms vernaculaires : *Tseluka*, *Tcheleka* (Basundi) qui veut dire la vraie : *Sela* (Bayumbe).

« Stipe de 4 à 4^m 50, vert clair moucheté de rouge, peu renflé à la base, atteignant 30 centimètres de diamètre au maximum. Spirale des feuilles assez fermée. Feuilles très dressées, de 2^m 50 sur 0,^m 70, arrondies à la base, à nervures et limbe vert-jaune.

« Inflorescences allongées, longuement pédonculées, horizontales lorsqu'elles sont encore complétement fermées, pendantes au moment de la floraison, de 5 à 10 mains de 20-28 doigts. Le fruit qui est d'abord porté obliquement se redresse progressivement, devient perpendiculaire au rachis, et, quand il est développé, se trouve complétement redressé. Les mains sont alors emboîtées, les unes dans les autres, le régime formant un cylindre compact.

« Quand toutes les mains des fleurs fertiles sont ouvertes, 5 à 7 bractées abritant des fleurs mâles s'ouvrent encore, puis l'axe se rompt au ras de la dernière main fertile et tombe. Le régime apparaît donc toujours tronqué à son extrémité.

« Poids du régime type 15 à 18 kilos, pouvant atteindre 35 kilos.

« Banane petite d'environ 26 centimètres de long et 4,5 centimètres de large, d'un vert franc, à peau lisse et fine, devenant jaune paille à complète maturité, à chair ferme d'un blanc-crême, presque sans graines avortées. Poids moyen de 200 grammes.

« La meilleure banane à cuire, et la plus appréciée.

. . . .

« Culture. — Existe dans les cultures dans la proportion d'environ 40 %. C'est la variété la plus hâtive, pouvant fleurir 5 mois après la plantation. Elle est aussi la plus vivace et la plus résistante aux sols épuisés, elle rejette extrêmement et très rapidement. Un pied de 18 mois est entouré de 8 à 10 rejets. Quand les touffes ne sont pas surveillées et éclaircies, ce bananier, par suite de son exubérance, appauvrit très rapidement le sol et la production devient insignifiante. Toutefois, il ne disparaît pas, sa végétation, ses feuilles restent belles, mais la plus grande partie des fleurs avortent. »

Musa paradisiaca var. *viridis* f. *Funu-Nua* de Briey. n. f. Noms vernaculaires : *Funu-Nua* (Basundi) ce qui veut dire : qui remplit bien la bouche. Cependant, cette banane n'est ni particulièrement grosse, ni très farineuse.

« Variété très voisine du Tseluka, dont elle reprend les caractères mais plus accentuées.

« Le port et le stipe sont identiques. Les feuilles sont ovales, de 2ᵐ 60 à 3ᵐ 30 sur 34 centimètres environ, le pétiole mesure de 50 à 55 sur 4 centimètres, il est d'un vert franc supérieurement, d'un vert-jaunâtre inférieurement, le limbe est d'un vert sombre luisant sur vert franc, à pruine peu abondante.

« Inflorescence à crosse longue, portant 2 bractées stériles avant la première main de fleurs, rachis vert-clair à peine côtelé, banane longue, toujours très cintrée. Mains distantes de 4 centimètres. Après la dernière main de fruits l'inflorescence continue à se développer sur 30 à 60 centimètres, les fleurs avortées persistent sur le rachis, mais les bractées des 4 ou 5 premières mains tombent, les suivantes se dessèchent et restent adhérentes, formant une longue masse, d'un brun-noirâtre, terminale, oblongue-aiguë. Les bractées qui le composent sont irrégulièrement rayées, carmin vif et vert clair.

« Les différences d'avec le Tseluka peuvent être relevées comme suit : feuilles sensiblement moins arrondies à la base, crosse du rachis beaucoup plus longue, partie stérile de l'inflorescence persistant jusqu'à maturité, masse oblongue terminale rayée et beaucoup plus allongée, banane plus grosse.

. . . .

« Régime de 5 à 9 mains de 7 à 10 doigts.

« Culture, à peine dans la proportion de 1 /10.000.

« Rejetant peu. La banane bien que plus grosse et de forme un peu différente, ne peut être différenciée au goût du Tseluka.

« Elle semble à considérer, d'après le Comte J. de Briey, comme une variation accidentelle, et non transmissible, du Tseluka. »

Musa paradisiaca var. *viridis* f. *Kilola* de Briey nov. f. Noms ver-naculaires : *Kilola, Elola* (Basundi, Bayumbe.)

« Stipe, pétioles et nervures roses.

« Stipe de 3m 50 à 4 mètres sur 22 à 28 centimètres de diamètre, rose vif pendant toute la durée de la végétation, passant au rouge très foncé pendant la maturation, la partie supérieure devenant presque noire.

« Feuille à limbe ovale de 2m 50 à 2m 75 sur 41 centimètres environ de large, avant son complet développement, la face supérieure est très élégamment marbrée de taches pourpres ; la face inférieure est d'un rose violacé, plus foncé vers les bords, semée de grandes lacunes d'un vert vif à bords très nets, très décoratives. Dans les feuilles très âgées, le rouge disparaît et le limbe devient vert franc supérieurement, vert terne inférieurement.

« Le pétiole de 4,5 centimètres environ de long et la nervure médiane de 2,8 centimètres, entièrement rosés, sont parcourus à leur face inférieure par des filets blancs, rectilignes, de longueur variant de 1 à 4 millimètres, très tranchés, donnant un aspect très ornemental ; pétiole à marges complétement fermées.

« Inflorescence volumineuse et courte, pendante ; bractées rouges, extrêmement foncées, et rouge-grenat intérieurement, triangulaires, curvilignes, de 40 centimètres sur 19,5 centimètres, très arrondies, à 7-8 mains de 13 doigts de fleurs fertiles.

« Fleurs mâles disposées à la suite des fleurs fertiles jusqu'au bout du rachis.

« Régime non observé.

« Banane sans trace de rouge, verte, de taille moyenne, un peu cintrée (renseignements indigènes.)

. . . .

Musa paradisiaca var. *viridis* f. *Dongila* de Briey, f. nov. nom
vernaculaire : *Dongila* (Invariable dans tout le Mayumbe).

« Stipe de 4 à 4ᵐ 50, assez renflé à la base, à peine taché de rouge,
spirale des feuilles très ouverte.

« Feuilles à pétiole large, portant à la base, un liseré rouge clair.
Limbe ovale-symétrique de 2ᵐ 20 à 2ᵐ 40 sur 75 à 77 centimètres, vert-jaune supérieurement, vert-bleuâtre inférieurement, à
pruine peu abondante, nervure médiane de 23 millimètres, vert
clair au-dessus, vert-jaunâtre en dessous, rosée dans la feuille jeune.

« Inflorescence très allongée, volumineuse, pendante, mesurant
avant épanouissement 0ᵐ 65 sur 0ᵐ 125, bractées ovales, arrondies extérieurement, d'un rouge sombre, rose vif à l'intérieur. Quand
les bractées abritant les fleurs femelles sont tombées, l'inflorescence
continue à se développer, les fleurs mâles, dont les bractées seules
tombent, restent adhérentes au rachis et fixées perpendiculairement à celui-ci. Le régime mûrissant apparaît donc prolongé par un
cylindre de fleurs avortées, terminé par une masse ovoïde de bractées qui ne s'ouvriront jamais. A maturité presque complète le rachis
se rompt au niveau des derniers fruits formés.

« Régime de 8 à 15 mains de 9 à 15 doigts, fruits retroussés formant, comme chez le Tseluka, une masse compacte.

« Banane de 32 centimètres en moyenne sur 4 à 4,5 centimètres
de diamètre, très régulière, d'un poids moyen de 190 grammes, à
peau épaisse, peu remplie, vert clair, lisse, devenant jaune-citron à
maturité. Chair ferme, blanche, très bonne cuite.

« Cultivée dans la proportion de 30 %, moyennement hâtive,
fleurissant 8 à 9 mois après plantation. C'est une des variétés les
plus productives, certains régimes atteignent en poids 40 kilos, la
moyenne est d'environ 25 kilos. Elle rejette malheureusement assez
peu, mais est très vivace, résistant bien à l'épuisement du sol et à la
sécheresse.

. . . .

Musa paradisiaca var. *viridis* f. *Tuba* de Briey, nov. f. Noms vernaculaires : *N'Tuba Muntuba* (Benza, Basundi) ; *N'Giolo* (Région
de Maba, Bayumbe).

« Stipe atteignant 5 à 5ᵐ 50 sur 30 à 35 centimètres de diamètre, jaunâtre dans les parties récemment recouvertes par une

feuille morte, d'un rouge-pourpre presque noir dans les parties ex-
posées au soleil, élargi très brusquement au niveau du sol.

« Feuilles longues et dressées formant une spirale assez fermée.
La feuille jeune est entièrement verte, oblongue, aiguë, avec l'âge
sa nervure médiane se colore en rose, puis vire au noir à la face inférieure et au rouge-brun à la face supérieure, sauf dans les 40 derniers
centimètres où les mouchetures rouges s'espacent de plus en plus
sur fond vert.

« Dans la feuille âgée le limbe est asymétrique, et non arrondi à
la base, de 3 mètres sur 60-70 centimètres. Les nervures pennées
de la face supérieure sont bordées par un abondant pointillé rouge-
brun en bandes larges de 5 centimètres, les feuilles extrêmement
fragiles sont en lambeaux dès qu'elles sont adultes, ce qui communi-
que une physionomie caractéristique à ce bananier.

« Pétiole de 5 centimètres de diamètre, non brillant à la face
inférieure, taché de rouge-brun sur fond vert à la face supérieure.

« Inflorescence très volumineuse, ovoïde-allongée mais non aiguë.
Rachis bariolé de vert et de rouge-violacé très foncé ; fleurs se pro-
longeant jusqu'au bout, et insérées de plus en plus perpendiculairement en allant vers l'extrémité de l'inflorescence.

« Régime de 8 à 17 mains de 9 à 14 doigts ; les mains de fleurs
mâles comportent, en général, 3 à 4 fleurs de plus que les mains
fertiles de la base et possèdent jusque 17 doigts.

« Pendant la floraison, les bananes sont portées horizontalement,
en rangs bien étagés et bien distincts, le rachis pendant verticalement ; dans le régime mûr, les bananes sont redressées et les mains
ne sont plus distinctes.

« Bananes de 40 centimètres en moyenne, de long, et 4 centimètres de large, du poids moyen de 200 grammes, toujours cintrées
vert-franc, devenant jaune-grisâtre à maturité complète, à chair
blanche, ferme, bonne à cuire, de qualité moyenne, graines avortées de 1 millimètre environ, ridées, noires, bien séparées de la
pulpe.

« Existe en culture dans la proportion de 7 à 8 % ; fleurit 7 à 8
mois après la plantation, rejette au pied, mais peu, et supporte très
mal un excès d'humidité.

« Elle est de bonne productivité, le régime atteignant 35 à 40 kilos, le poids moyen étant de 20 à 25 kilos. Très vivace et passe chez les indigènes pour ne pas épuiser le sol.

. . . .

Musa Brieyi De Wild. nov. spec. Nom vernaculaire : *Tiba* (Basundi, Bayumbe, Benza, Bacongo et Loango.)

« Stipe de 3ᵐ 80 à 4ᵐ 30, assez sombre, avec grandes macules noirâtres.

« Feuilles à limbe elliptique, asymétrique, de 2,75 à 3 mètres sur 34-38 centimètres de large, vert franc à la face supérieure, vert blanchâtre inférieurement. Pétiole de 52 sur 54 centimètres sur environ 2,4 centimètres, vert franc au-dessus, vert-jaunâtre en dessous.

« Inflorescence fusiforme, allongée, de 38 sur 11 centimètres, portée horizontalement jusqu'au moment de l'ouverture des premières bractées. Rachis très cannelé, couvert de poils blancs, longs et assez durs dans sa moitié supérieure, vert vif clair quand il est jeune, devenant à maturité complète d'un vert émeraude-foncé velouté caractéristique.

« Bractées ovales-lancéolées, très allongées, arrondies au sommet, d'un rouge-violacé foncé à l'extrémité, jaune-verdâtre à l'intérieur, se relevant par deux plissures successives de façon à dégager la main de fleurs, jusqu'à l'insertion de celles-ci sur le rachis. La main n'occupe qu'environ le tiers de la bractée.

« Régime de 13 à 15 mains de 3 à 17 doigts, la première n'en comptant en général que 3, les suivantes 13 au plus. La distance moyenne des mains étant faible, le régime forme un bloc compact et rigide où l'on ne distingue plus les mains de fruits ; au-dessous de ce dernier pend le long axe, grêle et dénudé, couvert de cicatrices serrées, laissées par la chute des fleurs mâles, et terminé par un bourgeon ovoïde arrondi, mais non-conique aigu comme chez le Satama.

« Poids moyen de 25 kilos, atteignant 35 et même 37 kilos.

« Bananes courtes de 15 centimètres environ de long, grosses d'environ 5 centimètres de large, d'aspect distendu, à côtes très peu marquées, d'un vert franc quand elle est jeune, virant à maturité au jaune doré, à peau épaisse, lisse et fibreuse ; fibres très visibles à maturité, formant des stries parallèles plus sombres, restant adhérentes à la pulpe, noyées dans une couche farineuse à goût désagréable ; chair crème, fondante, devenant gélatineuse et demi-trans-

parente à complète maturité. Parfum très développé rappelant le
M. *Cavendishii*, mais beaucoup moins fin et avec arrière-goût de
guimauve.

« Coupée verte et frite en tranches minces, elle peut remplacer
la pomme de terre. Bouillie à l'eau, elle possède un léger goût de cha-
taigne et conserve une chair ferme ; mais préparée à la mode indigène, dans la cendre ou au four, elle se réduit à presque rien et devient
visqueuse.

« Les indigènes ne la mangent pas ; elle provoquerait, prétendent-
ils, des abcès et des bubons ; les chrétiens seuls la consomment sans
éprouver aucun désagrément. . . . .

« Ne se rencontre guère que dans les environs des villages de chrétiens, est moyennement productif et assez tardif, fleurissant 10 à 11
mois après la plantation. Il rejette peu et craint les sols pauvres.

. . . .

Parmi les bananiers à fruits comestibles du Mayumbe, le Cte J. de
Briey a rencontré une plante qu'il désigne sous le nom de *Zinga-
Zinga* (ᵃ) dont la diagnose est donnée par ces seuls mots : « Inflorescence continue en spirale. » M. E De Wildeman fait observer que
déjà en 1903 il avait attiré l'attention (1) sur une forme analogue
provenant de la région de Kisantu, dans le district de Stanley-Pool,
où elle existe encore dans le Jardin botanique de J. Gillet.

« Nous écrivions, dit M. De Wildeman, à propos de cette plante,
et à propos d'un *Pisang Sariboe* observé à Java par M. Hunger :

« Dans tous les bananiers, même dans celui que M. Hunger a
décrit, les fleurs se trouvent disposées à l'aisselle de bractées plus ou
moins grandes et parfois colorées, et les fruits auxquels elles donnent
naissance sont disposés par groupe plus ou moins distants, mais toujours différenciés. Dans les divers régimes que nous avons reçus
de ce *Musa* du Bas-Congo, rien de semblable, les fleurs se trouvent
disposées le long de l'axe, en forme de tire-bouchon, serrées les unes
contre les autres, sans la moindre interruption, depuis la base du
régime jusqu'au sommet. Ces fleurs sont situées sur deux rangs,

(ᵃ) M. DE WILDEMAN fait observer que dans le catalogue des plantes cultivées à Kisantu, ce bananier est désigné sous le nom vernaculaire de *mazinga* qui
rappelle singulièrement celui rapporté par le Cte J. DE BRIEY.

(1) *Revue des Cultures coloniales*, vol. 12. 1903.

d'une façon alternante. Cette inflorescence en forme de tire-bouchon, d'un aspect si curieux, se trouve garantie par une bractée qui, elle aussi, est continue de la base au sommet du régime. Cette bractée, plusieurs fois plus longue que les fleurs, se détruit par fragments au fur et à mesure de la maturation des fruits qui se trouvent ainsi mis à nu. Ces fruits sont du type de la banane comestible, trigones, et mesurent une vingtaine de centimètres de long et 43 millimètres de diamètre. Ils sont donc notablement plus grands que ceux du type décrit par M. Hunge et peuvent être classés parmi les gros fruits observés dans l'Afrique Occidentale ; d'après les renseignements qui nous ont été communiqués, ils seraient très bons à manger.

« Cette variété se reproduit très régulièrement, semble-t-il, par rejets. Par son port, le bananier dont nous venons de décrire la disposition bizarre des fleurs et des fruits est à comparer au bananier comestible ordinaire.

« Si on considérait seulement les caractères de l'inflorescence, on pourrait être amené à créer un genre nouveau, dont les caractères, bouleverseraient même toutes les données acquises sur la morphologie de la famille des *Musacées*. Malheureusement, quand on étudie les fleurs de plus près, on reconnaît qu'elles sont anormales, toutes sont irrégulières et la plante que nous venons de décrire doit être considérée comme un cas pathologique ; des anomalies plus ou moins analogues se présentent dans d'autres groupes végétaux, mais nous ne connaissons aucune plante qui présente cette modification avec une telle régularité.

« La preuve bien évidente que la plante est anormale, c'est que les fleurs ont fréquemment une ou plusieurs étamines transformées en fleurs plus ou moins complètes, et dans celles-ci les étamines à leur tour sont encore parfois prolifères. Les fleurs ont un périanthe divisé en quatre à cinq lanières, libres entre elles jusqu'à l'ovaire, et les étamines très irrégulièrement développées, parfois deux à trois encore normales, d'autres plus ou moins avortées, et une ou deux toujours transformées en fleurs plus ou moins réduites et pédicellées, aussi longues environ que le périanthe de la fleur mère.

« Nous n'avons pu compter tous les fruits d'une de ces infrutescences, ils sont certainement nombreux ; dans une partie de l'inflorescence dont la bractée était déjà détachée, qui ne représente certes pas la moitié de la longueur définitive du régime, nous avons compté septante-deux fruits jeunes (1). »

Réunion. A la Réunion on connaît la *banane du pays* ; la *banane rouge de Barbarie*, le *pain de Chine*, etc.

A Madasgascar : la *trimendroa*, qui est de grande dimension, produit de grands fruits, mais en très petit nombre, de cinq à six fruits par régime, comme le *bananier malgache (Musa corniculata)* ; le *bananier Batavia*, plus productif, donne des fruits verdâtres ; le *jody*, dont les fruits sont rougeâtres ; le *maisto masaka*, dont les bananes sont d'un vert tendre ; le *mahia*, le *mavokely*, produit de petits fruits jaunes, etc.

Dans l'île de San Thomé, on connaît : la banane *pao* ou banane à pain, qui a été importée du Gabon où son nom vernaculaire est *côndo*. Elle a été ainsi dénommée parce qu'elle constitue la nourriture principale des nègres chez qui elle remplace le pain ; la banane *aga* ou à fourche, ainsi dénommée parce que les fruits sont réunis par deux par le pédoncule. Cette variété, en effet, ne porte que deux fruits au bout d'un pédoncule ; parfois trois ou quatre, mais alors il n'y en a jamais que deux qui soient bien formés, les autres étant ratatinés. C'est une variété séminifère. La *dois cachos* ou à deux régimes, qui ressemble au bananier *pao*, mais ses fruits sont plus petits et, en outre, elle produit deux régimes ; la variété *homene*, etc. Baker mentionne aussi la variété *villala* Hook. qui est originaire de l'île, d'où elle passa en Afrique.

Dans l'Afrique orientale allemande on cultive aussi plusieurs variétés de bananiers ordinaires. Dans l'Usambara occidental (Mishambaa), le *boko* est certainement le plus cultivé à cause de sa rusticité. Il résiste, en effet, mieux à l'humidité et au froid et se développe même à 1.500 et 1.600 mètres d'altitude où d'autres variétés ne résisteraient pas. Le régime n'a généralement que huit mains de douze bananes en moyenne chacune. A la station de la mission évangélique de Wiega, on en fait de la farine qui est employée pour la fabrication du pain dans la proportion de deux tiers de farine de banane pour un tiers de farine de froment.

Les plus grosses variétés de bananes sont la *libui* et la *dizi* dont

---

(1) De Wildeman, *Plantes utiles du Congo*, vol. I, pp. 114 à 116.

les régimes pèsent jusqu'à quarante kilogrammes ; elles produisent une bonne farine, mais sont relativement peu cultivées parce qu'elles sont moins résistantes au froid et à l'humidité que la première variété.

Dans le Gouvernement de Dar-es-Salâm, la banane à cuire la plus répandue est la *mzuzu*. Cette variété produit des régimes de 8 mains en moyenne, à 12 fruits chacune, chaque banane pesant 37 à 50 grammes.

Les principales variétés de la région de Wasaramaland sont :

La *kibangula*, qui atteint quatre à cinq mètres de hauteur, et dont les régimes comportent 5 à 8 mains de 12 à 14 bananes chacune. Les fruits, très courts (8 à 10 centimètres) et épais, sont très estimés pour la préparation de la farine.

La *mkonoja tembo*, qui dans les très bons terrains, donne 6 à 15 mains par régime et jusqu'à 20 fruits par main. Les fruits, qui fournissent une très bonne farine, sont de grande dimension, mesurant 50 à 75 centimètres de longueur et 10 à 15 centimètres de diamètre.

La *msuso*, qui atteint 4 à 6 mètres de hauteur, donne des régimes de 6 à 14 mains de 10 à 12 fruits, à quatre ou cinq côtes, et mesurant 15 à 20 centimètres de longueur. Elle fournit une farine de qualité secondaire.

La *bawalla* est encore une grande variété, atteignant 5 à 6 mètres de hauteur. Le régime se compose de 20 à 30 mains chacune de 10 à 12 fruits à quatre côtés et de 15 à 20 centimètres de longueur. Elle est aussi moins bonne pour la fabrication de la farine que la variété *kibangula*.

La *kipokussa* atteint 4 à 5 mètres de hauteur et donne des régimes de 8 à 10 mains à 10 ou 12 fruits chacune.

Dans le district de Kilwa on cultive la *mdizi mikono tembo*, qui est la plus estimée ; puis vient la *mdizi mzuzu* et enfin la *mdizi kizuhari*, la *mdizi kingurue*, la *mdizi makonde* et la *mdizi kizungu*.

Le district de Tanga, compte un plus grand nombre de variétés parmi lesquelles on cite : la *kuime*, dont le régime se compose de 2 à 3 mains, à 12 fruits environ ; la *mhoye* à 6 ou 7 mains, à 12 fruits environ ; la *kisukari*, à 8 ou 9 mains, de 12 à 13 fruits ; la *malindi* à 10 ou 12 mains, de 11 à 12 fruits, environ ; la *bungara*, à 7 ou 8 mains de 11 à 12 fruits, qui est la plus cultivée ; la *kizungu* à 5 ou 6 mains, de 12 à 13 fruits rouges ; la *mboko*, à 11 ou 12 mains, de 18 à 19 fruits ; la *libui*, qui est peu répandue ; la *mhampa*, qui, elle, au contraire, est très répandue, a 8 ou 10 mains de 12 à 13 fruits ; la *hipenji*, également assez répandue, a 8 ou 9 mains, de 11 à 12 fruits ; et enfin, la *kitombo*, qui est très rare.

A la GUYANE on distingue :

La *banane musquée noire*, à tige noirâtre, qui est la meilleure de toutes ;

La *banane musquée blanche*, à tige verte ; très prolifique ;

La *banane de Fernambouc*, qui produit des régimes énormes et offre une grande analogie avec la *plantano arton* ;

La *banane ianga*, qui est la moins estimée, ne produit que des régimes peu fournis, mais dont les fruits sont très gros. Cette dernière variété existerait aussi à Madagascar et on la cultiverait dans toute l'Afrique (1).

La *banane géante* ou *horse plantain* des Anglais et *Pferdebanane*, des Allemands (la *plantain cheval*) qui est très grande.

Parmi les formes cultivées au BRÉSIL, A. R. de Castro (2), P. de Moraes (3), et Defontaine (4) citent :

La *banana da India*, qui est très nutritive, mesure de 15 à 20 centimètres de longueur et 3 centimètres de diamètre ; son péricarpe, assez épais ($0^m 04$) est rouge foncé ; la pulple rosée, parfois jaune orange. Elle se prête très bien pour faire des confits.

La *banana da terra* ou *comprida* appelée *pacova a do paô* ou *bacove à pain*, par les indiens Tupy ; c'est la *bacove créole* de la Guyane. On la dit indigène au Brésil, parce qu'elle était déjà connue en Amérique avant l'arrivée des Espagnols. Néanmoins il est prouvé qu'elle fut introduite des Açores aux Antilles en 1516.

La tige de cette variété est verte ; les feuilles rigides ; le régime très grand, au point de nécessiter l'emploi d'un support. Les fruits atteignent parfois 30 centimètres de longueur et 5 centimètres de diamètre ; ils ont les angles saillants et sont assez bien courbés. Le péricarpe, qui a $0^m 003$ à $0^m 006$ d'épaisseur jaunit à mesure que le fruit mûrit et se couvre alors de taches foncées. La pulpe est plus

---

(1) Dr P. SAGOT, *Le Bananier*, pp. 2 et 14.
(2) *Op. cit.*
(3) *Op. cit.* pp. 9 et suiv.
(4) *Op. cit.* pp. 630 et 631.

ferme que celle de la banane de San Thomé. Le fruit se mange généralement cuit ou frit avec du beurre, du sucre et de la cannelle.

Ce bananier exige un terrain fertile pour bien prospérer et produire
de grands régimes qui souvent nécessitent deux hommes pour les
transporter.

La *banana do maranhâo*, qui est une variété du précédent *musa*,
a le péricarpe rouge-violacé foncé, et la pulpe jaune-orange ; elle
acquiert de grandes dimensions.

La *banana da farta-velhaca*, similaire à la précédente, est également grande, de couleur jaune foncé.

La *banana de Cayenna*, qui ressemble beaucoup à la *banana da
terra* — à peine si les pétioles et les feuilles sont plus luisants — mesure près de 23 centimètres de longueur. Le péricarpe a une épaisseur de $0^m 003$ et la pulpe est d'un jaune pâle. C'est une variété
peu cultivée.

La *banana do Sâo Thomé*, encore appelée *do Paraïso* ou du Para-
dis et *pacova assú* par les indiens Tupy, est une variété du *musa
paradisiaca* de grande taille, aux feuilles rigides, tige verte, renflée
à la base. Le régime est court et comprend peu de mains.

Le fruit, à maturité, est jaune ; il mesure $0^m 10$ à $0^m 15$ de longueur et $0^m 05$ de diamètre ; il est très féculeux et se mange parfois
cru, mais généralement rôti ou frit avec de la cannelle et du miel.

La *banana davôa*, qui est aussi cultivée dans l'île de San Thomé
où elle est très appréciée.

La *banana da terra roxâ* ou *pratoquiá*, est considérée comme indigène, mais elle a été importée d'Afrique par des esclaves.

La *banana meia pataca (musa excelsa)* est originaire de Pernam-
bouc. Son régime est très grand, atteignant parfois plus d'un mètre.

La *banana pitâo mór*, ressemble assez à la variété *da India ;* le
fruit est anguleux, à cinq côtes saillantes, et mesure $0^m 23$ de longueur ; la pulpe est couleur rosée.

La *banana cambury*, cultivée à Ténériffe et à Malaga, où on l'appelle aussi *dominico* est une des variétés qui résistent le mieux au
froid.

La *banana dominicana (Musa regia* ou bananier royal), paraît
être originaire de l'île de Saint-Domingue. C'est la variété qui abonde
le plus dans toute l'Amérique, à cause de sa grande adaptation, aussi

bien dans les climats chauds que les frais. Elle a beaucoup de rapport avec le bananier commun. Sa tige atteint 5 mètres de hauteur et le fruit 0^m 16 à 0^m 24 sur 33 à 36 millimètres de diamètre. Chaque régime comporte jusqu'à 100 et 120 fruits et pèse 30 à 40 kilogrammes.

La *banana mangollot* ou banane mangoul. La tige est grosse, les feuilles vertes et larges ; les fruits gros, cylindriques et droits, mesurent jusqu'à 30 centimètres et le régime est si lourd qu'on est obligé de le soutenir à l'aide d'un tuteur.

En COLOMBIE le Dr Garcia cite plusieurs variétés parmi lesquelles la *topocho* qui résiste très bien aux vents et variations de températures assez grandes des plaines orientales de Casanave et de San Martin, où elle est très cultivée. Sa tige est grosse et courte ; le fruit peu délicat, qui peut également se manger cru, constitue la base de l'alimentation du pauvre.

La *pacifica* ou banane courte, grosse, anguleuse, à pulpe rosée et douce. Le régime est peu fourni ; les feuilles sont cendrées en dessous.

Au VÉNÉZUELA on cultive surtout : le *plantano arton*, qui est le plus répandu ; le *plantano dominico*, le plantain royal ou à petits fruits, qui ressemble au plantain commun, mais avec des fruits plus petits ; le *plantano topodes*, dont le fruit, à maturité, est mangé aussi bien par les hommes que par les animaux.

A CUBA les principales variétés cultivées comme légume sont les suivantes : *hombre* qui est grande et très bonne ; la *macho de cepa negra*, également très bonne ; la *tigre* qui est caractérisée par des maculatures noires sur le péricarpe du fruit ; la *ceniza* ; la *burro* et la *macho enano*.

Les deux premières variétés sont les plus répandues, tandis que les trois dernières le sont peu.

Aux PHILIPPINES, Teodoro signale quatre variétés parmi lesquelles la variété *magna* ou *tundoc* des indigènes est la plus intéressante car elle fournit, en plus du fruit, une fibre qui est tissée par les naturels. La *matabia* a 15 à 20 centimètres de long sur 5 de diamètre. Le fruit, d'un brun-jaunâtre à maturité, a un goût acide ; la *sabá* à 7,5 à 10 centimètres de long sur 5 centimètres environ, sa couleur est jaune-brun ; la *latunda* qui est la variété la plus commune a 7,5 à 12,5 centimètres de long sur 4 centimètres environ de diamètre. Son goût est acide. Enfin, la *gloria* qui mesure 10 à 12,5 centimètres de long sur 4 environ de diamètre, est jaune foncé.

DESCRIPTION D'AUTRES MUSA COMESTIBLES

Au *Musa paradisiaca*, F. Raoul (1) rattache plus ou moins les deux espèces *corniculata* et *alphurica*.

Musa corniculata. Rumph. Ce bananier, qui se reproduit aussi par rejets, et dont la tige verte, luisante atteignant 3 à 4 mètres de hauteur n'a pas de bourgeon terminal à l'extrémité du spadice, ne possède que deux ou trois étages seulement de verticilles, ne s'étendant que sur une partie seulement de la largeur du rachis. Le fruit d'un jaune-blanchâtre, avec trois côtes est recourbé comme une corne de bœuf, d'où son nom ; il a 25 à 30 centimètres de longueur et 8 centimètres environ d'épaisseur et renferme trois graines brunes relativement luisantes. Sa chair est rougeâtre et très agréable cuite. Les feuilles de 1ᵐ 50 à 1ᵐ 80 sont vertes et oblongues. L'inflorescence est recourbée et serrée.

On le rencontre beaucoup dans l'Inde occidentale et méridionale, dans la Cochinchine et la Malaisie et un peu aux Antilles.

Musa alphurica. Rumph. Cette variété, dénommée *koela hateeau*, à Amboine, et *Pisang ceram* aux Moluques, produit des fruits séminifères qui peuvent se manger cuits ou crus.

« Tige caractérisée par la présence à la base du régime de trois feuilles bractiformes, vertes, sessiles, de dimensions décroissantes, sève incolore. Ces feuilles bractiformes ne sauraient être cependant confondues avec les bractées qu'on trouve souvent à la base du régime dans le *M. sapientum*. Rejets au pied ? Régime long à axe strié portant trois étages de verticilles partiels de fleurs fertiles.

« Fruit jaune pâle, à pulpe blanchâtre, visqueuse, acidulée, obtus au sommet, d'une longueur de 22 à 27 centimètres, se mangeant cuit et cru. Graines noires.

« Pas de bourgeon terminal à l'extrémité du spadice, caractère

(1) *Op. cit.* pp. 219-220.

qu'il partage avec les *Pisang Tando* ou *Carbou*, tandis que la forme générale le rapprocherait plutôt des *Pisang Bata* et *Swangi* (1). »

Musa arakanensis Ripley. Aux Indes, d'après Ripley, il existerait au moins dix-neuf formes de cette plante, chacune possédant des propriétés spéciales, quelques-unes produisant des fruits rouges, d'autres des fruits jaunes et d'autres encore des fruits de couleur sombre. Celle qu'il désigne plus spécialement sous le nom de *M. arakanensis* produit en même temps un bon fruit et une fibre utile.

Musa rubra Firminger, dont le nom vernaculaire dans l'Inde est *rom-kola* et au Burma, *tau hnek-pyau*. La tige, le pétiole et la nervure médiane des feuilles sont d'un rouge foncé ainsi que les fleurs ; le fruit, de 15 à 20 centimètres de longueur, est assez mince, d'un rouge foncé au début, pour devenir jaunâtre à maturité ; la chair est de la consistance du beurre. Mais d'après Fawcett qui le classe parmi les *Rhodochlamys* son fruit serait sec et mesurerait 3 3/4 à 5 centimètres de longueur (2).

Parmi les variétés dont les fruits renferment quelques graines fertiles et qui semblent être l'espèce sauvage encore peu modifiée par la culture, le Dr P. Sagot mentionne :

Musa discolor. Grande espèce, très voisine du bananier ordinaire, donne un fruit très estimé, que l'on cultive en Océanie et plus particulièrement en Nouvelle-Calédonie où il serait connu sous le nom de *daak* ou de *colaboule* suivant Fawcett.

De taille plus réduite que le bananier ordinaire, ses feuilles sont glauques, colorées en dessous d'une teinte pourpre qui disparaît avec l'âge ; les bractées sont roses, les fleurs d'un jaune brillant. Les fruits arqués, légèrement prismatiques et anguleux, sont colorés en jaune, passant au violet à la maturité (3).

Ce *Musa* se reproduit par rejets. Sa tige atteint 2 à 3 mètres de hauteur ; les feuilles étroites et oblongues, sont plus petites et rigides que celles du bananier ordinaire ; le spadice est recourbé vers le sol, les bractées supérieures sont seules persistantes ; les fleurs mâles sont décidues ; la chair rougeâtre.

---

(1) *Op. cit.* p. 220.
(2) FAWCETT, *op. cit.* p. 271.
(3) P. SAGOT, *op. cit.* pp. 11 et 12.

Musa féhi. Bertero. Croît à l'état sauvage dans les forêts de Tahiti, aux îles Viti, aux Nouvelles-Hébrides et à la Nouvelle-Calédonie. Ce *Musa* qui a pour synonymes *Musa troglodytarum* ou *Musa uranoscopos* Rumph. [a], dont l'aire géographique est limitée à l'Océanie et à la Malaisie Orientale [b] croît, en outre, à des altitudes atteignant parfois 1000 et 1200 mètres. Il produit un régime dressé, dont les fruits séminifères ne se mangent que cuits. Mais même à l'état sauvage cette espèce montrerait une tendance si manifeste à l'avortement des graines et à l'hypertrophie de la pulpe à leur détriment qu'il n'est pas rare de ne trouver que quelques graines le plus souvent complétement développées sur un grand nombre de fruits [1]. M. E. Raoul, rapporte [2] d'après M. E. Cotteau, que le *Musa féhi* que l'on cultive aujourd'hui à Tahiti, ne donne que fort rarement des graines avortées. Rectifiant ce que le Dʳ Sagot avait publié à ce sujet, E. Raoul ajoute : « Il n'est pas exact que les *féhis* contiennent très rarement des graines. Il importe de distinguer les variétés de *féhis* connues jusqu'à la publication de cet ouvrage des fruits *toujours* dépourvus de graines.

« Une seule espèce, désignée sous le nom de *aiori* (petits cailloux) est *toujours* pourvue de graines à l'époque de la maturité de ces semences.

« Cette espèce qui est le vrai *féhi* est sans doute l'origine de toutes les variétés non séminifères que l'on rencontre en Océanie. »

Produisant des rejets, cette variété pourrait par conséquent se multiplier par semis ou par rejetons. Elle exige un climat frais et humide.

Sa tige, haute et forte, est imprégnée d'une sève violette; les feuilles sont grandes et le régime dressé est formé de fruits courts, anguleux, à peau épaisse, jaunes à maturité.

---

[a] Le *m. uranoscopos*, Loureiro et non Rumphius, aurait pour synonymes *M. coccinea*, Andr. (Aug. CHEVALIER, *Notes sur le Bananier*, etc., p. 286) et *M. Seemannii* et comme noms vernaculaires : *Daak*, en Nᵘᵉ Calédonie, et *Fei*, à Tahiti (L. PYNAERT, *op. cit.* p. 23).

[b] D'après HEUZÉ (*op. cit.* p. 314) on le rencontrerait aussi en Abyssinie, à la Martinique et à la Guadeloupe.

[1] SAGOT et RAOUL *op. cit.* pp. 230-231.

[2] *Op. cit.* p. 213.

La description du *fehi* a été donnée par le Dr Vieillard. Voici ce qu'en dit E. Raoul (1).

« Tige relativement forte, pouvant atteindre 6 mètres de haut et 0^m 40 de diamètre, verte dans sa jeunesse, rouge lie de vin dès l'état adulte, à la surface extérieure des graines foliaires. Sève d'une magnifique couleur violette, douée d'une grande puissance tinctoriale et contenant une quantité relativement forte de gutta. Feuilles plus étroites, mais à nervure du limbe plus apparente que dans les autres bananiers. Rejets au pied. Spadice terminal dressé, fleurs subsessiles, dressées au nombre de 6 à 8 à l'aisselle des spathes ; périgone bilabié, labelle supérieur tuberculeux, strié, divisé postérieurement jusqu'à la base, subéperonné, à cinq lobes inégaux, terminés par des soies aiguës ; labelle inférieur court, concave, strié, subdiaphane ; étamines 5, trois fois plus courtes que le style qui est épais et comprimé ; stigmate en massue, infundibiliforme, à six lobes courts. Fruits courts, gros, renflés, anguleux, dressés ; peau épaisse, partiellement orangée ou lie de vin jaunâtre ; pulpe d'un jaune teinturier (gomme gutte faible ou safranée), goût caractéristique *sui generis* désagréable, agréable par assuétude puérale, teignant les urines. Graines fertiles parfaitement développées dans la souche originale sauvage non cultivée (*Aïori* en Tahitien) et, *dans celle-là seulement*. Ce *Musa* exige un climat à la fois très frais et très humide, d'où les insuccès dans les serres chaudes et humides. Il croît spontanément à Tahiti, au-dessous de la zône des bananiers de régions froides, montant même parfois jusqu'à 1125 mètres. »

Le fruit de ce *musa* n'est pas très agréable à manger cru, mais cuit il est excellent.

La pulpe du *fehi*, s'il faut en croire Hubert (2), serait rouge quand elle est fraîche et deviendrait jaune à la cuisson.

Voici, d'après Raoul, les noms vernaculaires des espèces, races et variétés de *fehis* de la Polynésie :

Aïori, seule espèce toujours pourvue de graines toujours bien formées, à l'époque de la maturité de ces graines ;

(1) *Op. cit.*, p. 222.
(2) *Op. cit.*, p. 33.

Aaïa, Aoja, Haa, Heaa, Piatoto (Moorea), *Rauoro, Rureva, Tipoo* sp. nov. ; *Poutia* ou *Ourourou* sp. nov. *Paianure,* sp. nov.

Musa troglodytarum. — Cette variété qui est une espèce de *M. paradiasica* et a pour synonymes *M. uranoscopus* (1) et *Pisang tonkat* en Malais est originaire de l'Inde, de Ceylan et de la Malaisie. Son régime érigé, est formé de petits fruits ovales, ellipsoïdes ou coniques, avec péricarpe jaune rougeâtre et chair jaune d'or, douce : contenant des graines rudimentaires brunâtres et plates.

Musa Harmandii Ipse. Originaire de Tahiti où il est connu des indigènes sous le nom de *aahuipaetahi ;* ne pousse qu'à une certaine altitude, et n'atteint pas une grande hauteur. Sa tige est rouge lie de vin, sa sève violette. Les fleurs de l'extrémité du spadice sont fertiles, tandis que celles de la base sont stériles. Le régime, dressé porte des fruits perpendiculaires au spadice, dont le bourgeon terminal enveloppe une fleur fertile qui par conséquent donne un fruit. La pulpe du fruit est jaune orange.

Voici, d'après Sagot et Raoul la nomenclature des principales variétés de bananiers que l'on rencontre à Tahiti :

Dans les régions froides ou élevées : *Hapuha, Aivao, Pivaï* et *Orea,* dont les fruits sont toujours verts ;

Dans les régions chaudes ou basses : *Ati-ati, Pau, Papaï, Ora, Oio, puto-puti.*

    avae, dont la chair est blanche et sucrée ;

    huamene, dont le fruit est très apprécié ;

    neinei, dont la pulpe assez consistante et rosée a une saveur qui rappelle celle de la pomme reinette. Le fruit offre cette particularité que même à l'état de maturité complète l'enveloppe reste verte ;

    aperi ou banane à mucilage gluant et visqueux ;

    haï-oa et *haï-tea,* dont la pulpe est rosée ;

    parutia et *tavara,* dont le fruit très gros a la pulpe saumonée

    hamoa, ou bananier nain ;

    hamoa-teitei, ou grand bananier ;

    purohini, dont le régime est si énorme qu'il faut parfois deux hommes pour le porter. On distingue trois sortes : le *puro-*

---

(1) Voir note (ª) p. 62.

hini mahoy, ou sauvage ; le *purohini* cultivé et le *purohini papaa* ;

tara puatoro, dont le fruit long tire son nom de sa forme en corne de bœuf ; il est de qualité médiocre.

Musa Pierrei Ipse. Connu des indigènes des îles de l'Océanie orientale sous le nom de *poutia* ; ne se rencontre également que dans les montagnes. Sa tige rougeâtre, souvent d'un rouge assez foncé même quand la plante est jeune, est assez grêle et plus cylindrique que dans les autres espèces. Le spadice dressé ne porte pour ainsi dire que des fleurs stériles. Le régime ne comporte qu'un seul verticille complet composé de cinq fruits ovoïdes renflés, séminifères

Musa sariboe, dont le fruit est dénommé *pisang sariboe* par les Malais et *pisang sewoe* (ou *lewoe*) par les Javanais, ce qui dans les deux langues signifie « *milliers* ». En effet, il paraît que le régime très long, pouvant atteindre jusqu'à deux mètres, comporte parfois jusqu'à trois mille fruits. Dans certains cas on a vu des régimes dont la partie fructifère seule mesurait 1^m 96, comportant 151 mains et 3137 fruits, petits il est vrai, ne mesurant que 7 à 8 centimètres de longueur. La pulpe est d'un goût assez fade, mais non désagréable. Cette espèce dont les fruits sont à l'aisselle des bractées, se reproduit par rejets.

Musa Maculata Jacq. ou bananier Maculé. Ce bananier qui est cultivé aux îles Maurice et Réunion a une tige haute de 2 mètres environ ; les feuilles sont longues de 0^m 75 à 1 mètre et larges de 15 à 18 centimètres, glauques en dessous ; l'inflorescence est inclinée ; les bractées d'un brun violacé ; les fleurs mâles sont decidues ; le fruit, a trois angles de 25 centimètres environ de longueur et de 5 à 8 centimètres de diamètre, est jaunâtre avec des maculatures foncées à sa maturité ; la pulpe, blanche est moins estimée que celle des autres espèces. A Maurice et à la Réunion, le fruit est connu sous le nom de *Figue mignonne*.

Musa ornata. Roxb. Ce bananier qui est de grande taille possède des feuilles à nervures roses et donne un fruit ellipsoïdal, légèrement anguleux, jaune d'or à maturité dont la chair très recherchée, est jaune et parfumée. Aux Indes il est connu sous les noms de *ramanigi-kula* (Chittagong), de *chavaya* et de *rankela* (Bombay). Le stipe atteint 1 mètre à 1^m 70 de haut, les feuilles 1 mètre environ sur 30 centimètres de large. Le pétiole est long. Les fleurs, au nombre de trois ou quatre devant chaque bractée sont jaune d'or, les bractées ovales, lancéolées, à bouts enroulés à la base. L'inflorescence est légèrement courbée.

Musa glauca Roxb. De grande taille, séminifère, ne donne pas de rejet au pied. Originaire du Pegou, on le connaît dans le Burma sous le nom de *nat-hnek-puyau*. Il atteint 3 mètres à 3ᵐ 50 de hauteur ; les feuilles, d'un vert pâle et glauque en dessous, avec pétiole court, ont 1ᵐ 25 à 1ᵐ 50 de longueur ; inflorescence inclinée ; fruit oblong, mesurant 0ᵐ 10 à 0ᵐ 15 de long et 3 à 3,5 centimètres de diamètre ; graines lisses, à peu près noires.

D'après de Moraes ce *musa* produirait de gros fruits se mangeant crus ou cuits quand ils sont encore verts (1).

Musa superba Roxb. Tout comme le précédent ne donne pas de rejet, séminifère et est de même taille. On le dit originaire de l'Inde où il porte les noms vernaculaires suivants ; *chavao* (Nasik), *chavaicha kanda* (Poona) et *chavlya kand* (Kandesh, Bombay). Feuilles de 1ᵐ 50 à 1ᵐ 60 de long ; inflorescence inclinée ; bractées de couleur brun-lie de vin atteignant 0ᵐ 30 de longueur ; fruit de 7 à 8 centimètres ; graines très nombreuses, brunes.

Musa Banksii, V. Muell. Est une variété qui peut à l'extrême rigueur être considérée comme alimentaire. Ressemble beaucoup par sa tige et ses feuilles au bananier commun. Rejets au pied. Inflorescence inclinée ; fruits cylindriques, courts.

Musa ulugurensis, Warb. et Moritz. La plante atteint plus de 6 mètres de hauteur ; le stipe mesure 60 centimètres environ de diamètre à la base; feuilles de 4 à 5 mètres de longueur ; inflorescence inclinée ; fruits au nombre de 100 à 150, de 10 centimètres environ de longueur et 5 centimètres d'épaisseur, renfermant 10 à 20 graines noires de 20 millimètres environ de long sur 12 à 13 de large ; fleurs mâles et bractées caduques. Habitat : Uluguru dans l'Afrique Orientale allemande. (*Tropenpflanzer* VIII, p. 116, 1904).

Fawcett classe cette variété parmi le groupe *Physocaulis* (2).

---

(1) *Op. cit.*, p. 43.
(2) Fawcett, *op. cit.* p. 274.

Les fruits sont comestibles, mais les naturels mangent aussi la base renflée et tuberculeuse du stipe (1).

Musa basjoo Baker. *Eumusa* originaire de l'archipel des Liu Kiu (Japon). C'est le *plantain japonais*, mais dans le sud du Japon on le cultive surtout pour ses fibres qui sont très durables et sont employées pour faire des tamis.

Stipe 1ᵐ 75 à 2ᵐ 75 de hauteur et 0ᵐ 15 à 0ᵐ 20 de diamètre à la base, donnant des rejetons ; feuilles de la longueur du stipe, et 0ᵐ 45 à 0ᵐ 60 de largeur ; inflorescence mesurant 0ᵐ 30 à 0ᵐ 45 ; fruit oblong, triangulaire de 7 à 8 centimètres de longueur.

C'est le *bashôju* de Heuzé.

Parmi les bananiers du type *paradisiaca*. Nous mentionnerons encore *Musa violacea*, dont la tige et les feuilles sont plus ou moins violettes et les bractées rouge-clair à l'intérieur.

Aux sous-genres *Eumusa* et *Rodochlamys*, non encore mentionnés, appartiennent les variétés et formes suivantes, dont Fawcett donne la description comme suit :

I. *EUMUSA*.

Musa acuminata, Colla. La plante atteint 4 mètres environ de hauteur. Les feuilles, glauques en dessous, oblongues et triangulaires à la base mesurant 1ᵐ 50 à 2 mètres de longueur. L'inflorescence, recourbée, comprend des fleurs mâles caduques. Les bractées inférieures qui renferment les fleurs femelles s'enroulent sur elles-mêmes; celles des fleurs mâles ne se développant que sur les bords. Les verticilles de 4 à 6 ont chacun 10 à 12 fruits oblongs, de 9 à 10 centimètres de long sur 2,5 à 3,5 centimètres de diamètre ; la peau très adhérente ; la chair douce renferme des graines noirâtres de 1,5 millimètre environ de diamètre.

Habitat : Java et autres îles de l'archipel Malais jusqu'en Nouvelle Guinée à l'Est.

Fawcett rapporte d'après Kurtz, que le *M. acuminata* type est sauvage, et que ses fruits sont remplis de graines. C'est de cette plante que dérivent les différentes variétés non séminifères cultivées, dont la couleur des feuilles et des fruits est variable. Toutes,

---

(1) L. Pynaert, *Les Bananiers*, p. 25.

dit-il, ont les feuilles glauques inférieurement, et il existe une forme ou la pruine est si abondante qu'on fait des torches avec la matière cireuse. Toutes les parties de la variété cultivée sont de dimensions plus grandes, avec des fleurs bien plus grandes et des fruits non séminifères cylindriques ou à côtes, jaunes ou verdâtres plus longs. Il en existerait pas moins de quarante-huit variétés distinctes dont la plus curieuse est la *duck plantain* dont le fruit est terminé par un bec aussi long que le corps.

Musa lasiocarpa Franchet. Plante atteignant 30 à 60 centimètres (?) de hauteur, sans stipe. Le rhizome est recouvert par des débris des gaines inférieures persistantes. Feuilles de 30 centimètres environ de longueur. Inflorescence droite, de moins de 30 centimètres. Fruit velu, oblong, triangulaire. Graines au nombre de 4 à 6 dans chaque cellule. On l'appelle *rock banana*, parce qu'elle croit dans les montagnes du Yunnan (Chine) à 1.200 mètres d'altitude.

Musa Nagensium Prain. Stipe de 6 mètres au moins émettant des rejetons. Feuilles 3 mètres de long, glauques en-dessous. Inflorescence recourbée ; bractées oblongues-lancéolées, l'inférieure mesurant 20 à 30 centimètres de long sur 10 centimètres de large ; la supérieure 15 à 17,5 centimètres et de près de 8 centimètres de large, rouges extérieurement, orange vif à l'intérieur, chacune renfermant 18 à 20 fleurs superposées en deux rangées. Fruits angulaires de 12 à 15 centimètres de long, non incurvés. Graines ayant un peu plus de 1 centimètre de long sur 8 millimètres de large (1). Habitat : Montagnes de Naga en Assam.

Musa Martini. Ce bananier, originaire des îles Canaries, a les fleurs d'un rose-rouge vif. Feuilles vert-franc au-dessus, glauques en-dessous avec veines rougeâtres. On le dit plus robuste que le *M. Ensete* (2).

Musa Bakeri Hook. f. Stipe 3 mètres de hauteur, 20 à 23 centimètres de diamètres ; émet des rejetons. Feuilles 2 mètres de long sur 60 centimètres de large. Inflorescence recourbée. Bractées brun-rouge et glauques extérieurement, cramoisi vif intérieurement.

---

(1) *Journ. of Asiat. Soc. Bengal*, LXXIII, 2 p. 22 (1904).
(2) *Revue Hort-Belge.*

Fleurs mâles 9 à 12 par main placées en deux rangées. Habitat :
Cochinchine.

Musa flava, Ridley. Proche allié au *M. malaccensis*, mais les bractées grandes, épaisses, émoussées, d'un jaune-vif lui donnent une apparence toute différente, le stipe étant complétement émoussé à l'extrémité. Habitat : Côte orientale de la Péninsule Malaise.

M. tomentosa. Warb. ex K. Schum. Axe de l'inflorescence recouvert d'un duvet gris-brun. Fruit d'environ 12,5 centimètres de long, muni d'un bec, un peu anguleux, avec queue courte et grosse. Habitat : Iles Célèbes.

Musa Celebica, Warb. ex K. Schum. Pareil au précédent, mais le fruit n'a pas de bec.

Musa lanceolata, Warb. ex K. Schum. Bractées ovales-arrondis Natif des Célèbes.

Musa Hillii, F. Muell. Plante de 9 mètres de hauteur, n'émettant pas de rejetons. Feuilles de 3^m 60 à 4^m 50 sur 0^m 60 de large. Inflorescence droite. Fruits très serrés, ovoïdes, non mangeables, très anguleux, 5 à 7, 5 centimètres de long, sans queue. Graines nombreuses. Habitat : Queensland (Australie).

Musa Fitzalani. F. Muell. Stipe 6 mètres de haut. Feuilles 3 mètres à 3^m 60 de long sur 0^m 60 de large. Inflorescence recourbée. Fruits oblongs, anguleux, pas pulpeux, de 5 à 7,5 centimètres de long avec queue de 1,5 centimètres environ de long. Nombreuses graines. Habitat : Queensland.

Musa malaccensis Ridley. Stipe grêle, 15 centimètres de diamètre avec taches brun-pourpre. Feuilles 2^m 40 environ de long, vert avec lignes brunes. Inflorescence recourbée, vêtue de poils bruns. Bractées lancéolées, brun-glauque en dehors, rayées de jaune en dedans. Fruit 20 centimètres de long. Graines noires anguleuses. Habitat : Péninsule Malaise.

Ridley est d'opinion que cette espèce pourrait être parent avec un des bananiers cultivés dans la Péninsule, mais elle est très distincte du *M. sapientum* par son rachis velu, etc.

La villosité du rachis qui caractérise très nettement cette espèce a cela de commun avec le *M. purpureo-tomentosa* De Wild. et *M. Brieyi*, que nous avons décrits antérieurement et qui appartiennent également au sous-genre *Eumusa*.

Musa hirta Becc. Inflorescence droite, très velue. Bractée des fleurs mâles obovales-lancéolées, acuminées ; fleurs mâles, au nombre de 8 à 10, disposées en deux rangées sous chaque bractée. Fruit, 5 centimètres environ de long, recouvert d'un duvet cassant jaune ; graines petites et nombreuses de 4 millimètres environ de diamètre ; globuleuses, irrégulières (1). Habitat : Sarawak, Bornéo.

Musa Wilsonii. Tretcher. Plante atteignant 3^m 50 à 4 mètres de hauteur. On la cultive aussi pour la partie inférieure de la tige qui est comestible. Stipe conique de 1^m 50 environ de haut, 0^m 35 à 0^m 40 de diamètre à la base. Feuilles, y compris le pétiole, ont 3 mètres à 3^m 50 de longueur et 0^m 60 à 0^m 75 de largeur. Inflorescence inclinée, de un mètre environ. Bractées, toutes persistantes, sont lancéolées, la supérieure, beaucoup plus courte et ovale, vertes au début puis brun-violet. Fleurs au nombre de 15 à 20 disposées en deux rangées superposées. Fruit, à pulpe douce, de 8 à 12 centimètres de long sur 3 environ de large, jaune, renfermant une vingtaine de graines noires de un à un et demi centimètre de diamètre. Habitat : Yunnan (Chine).

II. *RHODOCHLAMYS.*

Musa sumatrana Becc. Se rapproche du *M. rosacea* Jacq. La plante mesure 2 mètres à 2^m 40 de haut. Feuilles 1^m 50 à 1^m 80 de long sur 0^m 45 de large, glauques, avec taches irrégulières d'un brun-rouge. Habitat : Padang-Sumatra, à 330 mètres d'altitude.

Musa microcarpa Becc. Plante plus petite que le bananier commun. Inflorescence recourbée. Bractées des fleurs mâles ovoïde-lancéolées-obtuses. Fleurs mâles au nombre de 6 environ, disposées en deux rangées sous chaque bractée. Fruit 7,5 centimètres environ de long. Graines nombreuses, lancéolées irrégulièrement, de 4 millimètres de diamètre (2). Habitat. : Sarawak-Bornéo.

Musa salaccensis, Zolling. Se rapproche du *M. rosacea*. Feuilles vertes des deux côtés, de 0^m 60 de long. Inflorescence recourbée, longue de 0^m 30. Fleurs verdâtres. Bractées lilas pâle, 5 à 7,5 centimètres de long. Fruit rempli de graines brunes, 7,5 centimètres de long. Habitat : Montagnes de Java et de Sumatra.

(1) *Nelle Foreste di Borneo*, p. 622.
(2) *Nelle Foreste di Borneo*, p. 623.

Musa rosea. Aspect extérieur du *M. coccinea* Andr. Feuilles 0^m 30 de long sur 0^m 15 de large. Bractées rouge-pâle, la dernière mesurant 0^m 15 de long (1).

Musa angcorensis, Gagnep. Plante de 1^m 20 à 1^m 50 de hauteur. Feuilles se retrécissant aux deux extrémités, longues de 0^m 45 à 0^m 60. Inflorescence droite, axe pubescent. Bractées rouge-pâle, chacune renfermant 3 fleurs environ (2). Habitat : Angcor-Cambodge, Indochine.

Musa sanguinea, Hook. f. Stipe de 0^m 90 à 1^m 50 long. Feuille 0^m 60 à 0^m 90 de longueur. Inflorescence droite ou recourbée à maturité. Bractées rouge-sang, l'inférieure mesurant 0^m 15 de long. Fruit oblong, triangulaire, 5 centimètres de long, assez pulpeux, vert jaune pâle, panaché de rouge. Graines petites, noires, tuberculeuses. Habitat : Assam.

Musa assamica. Jolie plante naine, convenant très bien pour la décoration de la table. Stipe d'environ 0^m 45 de haut. Feuilles 0^m 30 environ de long, nombreuses, vertes avec bordure pourpre étroite. Habitat : Assam.

Musa Mannii, Wendl. Stipe 0^m 60 de long, 2, 5 centimètres de diamètre. Feuilles rares, 0^m 60 à 0^m 90 de long. Inflorescence droite, longue de 15 centimètres. Fleurs femelles en trois groupes de 3 fleurs sous chaque bractée ; bractées caduques. Bractées mâles serrées, carmin pâle, 7,5 centimètres de long. Habitat : Assam.

Musa aurantiaca, Mann. Aspect extérieur du *M. sanguinea,* mais formant des bouquets plus grands de tiges plus courtes. Bractées jaune-orange vif, l'inférieure mesurant 30 centimètres de long. Fruit vert glabre. Habitat : Assam supérieur.

Musa velutina, Wendl. et Drude. Aspect extérieur du *M. sanguinea,* mais il en diffère ainsi que le *M. aurantiaca* par son fruit rouge vif velouté. Inflorescence droite, avec axe pourpre. Fleurs jaunes, celles du bas sont très veloutées. Habitat : Assam.

Musa violascens. Stipe effilé, 2^m 40 à 3 mètres de haut. Inflorescence droite ou légèrement inclinée. Bractées étroitement lancéolées, branches teintées de violet-pourpre ou tout à fait violet.

____

(1) *Herb. Hort. Bot. Calcut.*
(2) *Bull. Soc. bot. de France,* liv. 412. 1907.

22 à 23 centimètres de long. Fleurs rares, sur une seule rangée sous chaque bractée. Fruit vert 7,5 centimètres de long sur 5 centimètres de large. Graines cylindriques.

Musa campestris, Becc. Feuilles plus érigées que chez le bananier ordinaire, se rétrécissant beaucoup à la base. Inflorescence droite. Bractées des fleurs mâles ovales, acuminées. Fruit 7,5 à 9 centimètres de long sur 2,5 centimètres de large, trois à quatre côtes, avec un bec gros et court. Graines nombreuses, 8 millimètres environ de long, brunes, rugueuses avec tubercules. Habitat : Sarawak.

Musa borneensis, Becc. Ressemble beaucoup au bananier commun comme taille et aspect général. Inflorescence recourbée. Fleurs au nombre de 5 à 8 sur une rangée. Fruit 15 centimètres de long sur 4 centimètres de large. Graines obpyriformes, d'un peu plus d'un centimètre de long, rugueuses et tuberculées dans la moitié supérieure. Habitat : Sarawak (1).

B. BANANIERS A FRUITS NON COMESTIBLES

Parmi les variétés les plus connues de cette catégorie de *musa* nous mentionnerons :

Musa ensete Gmelin. Natif de l'Abyssinie où il a été découvert par Bruce, dans les montagnes. On le rencontre encore dans les vallées s'étendant à travers le Soudan jusqu'à la vallée du Nil.

De grande taille, l'*ensete* des Gallas *oromos* ou *workié* en langue amharique, atteint 9 à 12 mètres de hauteur ; la tige 4 à 6 mètres et les feuilles, d'un vert vif avec côte médiane rouge, 6 mètres de longueur et 0^m 90 de largeur. N'émet pas de rejets. Inflorescence érigée [a] ; bractées de 0^m 225 à 0^m 300 de long, ovales de couleur lie de vin foncé. Fleurs blanchâtres groupées par plus de vingt. Fruit sec de cinq à sept centimètres et demi de long contenant une à quatre graines noires de deux centimètres et demi de largeur (2).

Bien que Heuzé (3) dise que cette espèce, qui est cultivée dans la

[a] D'après Raoul, ainsi que nous allons le voir, le spadice serait incliné.
(1) *Nelle Foreste di Borneo*, p. 622.
(2) FAWCETT, p. 273.
(3) *Op. cit.*, pp. 312-313.

Basse et la Moyenne Égypte, sous le nom de *mour* donne des fruits très alimentaires, la plupart des auteurs s'accordent pour dire qu'ils ne sont pas comestibles. En effet, le fruit est à peine pulpeux. En Abyssinie on cultive ce *musa* pour ses fibres et surtout comme légume. D'aucuns disent qu'on mange cuit les jeunes tiges dépouillées de leurs enveloppes extérieures, ainsi que la racine ; mais Fawcett ne parle que de la jeune tige florale que l'on enlève avant qu'elle émerge de la tige, et qui, cuite, ressemble au chou palmiste (1).

La « Revue de Botanique appliquée et d'Agriculture coloniale » ajoute :

« A la récolte le sujet est coupé, à 20 ou 30 centimètres au-dessus du sol. Les feuilles extérieures, les premières gaines dont le paren-. chyme est trop vert sont rejetées et pourrissent sur place ainsi que la moëlle. Celle-ci est un cylindre de 6 à 8 centimètres de diamètre constitué par un tissu blanc très serré. On dirait un joli tube d'ivoire. Seules les dernières gaines ou gaines du cœur, sont recueillies, et après que les parties vertes ont été éliminées, elles sont lamellées.

L'ouvrière assise par terre, maintient avec son pied gauche sur une planchette inclinée les gaines lamellées qu'elle râpe avec un couteau de bambou. Elle détache un produit ivorin, grumeleux ; il reste une jolie fibre blanche qui, séchée au soleil, est utilisée dans le pays pour les usages commerciaux ou les besoins domestiques.

Le produit est mis à fermenter dans des trous creusés en terre de 75 centimètres à 1 mètre de côté. Après trois mois il devient comestible ; on en fait des petits blocs qui, enveloppés de feuilles de Musa, sont vendus sur les marchés, ou bien des galettes dorées, très épaisses, à l'intérieur gluant et dont le goût n'est pas désagréable. Quant au légume il se mange généralement cuit avec de la viande ou du lait.

La récolte s'effectue surtout après la saison des pluies d'octobre à janvier ; en cas de nécessité on peut récolter toute l'année. »

On rencontre ce bananier, non seulement dans les montagnes de l'Abyssinie, dans le Soudan et la vallée du Nil, mais encore dans les montagnes au Sud du Lac Victoria Nyanza.

Très rustique, c'est le *musa* par excellence pour les climats tempérés, et le principal qui soit cultivé dans la Californie, d'où il a été

(1) Fawcett, p. 204.

répandu, au moyen de ses graines dans plusieurs parties des États-Unis (1). En Europe, on s'en sert comme plante d'ornement.

Voici comment E. Raoul (2) décrit la plante :

« Tige très élevée, robuste, plus vigoureuse que celle des autres *musa*. Feuilles elliptiques entières déchiquetant plus difficilement, côte médiane, très épaisse, teintée de pourpre. Pétiole épais assez court, avec marges vaginales recurvées et brunes.

« Gaines foliaires dures, plus épaisses que dans aucun autre *musa*, en gouttière, persistantes après la disparition des feuilles et s'écartant quelquefois de la tige en y adhérant par la base seulement. Sève incolore. Rejets au pied, non spontanés, obtenus artificiellement seulement, après excision de la partie de la tige sortant de terre.

« Spadice penché, court. Spathe ovale, lancéolée, rouge-brun, renflée. Pétale inférieur longuement mucroné.

« Fruit oblong pyriforme ; une ou trois graines beaucoup plus grosses que dans les autres *Musa*.

« Partie comestible fournie, d'une part par les pétioles charnus de la partie interne, de l'autre par les racines. »

Il en existe plusieurs variétés, qui sont cultivées les unes pour les fibres, les autres plutôt pour leurs racines alimentaires. Toutes n'ont pas la croissance aussi rapide non plus. Les variétés cultivées sont : l'*encetara*, et le *jairiena*, pour les fibres et le *hadadiet*, le *quanliawou*, le *netchewa*, le *jarassia*, le *gimbo* et le *zober*, pour les racines. les deux derniers étant de croissance plus rapide. Toutefois, ce n'est qu'à partir de la troisième année dans les pays chauds, et la quatrième, dans les régions tempérées que ce *musa* adulte répond à un rendement utile (3).

Musa Wilsonii déjà décrit est également cultivé pour la partie inférieure de sa tige qui se mange cuite et bouillie.

Musa oleracea Wiell. Ne se cultive en Nouvelle-Calédonie, où il est connu sous le nom de *poiete*, que pour son rhizome charnu et riche en fécule que les indigènes mangent cuit, bouilli ou grillé. Il

(1) FAWCETT, p. 243.

(2) *Op. cit.*, p. 224.

(3) Le *Musa Ensete* comme plante alimentaire. *Rev. de Bot. Appl. Bull.* n° 42. 28 févr. 1925, pp. 146-147.

se multiplie par rejetons. On le considère comme une variété du *M. paradisiaca* (1).

Parmi les *Musa* cultivés pour leurs fibres, le principal est le bananier de Manille *musa textilis*, puis les *musa ulugurensis* et *Livingstoniana*. Au Brésil on connaît le *bananeira de embira* et le *bananeira de corda*, qui est très connu au Para. Au Japon il existe plusieurs variétés de *musa* à fibres parmi lesquels Heuzé mentionne : *neribashôfu, kinn bashôfu, yeri bashôfu,* etc.

Musa textilis Née, ou *M. mindanensis* Rumph. Ce *musa* qu'il ne faut pas confondre avec le *musa sylvestris* (*Chuôi rừng*, en annamite, *kok khoné pàa* en laotien, *kok khoné kène*, en thaï) —bien que Semler, donne aussi le nom de *textilis* au *sylvestris*, — est une des variétés dont le fruit, très petit, n'est pas comestible. Par contre il fournit une fibre utilisable appelée *chanvre de Manille* et dont presque toutes les parties sont utilisables dans la fabrication du papier ou des cordages.

Aux îles Philippines, d'où il est originaire, on l'appelle *abaca ;* en Malaisie, *pisang aetan ;* au Cambodge, *chrê* et *bashôfu* au Japon.

La plante atteint 4 à 6 mètres et parfois plus et émet des rejetons. Feuilles plus petites et plus rigides que dans les variétés *Eumusa*, avec grandes taches brunes, glauques en dessous. Inflorescence inclinée. Fleurs caduques. Le fruit est rempli de graines noires 4 à 5 millimètres de long sur 2 à 3 de large.

Rojales, qui a étudié cette plante aux Philippines, signale deux variétés : la *sinibuyas*, de 2 à 4 mètres de hauteur, que l'on rencontre dans les plaines, a la tige verte striée de pourpre, et la *kinilibao* qui atteint 5 à 6 mètres et est plus exigeante au point de vue de l'eau, a la tige vert foncé. La première fournit des fibres blanches fines et solides ; tandis que dans la seconde, elles sont plus dures et souvent cassantes.

Dans l'île de Mindanao seule, Saleebi a reconnu un assez grand nombre de variétés de *Musa* à fibres qui ne se différencient que par la couleur, les dimensions et la forme du stipe ; la tendance plus ou moins marquée qu'elles ont à développer des rejetons, etc. Parmi ces variétés il cite : *agutay, arupan, Baguisanon, Baguisanon*

____

(1) FAWCETT, *op. cit.*, p. 201.

Lawaan, Bangulaanon, Kawayanon, Libulon, Maguindanao, Pula-jan, Punucan, Puspos, Pulcean, Sinaba et *Tangongon.*

M. Ch. Rémy rapporte que parmi les principales variétés de *musa textilis* des Philippines, les huit plus cultivées sont : *More blanco, More negro, More colorado, Mosqueado, Tumalagacan blanco, Tuma-gacan colorado, Bagacagan* et *Samina.*

Musa Livingstoniana Kirk. Ce *Musa* fournit également une fibre très estimée. Il est originaire de l'Afrique orientale.

Stipe conique de 60 à 80 centimètres de diamètre à la base. Les feuilles sont de la longueur du stipe. Fruit long de 10 centimètres, renfermant plusieurs graines.

Dans le Bas-Congo belge, au Mayumbe, les bananiers étudiés par la Mission Comte J. de Briey ont également fait l'objet de recherches quant aux fibres qu'ils pourraient fournir. Malheureusement les données sur la valeur de ces fibres, que M. De Wildeman a trouvées dans les papiers du Cte de Briey sont très incomplètes. Ces notes, dit-il, ne nous indiquent pas la longueur de ces fibres, ni si elles ont été extraites de la gaine, du pétiole ou des nervures de la feuille. Mais, comme dit M. De Wildeman : « La plus grande partie des notes dont nous donnerons ci-après la reproduction, paraît avoir été écrite par l'assistant du Comte J. de Briey, M. Derumier, beaucoup sont corrigées et annotées par le chef de la mission, mais les observations sont, dans la plupart des cas, trop abrégées pour qu'il soit possible d'en tenir compte. »

Les observations qu'on va lire ont été rangées dans l'ordre où les variétés ont été décrites plus haut (pp. 34 et suiv.)

« *Lomba.* — Fibre abondante, grossière, plate, facile à détacher, forte, très adhérente à la partie cutinisée ; 10 à 12 % de mauvaises fibres restent dans les déchets.

« *Kiala.* — Fibre plate, grossière, facile à détacher, peu adhérente à la cutine ; 10 à 12 % de fibres de qualité inférieure restent dans les déchets du raclage.

« *N'Zengani.* — Fibre abondante, grossière, plate, facile à détacher, très adhérente à la cutine, 10 % environ restent à l'état de mauvaises fibres dans les raclures.

« *Bomo.* — Fibre abondante, très fine, forte, mais très adhérente à la partie cutinisée tout en étant facile à détacher, 8 à 10 % de fibres de mauvaise qualité restent dans les déchets. Elle est malheureusement souvent cassante.

« *Diumba Pembuki.* — Fibre abondante, fine, très adhérente à la cutine, forte et difficile à détacher ; 8 à 10 % de mauvaises fibres restent dans les déchets.

« *Diumba di Bende.* — Fibre très abondante et très fine, très adhérente à la cutine, difficile à détacher ; 8 à 10 % de mauvaises fibres restent dans la raclure.

« *Muisi Tia.* — Fibre plate, fortement adhérente à la cutine ; 9 % environ restent dans les raclures.

« *M'Bende.* — Fibre plate, résistante, très adhérente à la cutine ; 8 à 15 % dans les déchets.

« *N'Gulu Kitebbe.* — Fibre abondante, très fine et forte, les périphériques seulement résistent au défibrage, les autres se laissent enlever avec le tissu lacuneux assez résistant ; 8 à 10 % de fibres restent dans les déchets.

« *Bilu.* — Fibre abondante, fine, fortement adhérente à la cutine, très difficile à détacher, peu résistante ; 10 à 15 % de mauvaises fibres restent dans les raclages.

« *Tseluka.* — Fibre abondante, fine, plate, très adhérente à la cutine forte, facile à détacher ; environ 8 à 10 % de fibres de qualité mauvaise restent dans les déchets.

« *Funu-Nua.* — Fibre abondante, fine, facile à détacher, forte et très adhérente ; il reste de 10 à 12 % de fibres de qualité inférieure dans les raclures.

« *Dongila.* — Fibre abondante, plate, assez facile à détacher, fortement adhérente à la partie cutinisée, perd de sa résistance après séchage ; perte de 10 à 15 % de fibres dans les déchets.

« *N'Tuba.* — Fibre très abondante, facile à détacher, très grosse et très forte, ronde ; de 10 à 15 % de fibres de mauvaise qualité restent dans les raclures.

« *Tiba.* — Fibre abondante très fine, fortement adhérente à la cutine, difficile à détacher ; 10 à 12 % de mauvaises fibres restent dans les raclures.

« *Salama.* — Fibre abondante, très fine et très adhérente, plate très résistante, mais souvent irrégulière dans sa résistance ; 8 à 10 % de fibres de qualité secondaire restent dans les déchets.

« *Fieloto*. — Fibre très abondante et très résistante après dessiccation ; 8 à 10% de fibres de mauvaise qualité restent dans les raclures.

« *N'Zombo*. — Fibre très abondante, forte, plate, très adhérente, mais facile à détacher ; 10 à 15 % de fibres de qualité tout à fait inférieure restent dans les déchets du raclage (1). »

Il y a encore d'autres *musa* qui produisent des fibres en assez grande abondance et de bonne qualité. Tels sont : *Musa Eusete* et *Musa ulugurensis*, déjà décrits et

Musa amboinensis Miquel. Variété de *musa textilis* mais de taille plus réduite et avec inflorescence moins inclinée. Le fruit de la longueur du doigt est noir à maturité. Aux Philippines on l'appelle également *abaca* et sert à faire le chanvre dit de Manille (2).

Parmi les *Musa* employés comme plante d'ornement nous mentionnerons *M. assamica*, déjà décrit, *M. coccinea*, *M. rosacca*, *M. religiosa*, etc.

Musa coccinea, Andr. D'aucuns le disent originaire de la Chine, mais on le rencontre aussi à l'état sauvage dans les forêts du Tonkin, de l'Annam et du Cambodge. Il est remarquable par ses spathes écarlates qui recouvrent l'inflorescence.

Tige 1^{m}25 à 1^{m}30 de hauteur et 5 à 8 centimètres de diamètre, donnant des rejets ; feuilles 0^{m}60 à 0^{m}90 de longueur ; inflorescence érigée ; de 0^{m}30 environ de longueur ; bractées d'un bel écarlate, avec bout jaune ; fleurs jaunes ; fruit oblong, triangulaire, de 5 centimètres de longueur ; graines très petites.

Musa rosacea, Jacq. Originaire de l'Himalaya oriental et des montagnes du Concan.

Tige de 1 mètre à 1^{m}50 de longueur et 8 à 10 centimètres de diamètre, donnant des rejets ; feuilles de 1 mètre environ de longueur, violacées au début devenant vert glauque par la suite ; inflorescence inclinée ou érigée, de 0^{m}30 de longueur ; bractées d'un rouge lilas bleu ; fruit 5 à 8 centimètres de longueur, légèrement pulpeux, contenant des graines noires de 2 millimètres environ de diamètre.

Musa religiosa, Dybowski, ou *Musa religieux* ainsi dénommé par

(1) De Wildeman, *Mission Forestière et Agricole*, etc., pp. 367-368.
(2) Fawcett, *op. cit*, p. 267.

Dybowski en raison du fait qu'il est considéré comme plante fétiche dans la Sangha-Haut-Oubanghi (Congo français), d'où il est originaire.

L'aspect de celte plante rappelle assez celui du *musa ensete*, mais elle est un peu plus trapue et ses feuilles sont plus rigides et plus larges. Sa sève est incolore. Les fruits, non pulpeux, renferment des graines grises. Après la germination et quelques mois de croissance toutes les feuilles meurent et tombent, et l'on trouve qu'un bulbe s'est formé et celui-ci, après une période de repos, émet de nouvelles feuilles.

« Le bananier de la Sangha, dit Dybowski, se caractérise par ses fruits secs, longs de 4 à 6 centimètres, renflés vers l'extrémité qui a environ 3 centimètres de diamètre. Ses capsules ont une déhiscence ruptile affectant le sommet du fruit. Le péricarpe est lisse, d'un brun sombre dessinant par un mamelonnement la forme des graines que renferme le fruit. Celles-ci sont noires, lisses, sphériques et oblongues, parfois relevées de 2-3 côtes, résultant de la compression dans le fruit ; elles ont de 1 centimètre à 1 centimètre 2 de diamètre. Le hile est petit, à bords lisses, creusé régulièrement. (1) »

Les fruits de ce bananier étant secs et séminifères, ils ne sont par conséquent pas comestibles.

Description d'autres musa
appartenant au sous-genre Physocaulis

Musa Arnoldiana, De Wild. Originaire du Congo belge. Stipe de de 3ᵐ 50 à 7 mètres de hauteur, n'émettant pas de rejetons. Feuille de 2 mètres environ de longueur. Inflorescence inclinée, courte ; fleurs au nombre de 3 à 7 par rangée. Fruit de 10 centimètres environ de longueur. Graines au nombre de 12 à 15, mesurant 1,5 centimètre environ de longueur (2).

Musa Gilletii. De Wild. Originaire du Congo belge. Stipe de 1ᵐ 50

(1) Dybowski, Note sur un bananier du Congo français (*Bull. de cult. colon.* nᵒ 53, 20 mai 1920, pp. 300-302).

(2) *Bull. Soc. d'Étud. Colon.*, Bruxelles VIII, 339, 1901.

à 2 mètres de hauteur, sans rejets. Feuilles de 1ᵐ 20 environ de longueur. Inflorescence courte incurvée. Fleurs au nombre de 5 à 6 par rangée. Fruit de 4 à 5 centimètres de long. Graines au nombre de 9 à 10, de 8 millimètres de long (1).

Musa Holstii K. Schum. Plante 3 à 4 fois plus haute qu'un homme. Feuilles de 4ᵐ 80 à 5 mètres sur 0ᵐ 90 à 1 mètre de large. Inflorescence très grande, recourbée. Bractées supérieures recouvrant les fleurs mâles, longtemps persistantes. Fruit pyriforme, 10 centimètres de long sur 5 centimètres de large. Graines très grandes, près de 2,5 centimètres de large. Habitat : West Usambara (Afrique orientale allemande).

Musa jecunda Stapf. Stipe 0ᵐ 60 de diamètre à la base. Inflorescence pendante. Bractées lancéolées-oblongues, subacuminées, longues d'environ 40 centimètres et larges de 7,5 centimètres. Fleurs très nombreuses. Fruits très nombreux (on en a compté jusqu'à 418 sur un régime). Graines de 13 millimètres environ de diamètre ; rondes, légèrement aplaties. Habitat : Uganda à 1500 mètres d'altitude (Afrique orientale allemande).

Musa Perrierii, Claverie. Plante haute de 6 mètres. Stipe 0ᵐ 75 de diamètre à la base. Inflorescence pendante. Bractées ovales, variant de couleur, — vert, jaune, rose, violet. Fleurs au nombre de 18 à 20 sous chaque bractée. Fruits très nombreux (jusqu'à 210 sur un régime), 10 à 13 centimètres de long sur 2,5 centimètres environ d'épaisseur ; chair jaunâtre formant une couche peu épaisse. Graines nombreuses, noires, irrégulièrement ovoïdes, de 8 millimètres de diamètre.

Musa nepalensis, Wall. Stipe 1ᵐ 50 à 1ᵐ 80 de haut, en forme de cône, 0ᵐ 60 de diamètre à la base. Comme le *M. superba*, mais feuilles plus étroites, un peu glauques, et sans pétioles. Inflorescence courte, claviforme, pendante. Bractées grandes, ovales, pourpre sombre. Fleurs sur deux rangées, 7 à 8 par bractée. Fruit et graines comme dans *M. superba*.

Musa ventricosa, Welw. La plante atteint 2ᵐ 40 à 3 mètres de hauteur. Stipe 1ᵐ 20 de diamètre à la base. N'émet pas de rejets. Feuilles de texture épaisse, 1ᵐ 20 à 1ᵐ 50 de long, vert vif avec

______

(1) *Revue Cult. Colon.,* VIII, 102. 1901.

nervure médiane rouge-pâle. Inflorescence pendante. Graines grandes angulaires. Habitat : Angola.

Musa Davyœ, Stapf. Stipe 9 à 12 mètres de haut. Feuilles 3^m 60 à 5 mètres de long. Bractées oblongues, longues de 30 centimètres environ et larges de 12,5 centimètres. Fleurs au nombre de 15 environ par bractée. Fruit 7,5 à 12,5 centimètres de long, jeune ; pulpe peu abondante. Graines rares, brun-gris. Fruit non comestible. Habitat : Transvaal et Afrique Orientale Portugaise.

Musa proboscidea, Oliver. Stipe 4 à 5 fois de la taille d'un homme. Feuilles très grandes. Inflorescence pendante de l'extrémité, à peu près aussi longue que le stipe. Graines 12,5 millimètres de long et de large. Habitat : Ukami, à 100 milles de la côte de Zanzibar.

Musa Schweinfurthii, K. Schum. et Warb. Stipe pas très renflé à la base. Feuilles 2^m 10 à 2^m 40 de long, 37 à 38 centimètres de large. Inflorescence pendante. Bractées ovale-lancéolées, de 30 centimètres environ de long sur près de 8 centimètres de large. Graines petites, un peu globulaires. Habitat : Niam-Niam (Afrique Centrale).

Musa Chevalierii, Gagnep. Plante haute de 4 mètres environ. Stipe 45 centimètres de diamètre à la base. Feuilles 1^m 80 de long, sur 30 à 40 centimètres de large, pourpre à la base, glauque-pruinée extérieurement. Inflorescence pendante, avec beaucoup de fruits, le reste de l'axe pourvu de fleurs mâles. Bractées ovale-lancéolées 40 à 12,5 centimètres de long sur 20 à 3,5 centimètres de large. Fruit en forme de massue, vert avec points blancs et chair jaunâtre. Graine, au nombre de 30 environ, noires (1). Habitat : Oubanghi et Chari (Congo français).

Musa elephantorum, K. Schum. et Warb. Stipe 7^m 20 de long. Feuilles, depuis la base, 2^m 10 à 2^m 70 de long sur 75 centimètres de large. Inflorescence droite. Graines petites, légèrement globuleuses. Habitat : Cameroun.

Musa Homblei, Bequaert ex De Wild. La plante atteint 75 centimètres à 1 mètre environ de hauteur, n'émettant pas de rejets. Stipe plus ou moins renflé à la base. Feuilles, à mi-hauteur du stipe, ont, au lieu d'un pétiole, une gaine, d'environ 2 mètres de long, qui dans les 2/3 inférieurs est étroitement appliquée contre le stipe sur

____

(1) *Bull. Soc. bot. de France*, LV, 87. 1908.

la moitié de son pourtour, le 1/3 supérieur s'inclinant horizontalement et passe dans le limbe de la feuille, qui a 12, 5 centimètres environ de long et est oblong-lancéolé. Les feuilles changent graduellement de caractères vers la partie supérieure, le limbe se réduisant
et la gaine devenant relativement plus longue mais de moins en
moins appliquée contre le stipe. Inflorescence pendante ou horizontale, longue de 12,5 centimètres. Bractées nombreuses, persistantes,
plus longues que l'inflorescence. Fleurs hermaphrodites à la base,
mâles dans la partie supérieure, 3 à 7,5 centimètres de long, généralement au nombre de 5 à 6, disposées en une rangée, mais vers le
milieu de l'axe avec une ou deux à l'extérieur. Fruit 3,5 à 4 centimètres de long sur 2,5 de large, devenant noirâtre ; chair rare, jaune.
Graines ovoïdes, noires, 6 millimètres environ de long sur 8 de
large (1). Habitat : Katanga (Congo belge).

Musa Laurentii, De Wild. Feuilles avec nervure médiane verte.
Bractées $0^m 35$ de long sur $0^m 12$ environ de large, elliptique, se
rétrécissant vers le sommet. Fleurs au nombre de 18 à 23 disposées
en deux rangées sous chaque bractée, de 9 à 13 dans la rangée intérieure et de 9 à 10 dans la rangée extérieure. Fruit 10 à 12 centimètres de long. Habitat : Stanleyville (Congo belge) (2).

Musa Bagshawei, Rendle et Greves. Plante atteignant $4^m 80$ à
$5^m 40$ de hauteur. Stipe 2 mètres environ de circonférence à 15
centimètres au-dessus du sol. Feuilles avec bord étroit rouge et nervure médiane rouge, $3^m 45$ de long. Inflorescence pendante, longue
de 75 centimètres. Bractées rouge-foncé, acuminées, 23 centimètres
de long sur 15 de large. Fleurs au nombre de 17 à 19, disposées sur
deux rangées, sous chaque bractée. Fruit couleur orange-clair avec
chair un peu plus foncée, 11 à 12,5 centimètres de long. Graines au
nombre d'une trentaine, noires, luisantes. Habitat : Uganda..

Musa gigantea, Kuntze. Plante haute de 9 mètres environ ;
n'émet pas de rejetons. Inflorescence 3 mètres de long. Bractées
vertes, ovales-oblongues. Fleurs blanches, au nombre de 20 à 40
sous chaque bractée. Fruit angulaire, long de 5 centimètres. Graines
très petites.

(1) *Les Bananiers*, 51. 1913.
(2) *Miss-Laurent*, 371 t. 130.

**
* *

Les trois grandes variétés comestibles que nous avons décrites ont produit, ainsi que nous venons de le voir, une infinité de sous-variétés. Dans la suite il ne sera surtout question que des deux variétés qui sont cultivées aujourd'hui en grand : le *musa sapientum* et le *musa chinensis*, les seules qui soient appréciées et admises sur les marchés des États-Unis et d'Europe.

On peut facilement distinguer les *musa sapientum* des *musa paradisiaca* : chez les premiers la partie du spadice s'étendant entre les fruits et le bouton terminal violet-brun des fleurs stériles est nue ; tandis que chez les seconds, l'axe du spadice est moins long et les fleurs stériles ne sont pas toutes caduques, ce qui fait que l'extrémité ou pointe en est passablement recouverte.

P. de Moraes (1) et plusieurs autres auteurs disent que dans la variété *M. sapientum* les fruits sont courbés vers la terre, tandis que dans la variété *M. paradisiaca* ils sont tournés vers le haut.

Ce caractère nous paraît d'une valeur bien faible car chez certaines espèces ou variétés les fruits restent obliques jusqu'à un certain degré de leur développement pour ensuite se redresser progressivement et prendre une position perpendiculaire au rachis ou encore s'incurver vers le ciel, c'est à dire vers la base du spadice lorsqu'ils atteignent leur pleine maturité.

Le *musa chinensis* se distingue de son congénère le *musa sapientum* par sa taille moins élancée et par ses fruits cylindriques qui sont aussi plus petits et en plus grand nombre sur le régime.

---

(1) *Op. cit.*, p. 43.

CLIMAT

Il y a des régions où les influences climatologiques ne permettent pas l'exploitation économique du bananier. D'abord, les grandes et subites variations thermiques sont nuisibles au bananier, celui-ci exigeant une température moyenne constante et supérieure de 20°C.

Le bananier a encore d'autres exigences, comme la pluie. On estime qu'une précipitation moyenne de 2.200 millimètres par an est celle qui favorise sa production ; mais plus cette précipitation est élevée, mieux cela vaut.

Il végète aussi dans de meilleures conditions quand l'air est constamment saturé d'humidité, et c'est pourquoi certains auteurs s'accordent pour dire que le voisinage de la mer, avec son atmosphère saline, lui est très favorable.

Par contre le bananier ne s'accommode pas très bien du vent. Il faudra donc que l'endroit choisi pour la plantation soit abrité des vents, qui occasionnent parfois de graves dégâts aux bananiers. En effet, les vents en déchirant les grandes feuilles exposent aux ardeurs du soleil les bractées protégeant les fruits en formation, les dessèchent et les font tomber prématurément. Pour parer à cet inconvénient il convient de laisser du côté d'où soufflent les forts vents un rideau de forêt suffisant au moment du défrichement.

Tous les pays situés entre les parallèles 30° Nord et 31° Sud de l'équateur (voir fig. 5) sont dans des conditions favorables pour la production de la banane, du moment que leur altitude ne dépasse pas 1000 ou 1200 mètres.

De toutes les variétés de bananiers, le *Musa paradisiaca* serait le plus rustique, sa culture étant possible dans la zone tempérée et ses fruits mûrissant normalement lorsque la température moyenne est de 18° C. pouvant même descendre à 8 ou 9° C.

A Ceylan, par exemple, ce *Musa* croit très bien à une altitude de plus de 3.000 mètres.

S'il faut en croire certains auteurs, le *Musa chinensis* serait le plus rustique de toutes les variétés, ayant l'avantage de s'adapter plus au sud ou au nord de la latitude normale que préfère la famille des *Musacées*, et aussi de mieux résister au vent, à cause de sa petite taille qui ne dépasse guère deux mètres cinquante de hauteur.

En Algérie et sur la Côte d'Azur, toutefois, le *M. chinensis* se

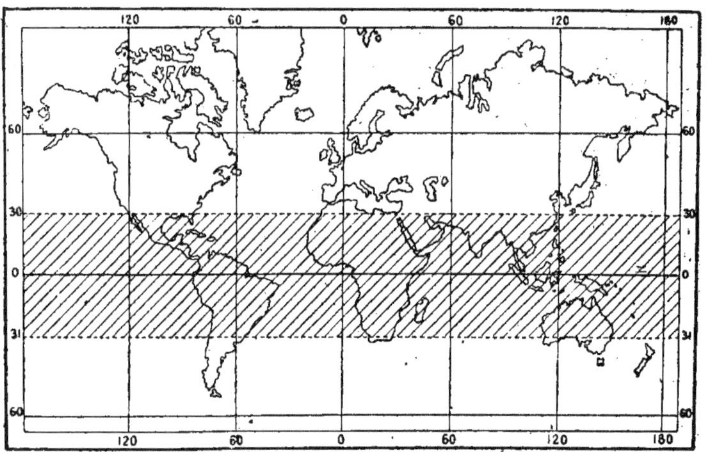

Fig. 5. — Planisphère indiquant la zone du bananier.

serait montré moins rustique que le *M. sapientum*. Voici en effet, ce que M. Ch. Rivière dit à ce sujet dans une lettre qu'il adressa à la Société nationale d'Agriculture, qui l'a reproduite dans son *Bulletin* (le compte-rendu de la séance du 7 octobre 1903) et dont un extrait a été donné par la *Revue des cultures Coloniales* (n° 141, 20 janvier 1904) : « Si le *musa sapientum* est en Algérie à la dernière limite de sa végétation économique, il est reconnu que le bananier de Chine est encore moins rustique et qu'il souffre quand le premier supporte encore les intempéries. »

M. L. Pynaert dit de son côté (1) : « Le *Musa Cavendishii* (bana-

(1) *Op. cit.*, p. 34.

nier de Chine ou bananier nain) exige un climat un peu plus chaud
que le *Musa sapientum*. Le premier gèle en Provence, tandis que
l'autre résiste à ce climat déjà plus tempéré. »

Ceci est confirmé par M. R. Proschowsky (1) qui dit ne pas avoir
réussi la culture du bananier de Chine, dans son jardin « Les Tropiques », à Sainte-Hélène, près de Nice ; tandis qu'avec le *Musa
sapientum*, il a obtenu « de temps en temps, — quand il fleurit au
printemps et si l'hiver suivant est doux, — des fruits qui arrivent à
parfaite maturité et qui sont très bons. »

Par contre M. Aug. Chevalier (2), dit avoir « observé au Tonkin,
dans les villages des Montagnes et dans les régions subtempérées
de la frontière de Chine, où la gelée se fait sentir chaque année des
Bananiers nains (*Musa nana*), assez résistants au froid et donnant
de bons fruits. »

Bien que MM. L. Pynaert et Proschowsky assurent, ainsi que nous
venons de le voir, que le *Musa Cavendishii* ou de Chine exige un climat plus chaud que le *Musa sapientum* et qu'il est plus sensible à
la gelée que le second, on signale qu'en Floride existent des *Musa
Cavendishii* qui supportent des froids qui provoquent de minces
couches de glace sur les rivières. De même à Cuba, la banane de
Chine supporte un abaissement de température tel que le thermo-
mètre indique le point de gelée.

En contradiction avec lui-même, M. L. Pynaert dit aussi que ce
Musa « est du reste aussi la seule espèce dont on peut entreprendre
la culture dans les régions où se produisent des gelées nocturnes » (3).

Ces contradictions ne font que confirmer l'opinion émise par M. Aug.
Chevalier qui dit que des individus de diverses provenances d'une même
espèce se comportent souvent très différemment vis à vis du climat.

Principaux pays producteurs de bananes

Le développement considérable qu'a pris le commerce des bananes en Europe, et principalement aux États-Unis, place à l'ordre du
jour les pays favorables à la culture de ce fruit délicieux.

(1) *Revue de Bot. appl.*, 2ᵉ année, n° 10, 1922, p. 287.
(2) *La Culture du Bananier en Afrique tropicale*, etc.
(3) PYNAERT, *op. cit.*, p. 45.

Nous allons passer rapidement en revue les pays où la culture de la banane pour l'exportation est déjà très développée et où elle a le plus de chance de donner des résultats.

Au Costa Rica, qui est le plus grand exportateur de bananes dans l'Amérique continentale, les six zones de production, où es pluies sont à peu près continuelles, ce qui a son importance pour la culture de la banane, sont les suivantes :

Dans le Nord-Ouest de Limon, la vallée du Reventazon et Matina

Dans l'Ouest de Limon { le district de Zent / la ligne ferrée de Gualipes

Dans le Sud de Limon { la vallée de La Estrella et Bananito / la région de Talamanca.

A 600 mètres d'altitude, le district de Turrialba.

En dehors de ces zones il existe d'immenses superficies de terres encore vierges aptes à la culture de la banane dans la région de Tortuguero, au nord de Limon, ainsi qu'au Rio Coto, sur le versant du Pacifique. Mais les grandes plantations se trouvent toutes dans les environs de Limon et s'étendent de la côte jusqu'à une quarantaine de kilomètres dans l'intérieur.

Sur les 23.000 hectares représentant la superficie totale des bananeraies, en 1922, la « United Fruit Cᵒ » en possédait 17.160. En outre, on estimait la réserve des terres à bananiers à 50.000 hectares ; la superficie des bananeraies appartenant aux particuliers à 5.822 hectares avec une réserve de 5.000 hectares environ.

En 1890 la République de Costa Rica exportait déjà aux États-Unis un million de régimes et en 1900, elle en expédiait plus de trois millions. A partir de 1902, l'Angleterre commençait à lui en acheter et en 1912 le total des régimes exportés était de 10.647.702 dont 7.984.616 pour les États-Unis, 266.386 pour l'Angleterre et 17.000 pour Panama. Une fois seulement, en 1908, la France avait acheté 700 régimes. En 1914, Costa Rica exportait 10.162.912 régimes et continuait, malgré la guerre, à en envoyer 9.521.648 en 1915 et 10.058.738 en 1916, dont 7.300.062 allaient aux États-Unis et 2.758.676 en Angleterre (1).

____

(1) Cᵗᵉ M. de Perigny, *La République de Costa-Rica*, p. 60.

Les exportations de bananes annuelles de Costa Rica, de 1900 à
1924 ont été comme suit :

1900 —	3.420.166	régimes	1912 —	10.647.702	régimes
1901 —	3.870.156	»	1913 —	11.170.812	»
1902 —	4.174.199	»	1914 —	10.162.912	»
1903 —	5.139.063	»	1915 —	9.521.648	»
1904 —	6.065.400	»	1916 —	10.058.738	»
1905 —	7.283.000	»	1917 —	8.689.516	»
1906 —	8.872.729	»	1918 —	7.129.655	»
1907 —	10.166.551	»	1919 —	7.270.624	»
1908 —	10.074.599	»	1920 —	8.652.473	»
1909 —	9.365.690	»	1921 —	8.318.581	»
1910 —	9.097.285	»	1922 —	7.171.619	»
1911 —	9.309.586	»	1923 —	7.454.114	»

Pour l'année 1923, les exportations de bananes pour les trois ports
costariciens ont été comme suit :

Par Limon	5.060.235 régimes
Par Sixaola	2.057.875 régimes
Par Puntarenas	336.004 régimes
Total :	7.454.114 régimes

Au NICARAGUA, les côtes du Département Zelaya, sur la côte de
la mer Caraïbe, ainsi que toutes les rives de tous les cours d'eau qui
y débouchent sont livrées à la culture du bananier. M. D. Pector,
nous apprend que rien que sur les rives des Rios Escondido et Rama,
sur une étendue de 150 kilomètres, et sur une superficie de 8.000
hectares, il y avait déjà, en 1895, pas moins de deux cent quatre-
vingt sept bananeraies d'installées, dont une de 50.000 bananiers.

Les rives du Rio Grande et de plusieurs de ses affluents sont également plantées en bananeraies aussi loin en amont que les canots
peuvent remonter pour évacuer les récoltes.

Les exportations de bananes du Nicaragua qui, en 1883, n'étaient
que de 8.000 régimes atteignirent successivement, 255.332 régimes
en 1887 ; 1.484.775 en 1892 ; 2.000.000 en 1903 ; 2.250.000 en 1911 ;
1.681.944, en 1913 ; 2.603.491 en 1922 et 3.405.776 en 1923.

Du GUATEMALA on exporte aux États-Unis des millions de régimes par la vallée du Motagua et la région du lac Izabal.

Les exportations ont été estimées comme suit :

1900 — 121.234 régimes		1908 —	668.245 régimes
1901 — 262.691	»	1909 —	765.223	»
1902 — 239.789	»	1910 — 1.222.568	»
1903 — 370.962	»	1911 — 1.755.704	»
1904 — 425.153	»	1912 — 2.222.304	»
1905 — 409.413	»	1913 — 2.359.250	»
1906 — 516.996	»	1922 — 4.498.800	»
1907 — 599.680	»	1923 — 4.430.946	»

Depuis quelques années le HONDURAS est également devenu un grand producteur de bananes. En 1881, on estimait les exportations à 22.229 régimes ; en 1889, à 866.714 ; en 1913, à 7.983.591 ; en 1922, à 16.070.166 et en 1923, à 11.655.414 régimes.

Nous extrayons du *Bulletin mensuel des Renseignements agricoles*, mars 1921, page 351, les renseignements ci-dessous ayant trait à la culture de la banane dans la République de Honduras :

« De tous les États de l'Amérique centrale, le Honduras est probablement le seul qui présente les meilleures conditions pour la culture du bananier et qui possède des réserves de terrains propices à cette culture. Pendant les 20 dernières années, celle-ci a fait de rapides progrès le long des côtes de l'Atlantique, du Golfe du Mexique à l'embouchure du Magdalena.

« Quelques plantations de 20 ans fournissent encore d'abondantes récoltes. Les terrains à bananiers de la côte sont formés de couches d'alluvions déposées par les cours d'eau qui inondent chaque année les terres environnantes et les fertilisent. Un terrain vraiment alluvial se rencontre dans les vallées du Chamelecon et de l'Ulua, dont la longueur, le débit et la vitesse à l'époque des crues donnent lieu à une inondation plus grande et à un dépôt plus considérable de limon fertile. »

Le Chamelecon et l'Ulua sont deux cours d'eau ayant leur embouchure dans la partie ouest de la côte septentrionale du Honduras.

Les principaux ports d'embarquement sont : Trujillo, Tela, Puerto Cortez et La Ceïba.

La République de SALVADOR exporte également des bananes, mais en bien moins grandes quantités.

Le HONDÚRAS BRITANNIQUE, compte également parmi les grands producteurs de bananes, eu égard à sa superficie. Les exportations ont été comme suit :

1908 — 471.600 régimes		1912	—	régimes
1909 — 390.350 »		1913 — 651.064	»	
1910 — 441.181 »		1922 — 460.825	»	
1911 — 450.365 »		1923 — 585.688	»	

PANAMA figure au troisième rang comme pays producteur de bananes dans l'Amérique centrale.

D'après les statistiques, les exportations ont été comme suit :

1910 — 3.643.900 régimes	1913 — 4.438.300 régimes
1911 — 4.297.260 »	1922 — 3.665.378 »
1912 — 5.500.000 ».	1923 — 4.513.386 »

Aux ANTILLES, la JAMAÏQUE et CUBA, puis la GUADELOUPE et SAINT-DOMINGUE, sont les principaux producteurs de bananes, la JAMAÏQUE venant en tête avec une exportation de près de 12 millions et demi de régimes en 1922 et 1923.

De 1897 à 1923, les exportations annuelles ont été estimées comme suit :

1897 — 4.838.645 régimes	1907 — 16.000.000 régimes
1898 — 6.981.858 »	1908 — 14.612.881 »
1899 — 7.497.281 »	1909 — 16.712.210 »
1900 — 8.046.404 »	1910 — 14.095.191 »
1901 — 8.248.485 »	1911 — 15.497.385 »
1902 — 11.003 840 »	1912 — 13.382.072 »
1903 — 14.660.582 »	1913 — 11 664.657 »
1904 —	1922 — 12.494.149 »
1905 —	1923 — 12.455.310 »
1906 —	

CUBA. Après la Jamaïqué, le plus grand producteur de bananes aux Antilles est Cuba. Les principales bananeraies se trouvent dans là province orientale de Santiago, particulièrement dans les districts

de Saetia, sur la Baie Nipé ; Sagua de Tanamo, sur la Baie de Tana-
mol et dans la région plus au Sud-Est avoisinant Baracoa ainsi que
dans les provinces occidentales de Pinar del Rio, la Havane et Ma-
tanzas.

En 1911, on évaluait les exportations de bananes à 2.500.000 régimes et en 1913, à 2.213.733 régimes. En 1919, les exportations de
bananes évaluées en poids était de 30.973.295 kilos; en 1921, elles
se chiffraient par 38.481.107 kilos; en 1922, à 45.506.763 kilos et en

Fig. 6. — Plantations de bananiers dans la forêt. Camp Jacob (Guadeloupe).

1923, à 59.831.352 kilos. En 1922 et 1923, les quantités de régimes
exportés ont été de 1.808.872 et 2.277.011 respectivement.

GUADELOUPE. La Guadeloupe se prête aussi merveilleusement
bien à cette culture. Toutefois la partie occidentale ou Guadeloupe
proprement dite est beaucoup plus apte à ce genre de culture que
la partie orientale, ou Grande-Terre, à cause de son sol qui est plus
fertile et de son régime pluvial. Malheureusement la Guadeloupe
proprement dite est très accidentée, ce qui rend forcément la culture
sur une grande échelle, plus difficile et les transports onéreux. Les
endroits répondant le mieux aux conditions que nécessite la culture
de la banane sont : Petit-Bourg, Capesterre et Trois-Rivières, sur la

côte orientale, Le Lamentin et Sainte-Rose au Nord ; Baillif, Gourbeyre, le Camp Jacob et le Matouba, dans le Sud. Ici les bananiers servent surtout d'ombrage aux cacaoyers et aux caféiers et se trouvent à 600 et 700 mètres d'altitude.

Les exportations de bananes de la Guadeloupe, qui ne figurent dans les statistiques qu'à partir de 1904, n'ont jamais atteint des chiffres bien importants. Ce n'est qu'à partir de 1922, c'est à dire

Fig. 7. — Case de planteur indien à la Guadeloupe.

après la campagne de propagande que nous avons menée dans l'île, en faveur de la culture de la banane, que les exportations sont en progression ascendante régulière et très accentuée. C'est ce que démontre le tableau ci-dessous :

ANNÉES	KILOGS	FRANCS
1904	6.682	1.852
1905	—	—
1906	1.510	302
1907	3.109	632

ANNÉES	KILOGS	FRANCS
1908	—	—
1909	41.105	7.572
1910	34.613	10.384
1911	31.278	7.830
1912	12.880	1.227
1913	11.042	1.331
1914	2.730	349
1915	309	61
1916	330	67
1917	40	16
1918	—	—
1919	20	10
1920	3.342	702
1921	550	350
1922	35.473	12.056
1923	514.899	234.566
1924	466.447	(trois premiers trimestres)

Martinique. Par son climat, la Martinique, comme du reste tout le groupe des Antilles en général, convient parfaitement à la culture de la banane. Toutefois, l'orographie de son sol constitue un obstacle plus grand encore qu'à la Guadeloupe pour la culture sur une très vaste échelle. Aussi cette culture paraît avoir été délaissée pour d'autres, telle que celle de la canne à sucre. C'est ce qui ressort du tableau des exportations ci-dessous :

ANNÉES	KILOGS	FRANCS
1905	553	78
1906	566	91
1907	20.291	1.519
1908	58.332	5.117
1909	101.614	10.857
1910	213.009	21.746
1911	198.004	10.009
1912	159.048	10.333
1913	69.389	10.134

1914	11.531	1.606
1915	—	—
1916	2.470	150
1917-22	—	—·
1923	140.434	92.901

SAINT-DOMINGUE. Cette île des Antilles possède également des terrains qui s'adaptent merveilleusement bien à la culture de la banane. Toutefois, les exportations paraissent être en décroissance ; celles-ci qui étaient de 640.000 régimes en 1907, n'atteignirent plus que 591.000 en 1910 et 400.000 en 1911.

GUYANES. Grâce à leur situation, à quelques degrés seulement au Nord de l'équateur, à leur climat et à leurs terres vierges d'une richesse exceptionnelle, les Guyanes surpasseraient encore la Guadeloupe et la Martinique et même la Jamaïque pour les rendements des bananeraies, mais la main-d'œuvre y est assez rare et coûteuse. Une autre raison pour laquelle on ne peut songer, pour le moment tout au moins à cultiver la banane sur une grande échelle, c'est que tout comme à la Guadeloupe et à la Martinique du reste, l'exportation en grande quantité des fruits est rendue impossible par suite du manque de moyens de transport adéquats.

La culture de la banane d'exportation débuta dans la Guyane hollandaise (Surinam), en 1906. Au début, la variété cultivée était la banane *Gros Michel*, mais la maladie cryptogamique dite de *Panama* provoquée par le *Fusarium*, occasionna de tels dégats dans les bananeraies que cette variété dut être abandonnée pour une autre, désignée sous le nom de *Congo*, dont la résistance à la maladie a été reconnue.

En 1908, Surinam exporta 219.663 régimes ; en 1909, 648.636 régimes ; en 1910, 33.685 (a) ; en 1911, 384.097 et en 1912, 371.137 régimes.

COLOMBIE. Le Département de Magdalena sur la Mer des Caraïbes est certes le plus propice pour la culture de la banane, mais le district de Santa Marta, qui est le plus grand producteur de bananes ne vaut pas le Costa Rica, car l'irrigation des cultures y est obli-

---

(a) Baisse occasionnée par suite de la maladie cryptogamique.

gatoire pendant environ sept mois de l'année. Les terrains propres à cette culture, au moyen de l'irrigation, s'étendent sur une superficie de plus de 20.000 hectares.

En 1906, la Colombie exportait 1.397.388 régimes ; en 1910, 4.370.883 ; en 1911, 4.901.894 ; en 1913, 4.940.253 ; en 1922, 6.369.233 et en 1923, 2.475.775 rien qu'aux États-Unis.

BRÉSIL. Au Brésil, le bananier végète depuis l'Amazone jusqu'au Rio Grande do Sul, au sud, c'est à dire sur toute l'étendue de la Confédération. Les principaux États producteurs sont : Saô Paulo, Santa Catharina, Bahia, Minas et Rio de Janeiro. Le municipe de Santos (État de Saô Paulo) est le plus grand producteur de bananes pour l'exportation : il produit surtout la variété *anã* ou banane de Chine. Les principales plantations se trouvent à Cubataô et Jurubatuba. D'après Paszkiewicz, les principales bananeraies de *maça* et de *catura* du Parana, sont situées dans les vallées alluvionnaires des cours d'eau qui descendent de la Sierra do Mar, vers la baie de Paranaguá où les vapeurs chargent les fruits dans les ports d'Antonina, Porto do Pedro ou à Paranaguá même. Le municipe de Guarakessaba est également un grand producteur de bananes dans le Parana.

Les statistiques accusent à l'exportation, les quantités suivantes :

1901 — 1.061.872 régimes		1914 — 3.260.450 régimes
1902 — 994.919 »		1915 — 2.745.232 »
1903 — 860.528 »		1916 — 2.980.270 »
1904 — 1.689.528 »		1917 — 2.053.453 »
1905 — 1.434.611 »		1918 — 1.869.430 »
1906 — 1.852.010 »		1919 — 1.876.291 »
1907 — 1.882.994 »		1920 — 2.618.210 »
1912 — 2.596.810 »		1921 — 2.560.888 »
1913 — 2.839.588 »		1922 — 3.227.604 »

Pendant ces dernières années l'exportation des bananes du Brésil a augmenté extraordinairement principalement, du Sud. C'est ce que démontre la statistique du commerce avec l'extérieur. Voici les exportations de 1912 à 1922 :

Exportation des bananes du Brésil de 1912 à 1922.

PROVENANCE	1912	1913	1914	1915	1916	1917	1918	1919	1920	1921	1922
Rio de Janeiro	41.550	23.600	1.200	17	4.060	1.520	—	20	—	—	—
Santos	1.219.298	1.499.955	1.952.313	1.893.944	2.252.479	1.602.265	1.659.966	1.796.016	2.304.434	2.295.591	2.901.173
Paranaguà	625.134	771.960	755.948	353.590	499.188	291.560	108.945	70.480	265.742	216.742	296.335
Antonina	118.800	26.301	60.800	57.300	58.000	4.000	—	200	550	—	—
Saô-Francisco	—	598	—	4.223	34.933	47.323	26.849	5.710	33.495	15.799	25.933
Itajahy	600	—	16.026	79.657	39.942	31.007	19.022	1.500	—	—	800
Florianopolis	591.428	517.174	474.118	356.433	91.669	75.778	54.048	2.365	13.799	32.663	3.275
Bahia	—	—	45	—	—	—	—	—	—	—	—
Jaguaraô	—	—	—	68	—	—	—	—	—	—	—
Sant'Anna de Livramonte	—	—	—	—	—	—	600	—	—	—	—
Yapock	—	—	—	—	—	—	—	—	—	93	—
Rio Grande	—	—	—	—	—	—	—	—	—	—	50
Totaux	2.596 810	2.839.588	3.260.450	2.745.232	2.980.271	2.053.453	1.869.430	1.876.291	2.618.210	2.560.888	3.227.604

A l'heure actuelle, il n'existe pas encore au Brésil d'organisations commerciales assez puissantes pour entreprendre l'exportation sur une grande échelle des bananes à destination de l'Europe. D'après le tableau ci-dessous on voit que le commerce des bananes est limité à l'Argentine et à l'Uruguay.

Tableau des exportations de bananes par pays de destination pendant la période quinquennale 1918-1922.

DESTINATION	1918	1919	1920	1921	1922
Argentine	1.660.484	1.613.517	2.349.176	2.255.055	2.852.336
Grande-Bretagne .	—	—	—	—	2.220
Guyane.........	—	—	—	—	40
Pays-Bas........	—	—	—	93	—
Uruguay	208.946	262.774	269.034	305.740	333.656
Totaux ...	1.869.430	1.876.291	2.618.210	2.560.888	3.227.604

MEXIQUE. Pendant ces dernières années les étrangers se sont beaucoup intéressés à la culture de la banane, surtout dans la partie méridionale du Mexique, où elle a acquis une très grande importance.

Le bananier prospère particulièrement bien dans les États de Chiapas, Oaxaca, Michoacan, Colima, Jalisco, Tepic, Nayarit, Sinaloa, sur le versant du Pacifique ; Tabasco, Vera Cruz, sur le versant de l'Atlantique et enfin, dans l'État de San Luis Potosi. Toutefois, le plus grand développement a été atteint dans les États d'Oaxaca et de Tabasco. C'est ici que les grandes compagnies fruitières ont dépensé des capitaux considérables pour développer cette industrie. Dans le voisinage de San Blas (État de Tepic), il existe aussi des bananeraies dont les produits sont destinés au marché de San Francisco (Californie).

D'ici quelques années le sud du Mexique est appelé à devenir le plus grand producteur de bananes du monde.

Le climat du Mexique méridional est extrêmement propice à cette culture, d'autant plus que la région possède divers cours d'eau qui facilitent grandement le transport des récoltes. Il existe déjà des lignes de vapeurs entre Frontera (État de Tabasco) et Galveston aux États-Unis, pour le transport des bananes.

En 1911, on estimait les exportations à 750.000 régimes ; en 1913, à 1.541.504 ; en 1922, à 739.185 et en 1923, à 2.098.476 régimes.

Hawaii. L'archipel des îles Hawaii est également devenu un grand producteur de bananes. On y cultive les races *Bluefields*, qui est la meilleure pour l'exportation, la *Brésilienne*, la *Gros Michel* ou *Jamaïque* qui y fut importée en 1903, la *banane de Chine* et la variété *Troglodytarum* (Higgins).

Fidji. Aux îles Fidji l'exportation des bananes en Nouvelle Zélande et en Australie, a déjà pris une certaine importance, bien que l'État de Queensland en produise déjà pas mal aussi.

La culture de la banane est pratiquée plus particulièrement dans l'île de Viti Levu, dans la Vallée du Rewa au sud-est et dans le district de Sigatoka dans le Sud ; ainsi que dans le district de Savu Bay, dans la partie méridionale de l'île Vanua Levu.

La variété connue en Australie sous le nom de *Fidji*, parce qu'elle a été importée de ces îles, est la *Gros Michel* qui y a été introduite de la Jamaïque en 1891. On y cultive aussi la petite variété de Chine *Musa chinensis* ou *Cavendishii*, qui y a été introduite par le Rév. Geo Pritchard, en 1848.

En 1911, les exportations de bananes des îles Fidji, atteignaient déjà 897.345 régimes évalués à £ 151.668.

Queensland. La culture commerciale de la banane, en Australie, n'existe encore que dans l'État de Queensland, où elle a été entreprise depuis nombre d'années, dans le voisinage de Brisbane, d'où elle se répandit vers le nord où le bananier se rencontre à l'état sauvage, principalement près de Cairns, Innisfail (Geraldton) et la rivière Tully. Les principales sortes cultivées sont la banane de Chine, la *sugar banana*, et la *lady's finger*.

Guinée Française. En Guinée française, les conditions de culture de la banane ne sont pas partout absolument favorables, surtout dans le voisinage immédiat de Conakry, où le sol a été reconnu comme peu propice à la culture intensive. En outre, la main-d'œuvre y est difficile, exigeante et d'un rendement inférieur. L'hinterland convient infiniment mieux et c'est de là que provient la majeure partie des bananes exportées actuellement de la Guinée. Les statistiques officielles des exportations, depuis les débuts, c'est à dire depuis 1899 jusqu'à 1923, ont été comme suit (1).

Tableau des exportations de bananes de la Guinée française de 1899 à 1923.

ANNÉES	POUR LA FRANCE		POUR L'ÉTRANGER		TOTAL	
	kg.	frs.	kg	frs.	kg.	frs.
1899	—	25	—	—	—	25
1902	—	438	—	-5	—	443
1903	1.873	3.746	38	76	1.911	3.822
1904	3.444	6.888	758	1.512	4.202	8.400
1905	1.942	3.884·	25	50	1.967	3.934
1906	3.535	7.070	14	28	3.549	7.098
1907	45.743	5.822	865	114	46.608	5.936
1908	—	—	—	—	—	—
1909	57.475	5.748	1.095	120	58.570	5.868
1910	152.024	15.203	7.668	769	159.692	15.972
1911	157.387	15.739	742	74	158.129	15.813
1912	53.158	5.138	3.382	516	56.540	5.654
1913	10.258	1.466	16.482	2.365	26.740	3.831
1914	32.675	4.901	154.904	23.236	187.579	28.137
1915	9.291	1.394	19.493	2.924	28.784	4.318
1916	11.025	1.653	11.593	1.740	22.618	3.393
1917	7.650	1.148	9.175	1.376	16.825	2.524
1918	30.446	7.611	19.987	4.998	50.433	12.609
1919	76.920	19.230	41.495	10.374	118.415	29.604
1920	91.223	49.671	22.385	13.383	113.608	62.954
1921	181.096	54.330	39.284	8.786	220.380	63.116
1922	447.160	134.148	66.336	19.901	513.496	154.049
1923	584.079	210.927	69.992	24.325	654.071	235.252

(1) Chiffres fournis par le Gouvernement Général de l'Afrique occidentale française.

Les exportations de l'année 1923 se décomposent comme suit :

	KILOGS	FRANCS
Pour la France	356.889	126.180
— les colonies françaises	227.190	84.747
— l'Angleterre.	3.600	1.440
— la Belgique	39.625	14.024
— les autres pays.	26.767	8.861
Totaux	654.071	235.252

Toutefois, ces chiffres ne représentent pas les quantités réelles exportées de la Guinée. En effet, il n'est pas tenu compte ici des quantités expédiées de Conakry sur Dakar qui figurent sous la rubrique cabotage local, même si de Dakar elles sont réexportées en Europe, et dans ce cas elles figurent comme provenant du Sénégal et non pas de la Guinée. Les exportations rectifiées de la Guinée, pendant la période quinquennale 1920-1924, seraient estimées comme suit :

ANNÉES	NOMBRE DE CAISSES	POIDS
1920	5.320	266.000
1921	11.654	582.000
1922	13.420	671.000
1923	18.080	904.000
1924	25.000	1.000.000

Pour l'année 1924, les exportations se répartissent comme suit : Maroc, 350.000 kg. ; Dakar, 340.000 kg. ; France, 250.000 kg. ; le surplus ayant été dirigé sur divers pays étrangers parmi lesquels la Belgique figure pour 11.000 kg.

Les chiffres ci-dessus ne représentent pas naturellement la production totale de la Guinée qui est bien supérieure.

Voici ce que nous lisons à ce sujet dans *Les Annales Coloniales* (1).

« D'après le Syndicat des Planteurs, que dirige très activement dans la colonie M. Henri Boileau, les planteurs européens auraient récolté, en 1923, 1.146.000 kilogrammes de bananes et les planteurs

(1) N° du 28 janvier 1925.

indigènes, de leur côté, 506.000 kilogrammes, ce qui donne un total de 1.652.000 kilogrammes, équivalant au moins à 33.050 caisses de 50 kilogrammes brut. »

AUTRES COLONIES FRANÇAISES. Le Sénégal, la Côte d'Ivoire et le Dahomey, sur la côte occidentale d'Afrique ; Madagascar et la Côte des Somalis, sur la côte orientale, sont plus ou moins aptes à la culture de la banane. Jusqu'ici, toutefois, les exportations de ces colonies ont été pour ainsi dire nulles, à part pour la côte d'Ivoire qui la première année (1908) en a exporté 33.630 kilogrammes et pour Madagascar qui, la première année (1901) exporta 35.000 kilogrammes de bananes.

Voici, d'après les renseignements fournis, au Ministère des Colonies par les administrations locales et centralisées à Paris, les exportations de bananes de ces différentes colonies, depuis les débuts.

ANNÉES	SÉNÉGAL		COTE D'IVOIRE		DAHOMEY		MADAGASCAR		COTE DES SOMALIS	
	kg.	frs.	kg.	frs.	kg.	frs.	kg.	frs.	kg.	frs.
1901	—	—	—	—	—	—	35.000	5.000	—	—
1902	—	—	—	—	—	—	—	—	—	—
1903	—	—	—	—	—	—	1150	115	—	—
1904	—	—	—	—	—	—	—	—	—	—
1908	—	—	33.630	3.363	—	—	270	27	—	—
1909	—	—	—	—	—	—	950	35	—	—
1910	—	—	60	3	2.347	216	2.245	119	169	86
1911	—	—	180	9	2.367	237	271	38	—	—
1912	333	332	350	17	481	48	1.232	146	78	33
1913	385	324	—	—	1.197	120	—	—	10	5
1914	—	—	23	2	389	39	—	—	—	—
1915	766	640	—	—	—	—	—	—	—	—
1916	1.954	1.740	—	—	541	55	—	—	—	—
1917	3.927	3.370	—	—	489	59	—	—	—	—
1918	15.000	12.000	—	—	605	268	100	30	—	—
1919	1.175	1.271	—	—	400	369	200	60	—	—
1920	1.105	1.473	—	—	1.104	1.182	3.670	2.202	—	—
1921	1.823	6.475	—	—	746	224	3.400	1.700	—	—
1922	—	—	—	—	—	—	1.462	439	—	—
1923	325	119	9	10	303	112	831	248	—	—
1924			3.754	2.627						

Indochine. La culture de la banane, en Indochine, est également très rémunératrice, mais les exportations y sont à peu près nulles, la production étant à peine suffisante à la consommation.

Voici quelles ont été les exportations annuelles de bananes depuis 1910 jusqu'à 1923 inclus.

ANNÉES	KILOGS	FRANCS
1910	284	43
1911	300	54
1912	75	11
1913	165	25
1914	8.974	1.346
1915	—	—
1916	40	10
1917	10.322	2.581
1918	39	10
1919	2.703	1.352
1920	2.503	1.252
1921	5.700	2.850
1922	5	3
1923	5.385	1.615

Canaries. La culture du bananier peut aussi être entreprise avec succès dans la zone subtropicale où les gelées ne sont pas à craindre et où la pluviosité annuelle est même de beaucoup inférieure à celle que nous avons mentionnée au début de ce chapitre, mais qui alors se fait à base d'irrigation et devient par ce fait très coûteuse. Tel est le cas pour les îles Canaries, l'Égypte et l'Argentine.

Dans les îles Canaries — qui alimentent la plus grande partie des marchés européens — on cultive le bananier sur terrains irrigués, jusqu'à 300 mètres d'altitude. La meilleure zone de culture dans la Gran Canaria est celle du Nord qui est la plus riche en terrains frais et en sources d'eau ; mais, en général, ce sont des terrains volcaniques. Les meilleurs endroits pour cette culture sont : tout le nord de l'île, Arucas, Bañaderos, Pogador, Cabo Verde et Guia.

La variété cultivée est la banane de Chine (*Musa Cavendishii*) ou (*Chinensis*), appelée *Johnson* par les Anglais.

En 1900 on estimait les exportations de bananes des Canaries à 1.243.562 régimes; en 1901, à 1.630.946 régimes; en 1902, à 1.817.533; en 1903 à 2.370.511 régimes.

De 1907 à 1911 inclus les exportations estimées par caisses ont été :

1907 — 2.391.297 caisses	1910 — 2.700.352 caisses	
1908 — 2.355.778 »	1911 — 2.648.378 »	
1909 — 2.782.299 »		

Les exportations de l'année 1911, se décomposent comme suit :

En Angleterre { de Ténériffe   781.831 caisses
             { de Las Palmas   680.035   »

                                       1.461.866 caisses

En Allemagne, des deux îles	732.503 caisses	
En France	— 365.714 »	
En Italie	— 48.424 »	
En Espagne	— 22.677 »	
Autres pays	— 17.194 »	

                                         1.186.512   »

                 Total :   2.648.378 caisses

Depuis la guerre, les exportations de bananes des Canaries ont considérablement diminué. En 1921, elles n'étaient plus que de 1.107.980 caisses ; en 1922, de 1.155.619 caisses et en 1923 de 1.218.542 caisses.

Les exportations par pays de destination, pour ces trois années, ont été comme suit :

DESTINATION	1921	1922	1923
Angleterre	652.949	681.751	658.057
France	257.672	266.752	375.199
Espagne	94.033	130.504	118.459
Pays-Bas	69.066	46.464	31.407
Belgique	970	110	—
A reporter	1.074.690	1.125.581	1.183.122

	Reports...	1.074.690	1.555.619	1.182.122
Italie		—	4.582	22.119
Allemagne		7.642	3.465	5.112
Norvège		3.601	2.986	3.780
Danemark		10.220	8.141	2.823
Maroc		3.711	6.465	1.586
Égypte		7.651	4.399	—
Suède		465	—	—
		1.107.980	1.155.619	1.218.542

ÉGYPTE. Les principales plantations sont situées dans la province de Galioub, dans le Nord du Delta, près de Damiette, de Rosette, d'Alexandrie, à Gabbari, Ramleh, etc. et le long du canal de Mahmudia.

ARGENTINE. En Argentine la culture du bananier peut être entreprise dans les territoires du Chaoc et de Formosa, ainsi que dans les provinces de Tucuman, Misiones, Jujuy, La Rioja (avec irrigation), Corrientes. Les principales plantations sont à Ita Baté, Concepcion de la Sierra, Paso de los Libres, etc. et aussi au Paragauy, à Sans Cosme sur la rive Nord du Parana qui sépare le Paragauy de la province de Corrientes.

Jusqu'à présent, tout au moins, l'Argentine ne produit encore des bananes qu'en quantité insuffisante pour la consommation locale et est tributaire, pour ce fruit, du Brésil, où tous les courriers venant d'Europe, chargent régulièrement plusieurs milliers de régimes à destination de Buenos-Aires.

Les importations de bananes brésiliennes, provenant presque exclusivement de Santos, de Parana et de Santa-Catharina ont été :

1903 —	772.821 régimes	1914 —	2.924.022 régimes
1904 —	1.171.595 »	1918 —	1.660.484 »
1905 —	1.340.831 »	1919 —	1.613.517 »
1906 —	1.668.326 »	1920 —	2.349.176 »
1912 —	2.412.502 »	1921 —	2.255.055 »
1913 —	2.599.216 »	1922 —	2.852.336 »

MALADIES ET ENNEMIS DU BANANIER

Les parasites végétaux ou animaux qui attaquent le bananier varient suivant le pays. Ils sont assez nombreux. Certaines maladies ont pris un tel développement qu'elles ont anéanti des bananeraies entières. Il importe donc de les connaître pour pouvoir les combattre efficacement.

A. Maladies cryptogamiques

1º *Maladies des feuilles.*

Pourriture des feuilles. — Étudiée à la Jamaïque, par F. S. Earle, en 1903 (1), cette maladie, qui existe aussi à la Trinidad, provoque la brunissure des faisceaux vasculaires des veines et de la nervure médiane de la feuille qui, peu après devient noire et meurt complétement. Cette maladie, qui est occasionnée par le champignon *Marasmius semiustrus* Berk. et Curt. qui paraît plutôt saprophyte que parasite, gêne la plante en ce que la nutrition ne peut se faire nor·malement.

Voici ce que L. Pynaert rapporte au sujet de cette maladie :

« Les bases des pétioles des feuilles extérieures sont molles et humides et s'arrachent facilement. A l'intérieur des tissus on remarque une couche veloutée d'un *mycelium* blanc dégageant l'odeur caractéristique des champignons. Les jeunes racines et les feuilles

(1) *Journ. of New York Bot. Gard.*, IV.

écailleuses du bulbe sont couvertes d'une couche semblable de *mycelium*, mais de couleur orange ou saumonée. Quand on place un grand morceau de bulbe sous un globe en verre, le bulbe porte, au bout de quelques jours, des fructifications analogues à celles d'un champignon' comestible. Les têtes sont d'abord brunâtres ou jaune saumon, et partent d'un sclérote (1). »

D'après la description ci-dessus, les racines et le bulbe seraient également atteints par ce champignon. Mais Earle déclare que la maladie ne s'étend pas ailleurs que dans les feuilles ; toutefois, à mesure que de nouvelles feuilles se déroulent elles sont attaquées à leur tour. Les plantes malades sont rabougries et ne portent pas de fruits.

Le *mycelium* pénètre les tissus du stipe et attaque les fleurs à l'état d'embryon ainsi que la hampe florale, à mesure qu'elles montent dans le centre du stipe (2).

La maladie progresse lentement et paraît avoir été introduite par les rejetons non soignés.

D'aucuns assurent que la maladie ne fait son apparition que sur les jeunes bananiers végétant sur un terrain très pauvre ou mal drainé et qu'il suffit d'aérer la plantation, en diminuant son ombrage, pour prévenir la maladie.

Cette maladie ressemble étonnamment à la maladie décrite par M. L. Pynaert sous le nom de maladie des feuilles (Leaf blight), nom sous lequel elle est désignée à la Jamaïque et au sujet de laquelle M. S. F. Ashby, a écrit, dit-il, la note suivante :

« Dans la localité de Stony Hill, au Nord de Kingston, une maladie sérieuse des bananiers vient d'être observée. Elle cause la brunissure des faisceaux vasculaires dans les nervures médianes et secondaires des feuilles. Elle est rapidement suivie par le noircissement de la feuille entière et éventuellement par la décomposition du pétiole. Il ne semble pas que cette décomposition puisse s'étendre du pétiole au tissu du tronc.

« Le bourgeon terminal n'est pas attaqué, et continue à former de nouvelles feuilles. Celles-ci sont rapidement infectées, de telle

(1) L. PYNAERT, *op. cit.*, pp. 247-248.
(2) *Journ. Linn. Soc.* X. 1869 ; *West Ind. Bull.*, X, p. 244.

sorte qu'ordinairement il n'y a que trois ou quatre des plus jeunes feuilles qui soient saines. Les plantes atteintes sont rabougries et ne portent pas de fruits. Dans le petit champ, où l'on observa pour la première fois la maladie, plus des trois-quarts des plants étaient infectés. La contagion provient sans doute, dans ce premier cas, des rejets employés lors de la plantation, et qui furent récoltés dans des parcelles négligées des environs. Une visite de ces dernières parcelles permit de constater qu'elles étaient également infectées.

. . . . (1) »

Nous empruntons encore à M. L. Pynaert la description des maladies suivantes :

Maladie des taches noires (Blackspot disease) (2). — Cette maladie fut signalée pour la première fois au Département de l'Agriculture de la Jamaïque en 1912.

La première période est caractérisée par l'apparition de petites taches noires, rondes, grandes comme une tête d'épingle, sur les nervures principales du limbe des feuilles ; ces taches grandissent et atteignent les dimensions d'une lentille. Elles sont souvent entourées d'un cercle jaune clair passant brusquement au vert normal de la feuille, et sont plus visibles sur la partie extérieure du limbe. Lorsque la maladie se développe, des surfaces brun pâle, sèches, partent des plus grandes taches et s'étendent en éventail vers les coins du limbe.

On prétend que la maladie des taches noires débute par les limbes ; lorsque ceux-ci sont entièrement séchés, elle gagne les pétioles et le tronc et provoque la pourriture de ce dernier. Ce stade de la maladie serait probablement dû à des parasites secondaires qui pénètrent par les tissus morts ou mourants du limbe.

« L'examen des rejets n'a pas décelé de décomposition ou de coloration anormale dans le tronc, le bulbe ou les racines.

« M. Ashby parvint à isoler les trois champignons suivants

1º *Cercospora* sp. ;

2º *Pestalozzia fuscescens* var. *sacchari* (Wakker) ;

3º *Acremoniella occulta* (Cavara).

(1) L. PYNAERT, *op. cit.*, pp. 243-244.
(2)   dº   *ibid.*, pp. 244-245.

« L'*Acremoniella* a été observé fréquemment sur des feuilles malades de bananiers et de cocotiers, mais il ne produit pas de « taches noires » et est considéré comme un parasite secondaire.

« Le *Pestalozzia* attaque sérieusement les feuilles du bananier et du cocotier.

« Le *Cerscopora* fut le plus régulièrement découvert au cours des examens microscopiques et l'on put même voir ses conidiophores pénétrant dans les tissus voisins des taches noires.

« On peut considérer ce *Cercospora* comme étant la cause des aspects les plus caractéristiques de la maladie, mais l'on estime cependant que l'infection a une autre origine encore indéterminée.

« Le mycologiste qui a fait l'étude du champignon estime que ce dernier constitue une espèce nouvelle, qu'il a nommée provisoirement *Cercospora musarum*.

Les moyens de lutte contre cette maladie consistent en aspersions à la bouillie bordelaise, appliquées selon les méthodes rationnelles, c'est à dire répétées chaque fois qu'une pluie a lavé la couche cuprique déposée par l'aspersion sur les feuilles, ainsi qu'au moment de la naissance des spores de reproduction du micro-organisme.

« Le traitement étant préventif plutôt que curatif, il y a lieu de l'appliquer dès qu'on constate l'apparition de la maladie. Il va de soi que dans de grandes plantations, il est inutile de se servir de petits pulvérisateurs à bras, et qu'il faut employer les grands appareils. »

« *Maladie de Bonnygate, ou fanage du bananier* (1). — Signalée pour la première fois en 1912, cette maladie s'étendit rapidement sur des surfaces très grandes. Elle est caractérisée par une bande sèche, de coloration brun pâle, longeant le bord du limbe des feuilles. Les premières feuilles atteintes sont celles de l'extérieur, ainsi que les plus âgées. Les jeunes feuilles de l'intérieur ont des bandes jaunes et sèches plus larges. Les rejets des plantes atteintes de cette maladie sont moins développés que ceux des plantes saines et sont stériles ou produisent des régimes dont les doigts sont mal conformés. Les feuilles ne se cassent pas à la naissance du pétiole, mais fréquemment les plantes se renversent par un vent faible.

« A un stade avancé, le tronc devient noir à une distance de

____

(1) L. Pynaert, *op. cit.*, pp. 245-246.

quelques pouces du bulbe. En examinant attentivement la base du tronc on remarque de minuscules coussins jaunes ou oranges qui ne sont autres que les fructifications du champignon causant la maladie.

« Le mycologiste, M. Ashby, a reconnu ce champignon comme appartenant au genre *Sphaerostilbe*, et, l'espèce étant nouvelle, a proposé de la nommer *Sphaerostilbe musarum*.

« Le traitement à appliquer aux plantes malades dépend de l'extension de la maladie. Si cette dernière n'existe qu'à l'état sporadique, on arrache les plantes atteintes, on les coupe, les mélange à de la chaux fraîchement éteinte et les place dans un trou de plantation qu'on laisse vide pendant quelques mois.

« Lorsqu'il y a de nombreux plants atteints, la méthode la moins coûteuse consiste à couper d'abord le tronc au-dessus de la région devenue noire, puis à sectionner en morceaux la portion restante jusqu'au sol. On couvre de chaux, fraîchement éteinte, les parties coupées du bananier ainsi que le bulbe, et on abandonne le tout pendant trois mois avant de replanter.

« Par ce traitement, on détruit les fructifications du champignon se trouvant au niveau du sol, mais s'il était démontré que le mycelium peut s'étendre aux racines, il faudrait employer d'autres moyens de lutte.

« Dans ce dernier cas, il serait nécessaire de creuser des fosses de deux pieds de profondeur autour des souches malades. L'incinération de bois mort, dans ces tranchées, combinée à un chaulage, serait également d'un emploi rationnel. Mais dans la lutte contre cette maladie, il faut surtout recommander une bonne hygiène de la plantation, c'est à dire ménager une aération suffisante et ne pas permettre un ombrage excessif. »

Maladie des feuilles du cœur (1). — « Le premier signe de la maladie est l'aspect chlorotique des limbes des feuilles les plus jeunes. La feuille venant de naître, presque blanche, ne se déplie pas, se fane, devient brune par endroits et pourrit. L'aspect chlorotique subsiste pendant quelque temps, mais le plus fréquemment les feuilles tombent, se séparant du tronc au point de jonction. Le tronc se

(1) L. PYNAERT, *ibid*, p. 248.

décompose ensuite en commençant par le haut. Si le plant a formé un régime, la partie du pédoncule touchant au tronc, pourrit également et le régime tombe sur le sol ou plus souvent le poids du régime entraîne le renversement du plant. Ce sont des plantes bien développées qui gagnent la maladie et leurs rejets de deux à trois pieds de hauteur pourrissent également.

« Deux champignons ont été isolés de ces tissus : un *Fusarium* et un *Glœosporium*. Ce dernier fut déterminé comme une espèce de *Glomerella*, mais aucune expérience d'infection avec l'un ou l'autre ou avec les deux champignons, n'a encore été faite. On conseille de protéger les plantes saines à l'aide d'aspersions à la bouillie bordelaise et de détruire par l'incinération les plantes atteintes de la maladie. »

2° *Maladies du bulbe*.

Maladie des têtes noires ou black-head disease. — « Les premiers échantillons de bananiers atteints de cette maladie furent considérés tout d'abord comme ayant la maladie de Panama ou celle de Bonnygate. Des bulbes présentant divers signes morbides ont fréquemment été décrits comme ayant la maladie des « têtes noires ». Ce nom a été donné à toute affection des bulbes caractérisée par des parties scléreuses brunes ou noires, situées à l'intérieur des tissus.

« L'examen permit de découvrir dans le tissu décoloré, ainsi que dans le tissu blanc ferme environnant, des hyphes hyalins ramifiés, septés à l'intérieur des cellules du tissu fondamental et des faisceaux vasculaires ; et entre celles-ci les hyphes pénétraient souvent dans les vaisseaux spiralés où ils acquéraient une teinte de fumée. Dans les parties les plus anciennement attaquées du tissu, les cellules contenaient de grandes spores ovales, brun-noirâtre ou noir opaque disposées d'ordinaire en chaînes courbées à l'extrémité d'hyphes hyalins étroits. Des cultures de ce champignon permirent de découvrir qu'on avait affaire au *Thielaviopsis paradoxa Del (ethaceticus, Went)*, qui attaque également l'ananas, la canne à sucre et le cocotier. C'est un parasite facultatif, pénétrant par les plaies. Il importe, pour éviter la contagion, d'enduire ces dernières d'un fungicide, tel qu'un lait de chaux, une solution à 10 % de sulfate de fer ou à 2 % de sulfate de cuivre.

« Les infections similaires d'une espèce de *Pythium* et du *Lasio-diplodia theobromæ* (Maubl et Griff) provoquent des maladies portant également le nom de maladie des têtes noires. (1) »

Pourriture sèche du bulbe. — « Les bananiers atteints de cette maladie sont de jeunes plants. Ils ne présentent pas de signes extérieurs du mal, mais croissent particulièrement lentement et quand ils ont partiellement formé leur régime se renversent sous la moindre poussée du vent, se brisant à la base du bulbe. La tête du bulbe est saine, mais la partie inférieure porte des taches brun-clair paraissant sèches, et un tissu fendillé pénétrant vers l'intérieur où il est limité par une bande étroite rouge. Cette pourriture sèche s'étend aux racines, ce qui explique la facilité de la chute des plants malades.

Le champignon fut reconnu comme étant un *Verticillium*. C'est, semble-t-il, un saprophyte des bois morts, lequel a acquis le pouvoir d'attaquer les jeunes tissus du bulbe du bananier (2). »

3° *Maladie du rhizome.*

La maladie connue sous le nom de *tree root rot*, décrite par H. Tryon (3) est provoquée par un champignon que l'on croit être l'*Amarilla mellea.*

La plante atteinte cesse de végéter, les stipes sont grêles et courts, et le feuillage est jaunâtre et d'aspect maladif. En déracinant le rhizome on voit qu'il est traversé en toutes directions par des filaments blancs (cordons de mycelium) ; il dégage, en outre, une odeur caractéristique et prononcée des champignons. Si l'on sectionne le rhizome ont s'aperçoit que ces fils s'étendent aussi dans les tissus des parties plus anciennes qui sont mortes et de teinte brune et dans lesquelles sont disséminées de nombreuses particules foncées.

Cette maladie ne se rencontre ordinairement que dans les plantations créées sur des terrains nouvellement défrichés, où le champignon se trouve dans les racines en décomposition qui sont restées dans le sol, d'où il passe sur le rhizome.

Toute plante atteinte de la maladie doit être bien extirpée et

(1) L. Pynaert, *op. cit.*, pp. 246-247.
(2)   do   *ibid.*, p. 247.
(3) H. Tryon, *Queensland Agric. Journ*, XXVIII, p. 285 (1912).

8

incinérée et le sol stérilisé sur un rayon de 50 à 60 centimètres autour de l'endroit où se trouvait le bananier. On peut remplacer la stérilisation par une forte application de chaux.

4° *Maladie du fruit.*

Anthracnose (Ripe rot fungus. Fruit anthracnose ou Blackening).— Cette maladie atteint les fruits mûrs ou en voie de maturation. Elle se reconnaît aux taches noires dont est maculé le péricarpe et qui finissent par causer la pourriture du fruit. Elle est causée par un champignon *Glocosporium musarum* Cke et Mass. qui se présente au milieu des taches noires sous la forme d'une poussière rose constituée par les spores du champignon.

Cette maladie a fait d'assez grands ravages aux îles Canaries et en Australie. Toutefois les fruits de la variété de la Jamaïque ne seraient pas attaqués; mais, par contre, ceux de la variété de Chine seraient très sensible à l'anthracnose (1).

5° *Maladies généralisées.*

Maladie de Panama. — Cette maladie a été observée pour la première fois dans plusieurs plantations de l'isthme de Panama, en 1906, dans des bananeraies agées de cinq à six ans. Cette maladie sévit également au Costa Rica et à la Jamaïque où elle fit son apparition en 1911. Elle a été l'objet, dans cette dernière île, en 1912, de recherches de la part de M. S. F. Ashby, déjà cité, qui a publié, à ce sujet, un rapport dans le *Bulletin du Département de l'Agriculture*, vol. II, n° 6, duquel M. L. Pynaert a extrait les notes suivantes (1) :

Symptômes externes de la maladie. — Les symptômes extérieurs de la maladie ne sont pas typiques, et peuvent facilement être attribués à la sécheresse. Tel fut le cas pendant la période extraordinaire de 1911-12. Les feuilles inférieures et extérieures deviennent jaunes ; elles sont d'abord atteintes au bord, le mal progressant vers le centre. Ensuite elles se plient à la jonction du limbe et du pétiole. Le mal gagne en hauteur jusqu'à ce que toutes les feuilles soient tombées. Les limbes de ces feuilles sont d'abord mous et aqueux, mais deviennent rapidement secs. Le jaunissement n'est pas nettement défini, mais fonce vers le milieu d'une façon peu distincte. A Caenwood, on a observé que beaucoup de feuilles ne se plient pas à la base du limbe, mais à la base de la tige.

(1) L. PYNAERT, *op. cit.*, pp. 242-243.

Symptômes internes de la maladie. — Les symptômes internes sont plus typiques et doivent être pris en considération, si l'on veut diagnostiquer d'une façon certaine.

Une coupe à travers le bulbe, ou tête, d'un rejet malade, montre de petits points décolorés, correspondant à la position des faisceaux vasculaires. La coloration peut être jaune, orange, rouge vin, rouge pourpre, et, si la maladie est à un état avancé, brun foncé.

Une coupe longitudinale du bulbe montrera les traces des faisceaux décolorés. La région corticale ou extérieure du bulbe contient normalement peu de faisceaux vasculaires ; ceux-ci sont, par contre, massés d'une façon très serrée le long de la ligne de séparation du cylindre central et de la région corticale.

Cette distinction est très visible lorsque les traces ressortent nettement du tissu fondamental, par le fait de la décoloration rouge très typique de la maladie. Les racines qui proviennent du bord du cylindre central et passent à travers la région corticale, montrent souvent une coloration jaune ou rouge de la partie centrale. Les faisceaux jaunes ou rouges passent dans les gaines des feuilles (tronc) et peuvent être suivis jusque dans le pétiole, mais non dans le limbe.

La région vasculaire colorée en rouge du bulbe et des gaines est très apparente dans des coupes transversales et longitudinales du bulbe et du tronc des arbres malades.

Chez des bulbes fortement atteints, les faisceaux massés le long de la région marginale du cylindre central changent de couleur, passent du rouge au brun, et le tissu se déchire le long de cette bande, produisant des crevasses et des cavités qui sont traversées par les hyphes apparemment décolorés, d'un ou plusieurs champignons. Dans ces conditions, la coloration ne reste pas confinée aux faisceaux vasculaires, mais la brunissure s'étend à tout le tissu fondamental. L'auteur put examiner quelques plants à Claremont et à Caenwood et suivre la trace des faisceaux décolorés depuis le bulbe des rejets atteints jusqu'à la souche-mère. Les racines charnues paraissaient bien développées et normales extérieurement mais plusieurs d'entre elles montraient, lorsqu'on les sectionnait à la base, des décolorations jaunes ou rouges de la partie centrale, disparaissant vers l'extrémité. Les troncs malades pourrissaient plus rapidement que les plantes saines coupées après la récolte des fruits. La région corticale restait intacte et ferme, tandis que le cylindre central pourrissait en dégageant une odeur rance.

Une décomposition semblable des plantes suit également l'attaque d'autres maladies, mais elle englobe alors tout le tissu, y compris l'écorce, de telle sorte que la limitation de la zone morte de la région centrale, au début de l'affection, peut être considérée comme un caractère typique de la maladie de Panama.

M. Ashby est parvenu à isoler deux espèces de *Fusarium* des parties malades. Il les a désignées sous les dénominations de *Fusarium A* et *Fusarium B*. Il ajoute ce qui suit sur celle des deux espèces qui serait la cause de la maladie :

« Vu la crainte causée par l'apparition de la maladie à la Jamaïque ce printemps, et son caractère contagieux, les expériences d'inoculation furent remises, de sorte qu'on ne peut affirmer que le *Fusa-*

rium A est la cause de la maladie. Sa présence constante et généralement unique dans les vaisseaux spiralés des faisceaux vasculaires
les plus récemment atteints, permet cependant de le soupçonner
avec une quasi certitude. »

Lorsqu'on sectionne les stipes malades depuis longtemps, et bien
qu'aucun signe de pourriture ne soit visible extérieurement, il s'en
dégage une odeur nauséabonde. Les rejetons qui apparaissent après
la mort de la plante malade, fleurissent rarement, et dans le cas où
la floraison aurait lieu le régime produit est faible et sans aucune
valeur. Le fruit, sur la plante atteinte de la maladie arrive rarement
à maturité et même dans le cas où il y arriverait, il n'a aucune valeur
car il se ratatine et déssèche.

M. Mc Kenny, qui étudia cette maladie en mai 1910 (1) a bien
découvert dans la substance gommeuse une bactérie et un hyphe
de champignon obstruant des cellules et des vaisseaux de la partie
des faisceaux du œylem, mais il ne détermina pas la cause de la
maladie.

M. H. Lévy, qui a décrit la maladie de Panama, au Costa Rica (2),
en 1910, fait remarquer que la caractéristique de cette maladie
réside dans l'éclatement des gaines du stipe des jeunes plantes, à
partir du bulbe jusqu'à 30 à 60 centimètres de hauteur, parfois en
profondeur jusqu'au cœur. Dans ce dernier cas il n'est pas rare de
voir les jeunes feuilles à l'état d'embryon, s'élancer au dehors par
cette crevasse et se développer.

Chez les plantes plus âgées les premiers signes de la maladie se
manifestent d'une autre façon : un bord jaunâtre se dessine sur les
feuilles inférieures... Au bout de quelques jours toutes les feuilles
deviennent jaunes. A cette période la maladie peut-être confondue
avec des rejetons qui souffriraient de la sécheresse, ou du manque
de drainage du terrain, mais au bout de quelques jours de maladie
il se déclare un autre symptôme qui lui est particulier. Toutes les
feuilles deviennent brusquement brunes et pendent lamentable-
ment le long du stipe, tandis que le cœur, et le régime deviennent
tout noir... Chez un régime atteint de la maladie, l'extrémité des

---

(1) *Science*, XXXI, p. 750.
(2) *Journ. of Jamaïcan Agric. Soc.*, XIV, p. 241.

fruits a l'air d'avoir été comprimée et lorsque le fruit commence à mûrir on dirait qu'il a été séché à l'air.

Au toucher les feuilles ne produisent pas ce crissement qu'on trouve chez les feuilles desséchées naturellement ; elles restent toujours plus ou moins imprégnées d'humidité jusqu'à ce que toute la moisissure ait définitivement disparu par la dessiccation.

A toute période de la croissance, si on sectionne le bulbe d'une plante malade, on peut constater que le cœur est pourri et composé d'une masse jaune putride ; les fibres de la partie moyenne, sont plus fermes, mais encore dans un certain état de décomposition, et d'une teinte jaunâtre, tandis que la partie externe comprend, à deux ou trois centimètres de la périphérie, une couche d'un rouge vif, bordée intérieurement et extérieurement d'une bande d'un jaune plus vif que la partie centrale ; cette couche rouge descend jusqu'à l'extrémité des racines. Toutes les racines ont un aspect malade, quelques-unes sont tout à fait mortes, d'autres ne le sont que partiellement, et aucune n'est complétement saine. L'odeur que dégage le stipe d'un bananier malade est très particulière et ne peut être confondue avec celle de toute autre maladie.

Dans la Guyane hollandaise on connaît une autre maladie, causée par un champignon, que M. Essed. propose de dénommer *Ustilaginoidella musœperda.*

Décrite par M. Essed, en avril 1911 (1), sous le nom de *Maladie de Panama*, cette maladie qui n'affecte pas le *bananier plantain*, ni le *bananier de Chine*, ni la variété *Lady's finger*, s'attaque de préférence à la banane commerciale *Gros Michel*, ou de la Jamaïque et est par ce fait d'autant plus préjudiciable. En effet des capitaux considérables engagés dans cette culture au Surinam ont déjà été engloutis, il y a quelques années, à la suite de la déclaration de cette maladie qui a pris des proportions considérables.

La maladie, paraît-il, ne se déclare que dans les jeunes bananeraies d'un an.

D'après Essed les symptômes de la maladie sont les suivants : dépérissement du bord des feuilles et décoloration de la nervure médiane ; parfois la plus jeune feuille (non encore ouverte) dépérit,

____

(1) *Annals of Botany*, XXV, p. 343.

les autres restent saines ; parfois les plus anciennes dépérissent avant
la complète croissance des plus jeunes feuilles. Alors le développement de la plante est arrêté ; les feuilles tombent, la plante a l'air
de mourir faute d'eau, des rides paraissent sur les gaines du stipe
et sur la nervure médiane des feuilles, qui se dessèchent graduellement, et finalement le stipe ploie sous une ligne de moindre résistance. Une fois la maladie franchement déclarée, le bulbe sectionné
montre des signes de putréfaction. De blanc qu'il était, il est devenu
jaunâtre avec des marbrures ou des stries brun-rouge. Le dépérissement
des racines ne commence qu'après que le tissu de leur base soit affecté,
ce qui est une preuve que le germe n'est pas amené par les racines.

Le champignon, dit Essed, attaque d'abord les faisceaux fibro-vas-
culaires, empêchant le passage de l'eau le long des vaisseaux ligneux,
ce qui explique l'aspect desséché qu'à la plante, puis il se répand
extérieurement, formant de nombreuses spores de plusieurs sortes.

Dans le rhizome de la plante malade, le champignon se trouve principalement dans les vaisseaux ligneux et les tissus voisins ; les vaisseaux se décolorent et le suc est absorbé par le champignon. Le premier changement qui se produit dans le parenchyme est un fonce-
ment anormal du protoplasme, causé apparemment par une enzyme
secrétée par le champignon ; la coloration brune et la dégénérescence
visqueuse des parois des vaisseaux doivent également être attribuées
à une enzyme. Le contenu des cellules est graduellement absorbé
et remplacé par le sclerote cartilagineux. La section transversale
du limbe de la feuille montre que les hyphes dans les vaisseaux
envoient des ramifications perpendiculairement aux parois ; celles-
ci finissent dans les espaces intercellulaires parmi les cellules subépidermales et produisent des sclérotes oblongs et irréguliers. Dans
les cellules stelliformes du parenchyme : de la gaine se forment des
sclérotes spéciaux : les hyphes qui pénètrent dans ces cellules envoient des ramifications dans les rayons où ils forment des sclérotes
qui donnent naissance à de petites spores.

Dans le limbe de la feuille les hyphes fertiles se développent dans
ou entre les parois des cellules du parenchyme ; quelques-uns atteignent les parois intérieures de la couche de parenchyme la plus
externe, formant des sclérotes qui, après être restés passifs pendant
quelque temps, produisent des spores ; les spores peuvent rester

dans le sclérote, à moins que la pression des tissus environnants ne les chassent dans les cellules au-dessus ; elles deviennent libres après le dépérissement de la feuille. Les hyphes peuvent également pénétrer dans les couches subépidermales ; où ils remplissent les cellules de sclérotes ou bien ils peuvent émerger à la surface de la feuille sous forme de petites saillies (*mycocecidia*) brunes ; parfois ils rebroussent chemin à travers l'épiderme ou le stomate ou bien ils se ramifient partout à la surface de la feuille, produisant de nombreuses conidies en forme de faucille.

Essed a trouvé des bactéries, mais a démontré par l'inoculation de plantes saines que c'est le champignon, et non les bactéries, qui est la cause de la maladie telle qu'elle se présente dans la Guyane hollandaise. Toutefois il n'a pu réussir à découvrir un remède préventif pas plus que curatif contre sa maladie.

Maladie de Panama au Surinam. — D'après les renseignements publiés par M. A. Drost (1) sur la principale maladie du bananier au Surinam (Guyane hollandaise) les symptômes de cette maladie diffèrent de ceux de la maladie constatée à Panama et au Costa Rica. Au début elle a été confondue avec cette dernière et décrite comme telle, parce qu'elle s'attaque aussi surtout à la variété *Gros Michel*. M. Drost base son assertion sur une comparaison de la description qu'a donné M. Lévy de la véritable maladie de Panama, avec les symptômes de la forme de la maladie de Suriman, tels qu'ils ont été observés par lui-même. Il a donc proposé de lui donner le nom de *Maladie de Panama au Surinam*, afin de la distinguer de la forme rencontrée dans l'Amérique centrale.

Les principaux symptômes de la maladie au Surinam sont les suivants : 1° Existence de taches jaunes sur les feuilles ; celles-ci sont mieux visibles sur les jeunes plantes ; toutefois ces taches ne peuvent constituer un symptôme suffisant, car elles peuvent être produites par d'autres causes ; 2° Apparition subite de une ou plusieurs feuilles incomplétement développées ; 3° Rupture longitudinale de la gaine extérieure des feuilles ; 4° Dans la forme la plus usuelle, des bananiers âgés de 6 mois ou plus, qui étaient sains auparavant, on constate un ramollissement et un plissement de la feuille

---

(1) *Bull. Depart. agr. Surinam* n° 26. *Agric. News*, XI, p. 142 (1912).

du cœur, à la condition qu'il n'y ait pas de fruit. Les feuilles les plus anciennes se rompent à la jonction du pétiole et de la gaine de la feuille, deviennent jaunes et meurent au bout de quelques jours. Quelques semaines après, le dépérissement de la plante est complet. Lorsque la fructification a eu lieu, le stipe conserve le régime mais le fruit n'a aucune valeur, de même que s'il arrive à maturité il n'a aucun goût. Le système radiculaire des bananiers malades ne paraît pas être moins vigoureux que celui des plantes saines.

En sectionnant un bulbe malade on voit que les faisceaux vasculaires sont colorés en brun, et que la coloration s'étend dans quelques-uns des faisceaux de la gaine ainsi que parfois dans certaines parties vasculaires des racines. Lorsque la maladie est déjà avancée la partie centrale du bulbe peut être attaquée par la pourriture, mais la partie externe reste encore ferme pendant quelque temps.

La description de Drost diffère de celle de Lévy, que nous avons reproduite plus haut, en ceci : il n'y a pas de symptômes extérieurs de maladie chez les racines ; les plantes se dessèchent et ne pourissent pas, et il ne se dégage aucune odeur de pourriture. L'absence de pourriture dans le bulbe, excepté dans la période finale de la maladie, est un autre point sur lequel les deux versions diffèrent.

Drost a démontré par des expériences d'infection que la maladie de Panama au Surinam est occasionnée par un champignon appelé *Leptospora musæ* dont on a isolé un *Cephalosporium* et un *Fusarium*. qui peut s'introduire par les poils des racines, et se répandre ensuite dans le faisceau central des racines pour de là passer dans le rhizome et monter ensuite dans les faisceaux vasculaires des gaines des feuilles. Ordinairement, cependant, il attaque directement les faisceaux exposés à l'endroit sous le sol où les rejetons ont été prélevés à la plante-mère. En règle générale on ne trouve pas le champignon dans le limbe de la feuille ou dans le spadice du régime.

Elephantiasis de Surinam. — Cette maladie, qui a également été observée en Colombie, a été ainsi dénommée à cause du renflement énorme de la base du stipe qu'elle occasionne. Elle est provoquée, suivant Essed, par un champignon : *ustilaginoidella œdipigera* (1).

(1) *Essed. Annals of Botany*, XXV.

Dans cette maladie les feuilles les plus anciennes des bananiers attaqués commencent par se dessécher, par suite de la rupture du tissu tout près du stipe ; ces feuilles pendent le long du stipe et n'offrent rien de particulier avec les feuilles qui seraient mortes naturellement ; mais un examen plus attentif permet de constater la présence de petites galles (*mycocecidia*) sur les gaines et sur les pétioles des feuilles, dont quelques-unes traversèrent l'épiderme. Le stipe peut continuer à croître pendant quelques temps encore après la mort des feuilles extérieures, mais les jeunes feuilles sont toujours mal développées et chlorotiques. A cette période de la maladie la partie supérieure du rhizome se désagrège facilement.

En sectionnant le rhyzome on peut constater que le champignon attaque d'abord la partie externe et supérieure du parenchyme.

L'inclinaison des feuilles inférieures est probablement due à la tension occasionnée par les grandes quantités d'hyphes qui forcent leur passage à travers les tissus vers l'extérieur des gaines des feuilles ; et probablement aussi à une lente désagrégation occasionnée par les enzimes secrétées par le champignon. Comme le champignon s'étend horizontalement juste en-dessous des bases des feuilles les plus en dehors, l'auteur dit qu'il est probable que ceci est la région d'infection.

La propagation de cette maladie peut-être combattue à l aide de pulvérisations faites avec la bouillie bordelaise.

Bactériose. — Cette maladie, qui est causée par la bactérie *Bacillus musœ* s'attaque à toutes les parties de la plante. Les symptômes en ont été décrits par J. B. Rour (1), mycologue du Département de l'Agriculture de Trinidad, où cette maladie a fait bien des ravages.

Au début on a supposé que cette maladie était la Maladie de Panama, à cause de la similitude de plusieurs symptômes, mais la déchirure longitudinale des gaines des feuilles formant le stipe, qui est si caractéristique dans la maladie de Panama, n'a pas lieu ici, et la variété *Gros Michel* qui est susceptible à la Maladie de Panama, paraît ne pas contracter la Bactériose.

En général, la maladie se déclare d'abord sur les feuilles inférieures. Les limbes légèrement plus décombants qu'à l'ordinaire,

____

(1) *A Bacterial Disease of Bananas and Plantains* April. 1911.

ont une légère teinte jaune, symptômes très similaires à ceux produits par la sécheresse. Mais, le pétiole d'une des feuilles ne tarde pas à céder juste à la base du limbe et le même phénomène ne tarde pas à se produire chez toutes les autres feuilles. Par la suite la feuille terminale se replie également, et la plante meurt et pourrit jusqu'en bas.

En sectionnant le stipe transversalement on peut se rendre compte que tous les vaisseaux sont pratiquement décolorés, la couleur variant du jaune pâle au brun foncé ou au noir bleuâtre, et sont remplis de bactéries. Les faisceaux décolorés pénètrent dans le stipe et de là dans les jeunes rejetons. Dans les plantes fortement attaquées il arrive parfois que les tissus des pétioles et du stipe sont complétement détruits, faisant place à des cavités assez grandes remplies de bactéries. Si on abandonne pendant quelques temps des morceaux de feuilles ou de stipe, les surfaces sectionnées ne tardent pas à se couvrir de gouttelettes remplies de bactéries qui ont été expulsées des extrémités des faisceaux. Si les morceaux, fraîchement sectionnés, sont mis sous cloche, à l'abri de l'air, on peut obtenir directement de ces gouttes des cultures pures de l'organisme. Si la maladie n'est pas trop prononcée ou si la plante n'a pas été infectée avant la formation de son régime, elle peut paraître parfaitement saine, mais un certain nombre de fruits n'arriveront pas à maturité : ils resteront petits et dans la suite ils noircissent et pourrissent. Dans pareil cas on a remarqué que dans les feuilles, le stipe, le spadice ou les fruits, certains faisceaux décolorés sont remplis de bactéries. Si l'on plante des rejetons attaqués par la maladie, on a observé que la feuille terminale devient souvent noire et se dessèche, de sorte que la plante meurt.

B. Insectes parasites

Charançon du bananier. — Le charançon du bananier (*Sphenophorus sordidus*) connu des anglo-saxons sous le nom de *Banana Weevil Borer*, est un insecte foreur qui cause de grands dégâts aux bananiers et qui appartient à la famille des Curculionides. Il est voisin du charançon de la canne à sucre (*Sphenophorus sericeus*), mais il est plus petit et d'une couleur plus uniformément noire. Tous les ans ce charançon commet de très grands ravages aux Iles Fidji. Les moyens de lutte contre cet insecte sont assez difficiles à appliquer, à cause de son mode d'existence.

Effets de l'insecte sur la plante. — Les jeunes rejetons attaqués par le charançon se fanent et meurent rapidement. Le premier symptôme annonçant la maladie se constate par la mort des feuilles encore enroulées. Quand on ouvre le bulbe on le trouve rempli de larves. Les plantes d'un certain âge attaquées par l'insecte conservent un aspect sain et lorsqu'elles ont atteint leur plein développement elles produisent même des fruits. Les insectes adultes vivent dans le sol, parmi les racines et sous les feuilles mortes à la base du tronc.

Biologie de l'insecte. — On ne connaît pas encore les œufs de ce charançon, mais on suppose qu'ils sont pondus un à un à la base du stipe à environ un centimètre du niveau du sol, car c'est dans cette partie de la plante qu'on a observé les premières traces laissées par les larves. Les sillons que celles-ci creusent s'élargissent au fur et à mesure du développement des larves et aboutissent à une cavité non loin de la surface où la larve opère sa nymphose. La période larvaire dure environ 20 jours et celle de la nymphose 6 à 8 jours environ.

L'insecte parfait séjourne dans le sol pendant quelque temps, puis monte à la surface pour pondre. La durée de l'existence de l'insecte adulte est incertaine. Certains spécimens ont été conservés pendant trois mois dans la terre sèche, sans aucune nourriture. Selon toutes probabilités, cet insecte se reproduit pendant toute l'année, aussi longtemps qu'il trouve de quoi s'alimenter convenablement. Une plantation laissée en jachère oblige le charançon d'émigrer pour chercher sa nourriture sans quoi il périrait d'inanition. On pourrait obtenir un effet identique en cultivant, sur la terre antérieurement occupée par une bananeraie, toute autre plante que l'insecte n'attaquerait pas.

Larve. — La larve, apode, a l'aspect d'un ver charnu, de coloration crème et mesure 20 millimètres de long et 5 millimètres d'épaisseur. La tête est brun-clair, tandis que la carapace cervicale est jaune pâle.

Insecte adulte. — Le charançon adulte est noir et mesure 14 millimètres de long et 4 millimètres de large. Le rostre à 4 millimètres de longueur. Les antennes sont recourbées. Les élytres portent des sillons longitudinaux.

Méthodes préventive et destructive. — Le charançon du bananier est très difficile à combattre et l'on estime que le seul moyen de destruction consiste à propager des ennemis naturels. La mise en pratique d'un système de rotation de cultures pourra avoir pour effet de diminuer le nombre des charançons, en supprimant momentanément leur nourriture habituelle. L'assainissement de la plantation et la destruction de tous les vieux troncs et les racines auront également pour effet de supprimer tous les centres de reproduction généralement choisis par les insectes.

Il résulte d'expériences, qu'en captivité, les insectes adultes ne vivent pas plus de quatorze à quinze semaines dans le sol, sans nourriture. Dans la nature ils vivent peut être un peu plus longtemps, mais leur existence ne doit pas dépasser quatre mois.

D'après M. H. Tryon (1) les charançons de ce genre se rencontrent dans plusieurs régions tropicales.

Le *Shenophorus sordidus*, se rencontre dans les Straits-Settlements (Presqu'île de Malacca). L'espèce la plus commune des Indes occidentales est connue sous le nom de *Sphenophorus sericeus*. Toutefois, à la Martinique on connaît aussi le *Sphenophorus lyratus*. En Papouasie, et aux îles Sandwich, Salomon, de la Société et autres îles du Pacifique, c'est le *Sphenophorus obscurus* qui attaquerait le bananier ainsi que d'autres plantes du reste. A Madagascar, on trouve le *Sphenophorus musaecola* et en Guinée et à Madère, le *Sphenophorus striatus*.

M. L. Pynaert rapporte que la présence du *Sphenophorus sordidus* a été constatée au Mayumbe (Congo belge) où il a été étudié par l'entomologiste Mayné (2).

« La maladie, dit-il, paraît être d'introduction récente. Des dégâts sérieux n'auraient été observés que depuis deux ou trois ans. Elle s'est répandue dans tout le territoire du Mayumbe, le centre de

(1) *Queensland Agricul. Journ.* XXVIII, p. 287. 1912.
(2) *Bulletin agricole du Congo belge.* vol. VII, n° 3-4. 1916.

plus grande activité étant probablement la région des villages Niali et Dingi. »

Le Beetle Borer (Tomarus bituberculatus). — La larve de ce coléoptère attaque les bulbes des bananiers aux Indes Occidentales. Ses dégâts sont sensiblement pareils à ceux du *Sphenophorus*, aussi faut-il le combattre comme ce dernier.

L'insecte parfait est un grand coléoptère noir et luisant.

La mouche blanche (Aleyrodicus). — Deux espèces au moins du genre *Aleyrodicus* sont connues comme attaquant le bananier. L'un de ceux-ci, l'*Aleyrodicus cocois*, connu des Anglais sous le nom de *white fly*, est un ennemi du cocotier très répandu aux Indes Occidentales et en Amérique tropicale ; il émigre fréquemment dans les plantations de bananiers. Les colonies de ce petit insecte sont reconnaissables aux petits filaments cireux blancs qui recouvrent les feuilles et parmi lesquels se trouvent les formes non adultes et les insectes ailés. Les ailes de ces derniers sont couvertes d'une fine poussière cireuse.

Si l'infection a pris de l'extension le meilleur moyen de la combattre consiste à couper les feuilles atteintes et de les incinérer.

Le papillon foreur (Castnia licus). — Le *moth borer*, des anglais est un ennemi de la canne à sucre qui s'attaque également aux bananiers dans le stipe desquels les larves pénètrent. Cet animal foreur est connu dans l'Amérique méridionale et à la Trinidad.

La gale de la banane. — La gale de la banane ou *banana scab*, signalée aux îles Fidji, est due à l'action destructive d'un petit lépidoptère non encore identifié. De légères attaques de cet insecte ne paraissent guère avoir d'effet sur la production ni sur la qualité du fruit, mais elle leur donne un aspect peu agréable et le revendeur n'écoule pas aussi facilement sa marchandise, que lorsqu'il s'agit de fruits intacts.

Aspect du fruit attaqué. — Les premiers symptômes, tels qu'ils se présentent sur les bananes bien développées mais encore vertes, telle qu'on les coupe pour être expédiées, sont les suivants : Le péricarpe vert se colore en brun-rouge sous forme de très petites lignes transversales. Ces lignes ne tardent pas à former une tache brune uniforme, parfois assez étendue dont certaines parties peuvent devenir noires. Au centre de cette tache foncée apparaissent de nombreuses petites crevasses longitudinales de peu de profondeur. Par la suite le péricarpe se dessèche et prend une couleur brun-gris, tandis que les crevasses s'agrandissent. La dessiccation gagne les couches internes du péricarpe et si la maladie n'est pas enrayée, les crevasses finissent par traverser l'épaisseur du péricarpe et la pulpe est attaquée, perd sa couleur et se dessèche à son tour, immédiatement en-dessous de la tache affectant le péricarpe. Parfois on rencontre des pustules sous la forme de très minuscules petits points surélevés, qui émettent des spores, qui propagent la maladie.

Biologie de l'insecte. — Au moment où l'on remarque les premières petites crevasses, un examen attentif de la partie malade révélera la présence de petites larves jaune-pâle. Les petits sillons que creusent ces larves en se nourrissant, ce sont les petites crevasses qui sont si visibles sur les fruits atteints.

Dès qu'apparaissent les inflorescences, le papillon commence à pondre sur les bractées enveloppantes. Les larves, lors de l'éclosion, pénètrent dans les bractées et commencent à manger la peau de la jeune banane. Lorsque les fruits sortent de la bractée on peut aisément distinguer les petites larves filiformes qui sont en grand nombre sur les fruits.

Méthodes préventive et de destruction. — Comme moyen préventif contre ce papillon, M. Jepson recommande de souffler de la poudre de pyrèthre sur les bractées avant que celles-ci ne soient ouvertes. Comme moyen de destruction il faut avoir soin de détruire tout fruit galeux, et si la maladie s'est généralisée, on aura recours aux pulvérisations avec de la bouillie bordelaise (1).

Les mouches des fruits

a) D'après T. Brown (2), entomologiste du Département de l'Agriculture de la Nouvelle Zélande, la mouche de la pourriture ou *Ripe rot fly* (*Drosophila ampelophila*) mesure 2,5 millimètres de long ; sa coloration est variable, mais ordinairement jaune-brun. La tête

(1). *Agricult. Gaz. of New South Wales*, p. 683. 1903.
(2) *Bull. n° 4 Division of Biology and Horticulture Neo Zealand Depart. of Agricult.* 1905, pp. 5 et 6.

est aussi large que le thorax, et les yeux sont rouge-clair. Les ailes sont grandes, hyalines, unies ; la surface dorsale et la moitié du corps sont marquées d'une tache noire ; le centre porte également une double ligne d'un blanc argenté.

C'est principalement lorsque le temps est très chaud que cette petite mouche cause des dégâts qui peuvent atteindre une certaine importance.

b) M. W. W. Froggatt (1), l'entomologiste du Gouvernement de la Nouvelle Galles du Sud (Australie) a signalé une autre mouche des fruits (*Dacus curvipennis*) qu'il a trouvée dans un envoi de bananes venant de Suva (îles Fidji) et qui a une vague ressemblance avec la précédente.

Cette mouche, de coloration jaune-foncé et noir, mesure 6 millimètres de long ; la tête est jaune, les yeux sont noir-violet ; la surface dorsale de la moitié du corps est recouverte d'une plaque noire en forme d'écusson avec au centre un double trait allongé blanc argent.

c) Enfin, une autre mouche du fruit (*Dacus Tryoni* Frogt.) a été décrite par M. H. Tryon, en 1912.

Cette mouche ponctionne le péricarpe des bananes vertes incomplètement développées et dépose ses œufs par petits groupes sur le côté inférieur du fruit. L'endroit où les œufs sont déposés, apparaît comme un petit point noir contrastant avec la teinte verte du fruit et qui s'étend par la suite et forme une tache décolorée. Les larves de l'insecte creusent leur sillon dans la pulpe qui devient molle brune et ne tarde pas à se décomposer. Au bout de quelques jours les larves sortent du fruit et tombent sur le sol pour opérer leur nymphose. La chrysalide donne naissance à la mouche qui généralement est brune et porte sur la moitié du corps des pustules jaune-pâle, luisantes. Les ailes sont marquées de deux raies enfumées, — l'une le long de leur bord antérieur, l'autre les traverse obliquement.

M. Tryon recommande les mesures préventives suivantes :

1º La destruction des endroits de reproduction voisins de la plantation. Si l'on s'aperçoit que certains fruits tels que : mangues, oran-

(3) *Report on Parasitic and Injurious Insects.* (Dep. of Agr. N. S. W. 1909, p. 93.

ges, goyaves, pêches, etc., sont infectés par ces mouches, il faut réunir ces fruits et les détruire. Si les arbres fruitiers de ces espèces croissent à l'état sauvage et sont sans utilité pratique, il faut les supprimer.

2º L'emploi de filets protecteurs a été en usage autrefois dans le Sud de l'Australie, mais on a fini par les abandonner ; on ne les emploie plus guère que lorsque les fruits atteignent à peu près les deux tiers de leur développement.

3º L'enlèvement des fruits qui ont été piqués par les mouches, ou endommagés ou mal conformés (1).

Les Nématodes

Plusieurs nématodes ont été découverts dans les bananiers.

Le Dʳ Joseph Bancroft qui a fait des recherches sur une maladie du bananier au Queensland (Australie), en 1879 (2), dit que sur les radicelles, et aussi sur les racines principales d'où partent les premières sont formées des protubérances en forme de galles qui à la fin deviennent les lieux de décomposition. Les symptômes de la maladie sont caractérisés par le jaunissement et la mort des feuilles les plus anciennes, tandis que les rejetons se rabougrissent. Cette maladie est due au développement dans les galles des racines de tout petits vers, et à la décomposition subséquente des galles et des racines elles-mêmes. Le Dʳ Bancroft a dénommé cette maladie *Flash worm disease*, à cause de la forme particulière du ver. Le ver est une espèce de nématode (*Tylenchus radicicola*) qui attaque également la banane de Chine cultivée en Égypte, ainsi que d'autres espèces de plantes.

On peut combattre la maladie en labourant la terre et en la laissant en jachère pendant quelque temps. Mais la maladie est très insidieuse pouvant être introduite d'ailleurs au moyen de divers agents, et il est très difficile de l'arrêter une fois qu'elle s'est déclarée.

M. L. Pynaert décrit (3) également une maladie provoquée par un autre nématode.

(1) H. Tryon. *Queensland agric. Journ.* XXVIII, p. 300. 1912.
(2) Voyez H. Tryon, *ibid.*, p. 178. 1912.
(3) L. Pynaert, *op cit.*, pp. 253-254.

« Le parasite le plus dangereux pour le bananier est le ver nématode : *Heterodera radicicola*. Les anguillules, longues de 1 /2 millimètre se répandent des racines à l'extrémité de la plante, grâce aux courants de sève. Les feuilles atteintes se rident, et peu après la plante meurt. Des milliers d'anguillules grouillent non seulement dans la plante, mais encore dans le sol. Cette maladie fut découverte d'abord en Égypte sur les bananiers de la Jamaïque. Elle atteint en premier lieu les jeunes plantes. Si le bananier ne meurt pas, sa fructification est enrayée ou les fruits restent petits et mal venus. Des essais de fumure à l'azote et à la chaux, en vue de tuer le parasite, sont restés sans effet. Le meilleur moyen de lutte consiste à arracher les plantes, à les brûler, puis à verser dans la fosse du sulfure de carbone. Les parcelles infectées doivent être isolées à l'aide d'un fossé.

« Plus récemment, cette maladie fut signalée à la Trinité, aux îles Fidji, en Nouvelle Galles du Sud et au Queensland, mais elle n'a pas encore causé de grands dommages dans ces dernières contrées. »

CHOIX DU TERRAIN

Le choix du terrain pour la culture du bananier a, ainsi que pour toute autre culture, du reste, une grande importance.

En effet, le sol, au point de vue de sa composition minéralogique et chimique, a une grande influence dans le développement végétatif du bananier.

Le bananier réclame des terrains suffisamment riches en potasse pour contribuer à la formation de la matière hydrocarbonatée du fruit qu'on estime de 13,98 à 29,28 %, suivant le laboratoire du Musée Colonial de Haarlem. Il est également très exigeant en matière azotée, ce dont on s'aperçoit de suite au grand développement de ses feuilles. En outre, à l'analyse des fruits, on aurait rencontré, d'après le docteur Moïse Bertoni, 1,455 % de nitrogène représentant 9,01 % en substances albuminoïdes. Il contient également 6,53 % de tanin.

D'aucuns disent que le bananier demande beaucoup d'eau et c'est exact, les analyses ayant démontré que la plante contient jusqu'à 80 % d'eau ; mais l'excès d'eau est plutôt nuisible, non pas seulement à la plante elle-même, parce que trop d'eau pousserait au développement des rejets, ce qui affaiblirait la plante-mère, ainsi qu'elle ferait pourrir les souches, mais aussi à la maturation du fruit qui perdrait de sa qualité, éclaterait, deviendrait farineux, et par le fait inexportable. Le terrain ne doit donc être ni trop sec ni trop humide.

Il ne faut pas non plus un terrain tout-à-fait sablonneux ou composé exclusivement de matières calcaires. On choisira de préférence un terrain argilo-sableux et le plus riche possible en humus. Un sol argileux noir, le « black loam » des Anglais, ou un sol rouge ferrugineux, situé dans le voisinage d'une rivière, mais à une hauteur suffisante pour que la plantation ne puisse être envahie par les inondations à l'époque des crues, conviendrait parfaitement. Le meilleur choix qu'on puisse faire pour l'établissement d'une bananeraie sera donc un terrain longeant à quelque distance les bords d'un cours d'eau.

L'ingénieur-agronome brésilien Dr W. Castanheda, rapporte que le type idéal de terrain propre à la culture de la banane est celui contenant 35 % d'argile, 25 % de sables silicieux et calcareux et 40 % d'humus. M. P. Hubert estime que la composition la plus favorable pour cette culture est la suivante : argile 35 % ; chaux, 3 % ; humus, 6 % et sable 56 %.

PRÉPARATION DU TERRAIN

Défrichement. — Le terrain doit être défriché de préférence au commencement de la saison sèche afin de pouvoir profiter des premiers forts vents pour mettre le feu aux arbres et broussailles abattus dès que leur état de siccité le permettra.

Dans la culture extensive il n'est pas nécessaire d'enlever les souches des arbres, dont l'extraction est parfois très laborieuse et de ce fait très coûteuse. Aussi certains planteurs n'hésitent pas à laisser sur pied les très grands arbres dont l'abattage est assez long.

Labours. — Dans le cas d'un terrain qui a déjà été planté on donnera un premier labour de vingt à vingt-cinq centimètres de profondeur, trois mois avant de planter. Dans le cas contraire, on fera suivre la charrue d'une sous-soleuse, qui remuera la terre jusqu'à quarante ou cinquante centimètres de profondeur. Ce premier labour sera suivi d'un hersage. Puis la terre sera laissée en jachère jusqu'à l'approche des premières pluies. A ce moment on procèdera au second labour, exécuté perpendiculairement au premier ; celui-ci sera immédiatement suivi d'un troisième labour, perpendiculairement au précédent, à quinze centimètres de profondeur et on terminera par un hersage pour bien ameublir et égaliser la terre.

Ces labours seront exécutés, si possible, au tracteur afin d'aller plus vite en besogne, surtout s'il s'agit d'une plantation de quelque importance.

Si le terrain est situé sur le versant d'une colline où le labourage serait impossible même avec des bœufs, on peut employer la pioche si le terrain est rocailleux où la fourchette, sorte de fourche à quatre ou cinq dents aplaties, s'il n'est pas trop ferme.

Plantation. — La plantation diffère suivant qu'il s'agit de la culture extensive ou de la culture intensive.

Dans la culture extensive, où il faut aller vite en besogne, on se contente, aussitôt le terrain débarrassé des broussailles à l'aide du sabre d'abattis, d'indiquer à l'aide d'un piquet que l'on enfonce dans la terre, l'emplacement des trous qui devront recevoir les plants. Les trous sont creusés aussitôt à 20 ou 25 centimètres de profondeur et l'on y enterre un morceau de rhizome frais de 1 kilogramme

Fɪ. 8. — Travailleurs préparant le terrain pour l'agrandissement de la bananeraie qu'on voit à l'arrière plan (Congo Belge).

500 à 2 kilogrammes, possédant un œil ou bourgeon, que l'on sectionne dans une souche de bananier robuste.

La plantation terminée on procède à l'abattage des grands arbres. Ce travail est exécuté par des spécialistes qui, pour aller plus vite en besogne, s'arrangent de façon à ce que l'arbre en tombant entraîne dans sa chute tous ceux qui sont à sa portée. Le terrain, qui après ce travail, présente un fouillis indescriptible, est abandonné pendant trois à quatre mois c'est à dire jusqu'au moment où les jeunes bananiers qui ont alors déjà plus de un mètre de hauteur, sont visibles entre les branches des arbres abattus. C'est le moment de dépouiller les arbres de leurs branches et de tronçonner ceux qui ne sont pas trop gros afin que leur décomposition s'opère plus rapidement. Un second nettoyage sera exécuté deux ou trois mois plus tard, mais les gros arbres, seront laissés sur place où ils ne pourriront parfois qu'après plusieurs années.

Cette méthode primitive, que nous ne saurions conseiller, — ces fragments de rhizome né pouvant forcément avoir une grande vigueur et leur section offrant aussi aux maladies cryptogamiques de grandes facilités de propagation — est parfois obligatoire là où la main d'œuvre est rare ou coûteuse.

Dans la culture intensive, une fois la terre labourée et hersée, on mesure au cordeau ou à la gaule l'emplacement que devront occuper les trous pour recevoir les rejetons. Ces trous seront creusés quelque temps avant la mise en terre des rejets, de façon à bien aérer le terrain. Dans les terrains relativement pauvres, ces trous auront 0^{m}40 à 0^{m}50 de profondeur et 0^{m}50 à 0^{m}70 de diamètre, suivant l'âge qu'auront les rejetons. La terre superficielle enlevée des trous sera mise à part, pour être déposée au fond du trou lorsque le rejet y sera planté. Dans les terres riches en humus, les trous pourront avoir des dimensions légèrement moindres, et il ne sera pas indispensable de mettre au fond la terre enlevée à la surface. Toutefois, plus les trous seront profonds, mieux cela sera, l'enracinement du rejeton pouvant ainsi mieux se faire, ce qui permettra à la plante de pouvoir mieux résister aux coups de vents, auquel le bananier est très sensible.

Quant à la distance à laquelle les trous seront creusés, il est assez difficile de se prononcer d'une façon catégorique, celle-ci dépendant de la variété plantée, de la richesse du sol, du lieu, du climat, etc.

D'aucuns disent qu'il faut planter les bananiers à 6 mètres les uns des autres ; d'autres, à 2^{m}50 seulement. Au Congo nous avons planté la petite variété dite de Chine à 3 mètres en tous sens, et la banane à cuire *Musa paradisiaca*, ou grande variété, à 5 mètres en tous sens. M. Nicholls, déjà cité, préconise de planter dans des rangées écartées de 18 pieds (5^{m}40) et à 15 pieds (4^{m}50) sur la rangée, ce qui donne 418 pieds à l'hectare. M. H. Q. Levy (1) conseille

____

(1) *Journ. of the Jamaïca Agric. Soc.* XVI. p. 74.

de planter à 14 pieds (4ᵐ 45) en tous sens et de planter deux rejetons par trou soit 529 trous et 1058 rejetons, ou bien à 11 pieds
(3ᵐ 40) en tous sens avec un seul rejeton par trou soit 841 bananiers
à l'hectare. Ceci correspond évidemment à l'espace nécessaire aux
petites variétés, car pour celles à grand développement, [la plantation
serait étouffée. En effet, si le bananier de Chine, par exemple, se plante
à 3ᵐ50 ou 4 mètres, en tous sens, la variété *Gros Michel* ou *Martinique*
qui atteint jusqu'à 6 mètres de hauteur, et dont les feuilles ont 3 à 4

Fig. 9. — Bananeraie avec cultures intercalaires (caféiers et cacaoyers). Congo Belge.

mètres de longueur ne peut être planté qu'à 5 ou 6 mètres de distance.
A la Jamaïque on plante à 3ᵐ60 × 4ᵐ50 ou 460 bananiers à l'hectare.

Voici le nombre de bananiers que l'on peut planter sur un hectare
aux distances suivantes :

Plantés à 6 mètres en tous sens on aura 256 pieds à l'hectare.

—	5	—	—	400	—	—
—	4ᵐ 50	—	—	484	—	—
—	4	—	—	625	—	—
—	3ᵐ 50	—	—	784	—	—
—	3	—	—	1090	—	—

Dans la plupart des bananeraies où on a adopté la culture intensive, les rejets sont plantés à 3ᵐ 50 ou 4ᵐ 50 les uns des autres. Toutefois, dans un terrain maigre, où le développement de la plante est plus lent, il faudra planter plus serré afin d'arriver le plus tôt possible à ombrer le sol. Dans un terrain suffisamment irrigué et riche, la plantation se fera à 4 mètres en tous sens, s'il s'agit d'une petite variété. Les bananiers plantés à cette distance auront l'avantage d'empêcher que le soleil ne dessèche le sol, tout en laissant pénétrer suffisamment d'air. Ce distançage est suffisant si, bien entendu, l'on supprime chaque année bon nombre de rejets, car sans cette précaution, l'étouffement des plantes serait certain, surtout s'il s'agit d'une grande variété. Si l'on veut obtenir une bonne fructification, on ne devra jamais planter plus de 600 à 800 bananiers à l'hectare.

Dans la culture extensive, pour laquelle on laissera cinq à six rejets par pied, on plantera à 5 ou 7 mètres en tous sens. Dans des terres très riches, suffisamment humides on pourrait planter les grandes variétés à 7 mètres dans des rangées tracées parallèlement à 5 mètres les unes des autres, ce qui donnerait 280 pieds à l'hectare.

Irrigation. — Dans la culture avec irrigation il faudra d'abord procéder au nivellement du terrain, puis une fois les trous creusés, on pratique des tranchées pour recevoir les eaux. Ces tranchées qui doivent avoir une pente suffisante pour diminuer autant que possible les pertes par infiltration et évaporation, doivent être creusées le plus près possible des trous devant recevoir les rejets et avant que ceux-ci soient mis en terre. Une fois que les bananiers auront bien pris racine les canaux d'irrigation seront reportés au milieu des rangées, parce que la trop grande abondance d'eau au pied des bananiers favoriserait la production et le développement de rejetons ce qui affaiblirait la plante-mère.

L'irrigation peut également se faire par inondation de la plantation. Dans ce cas, une fois le terrain nivelé, on le subdivise en carrés que l'on entoure d'un bourrelet de terre de 25 à 35 centimètres de hauteur de façon à former une cuvette rectangulaire. L'eau amenée par une rigole se répand doucement, par conséquent sans ravinement, en une couche uniforme dont la hauteur facilement réglable, varie suivant l'état de siccité de la terre. L'irrigation pratiquée de cette façon est des plus faciles et des plus rapides puisqu'elle se fait d'un seul coup.

Voies de communication. — En préparant le terrain pour la plantation, et une fois les canaux et les carrés d'irrigation terminés il faudra ménager des allées pour faciliter la cueillette et le transport de la récolte. Les allées principales auront au moins dix mètres de largeur et les secondaires, sept à huit mètres.

Si la plantation est située à proximité d'un cours d'eau, et que la main-d'œuvre soit abondante et bon marché, on pourra créer des canaux d'irrigation plus larges qui pourront servir en même temps de voie de communication.

MULTIPLICATION

Ce n'est qu'aux Indes que la sous-espèce *M. seminifera* (Lour) Baker, paraît capable de se multiplier par les graines.

Le bananier se multiplie par les talles, qu'on appelle rejets, rejetons, drageons, œilletons, surgeons ou choquarts, *(chupones*, en espagnol, *rebentôes*, *filhos* ou *renovos*, en portugais, *suckers*, en anglais) qu'émet son bulbe souterrain ou rhizome et qui surgissent tout autour et à la base de la souche-mère (*planta madre, touceira, mother-plant* en espagnol, portugais et anglais).

Les jeunes bananiers commencent à émettre des rejetons au bout de quatre à six mois. Il va sans dire que le développement des rejets se fait toujours au détriment de la plante-mère et de la production des fruits et que par conséquent le nombre des drageons à ménager à chaque souche est indiqué par la vigueur de la plante et aussi par la fertilité du sol. En général, on ne laisse qu'un seul rejet à la première plante et ce n'est qu'après que le pied initial a eu le temps de se fortifier qu'on peut en laisser plusieurs.

Pour enlever les rejets on met bien à nu le col de la plante, puis, avec une espèce de bêche concave, on sépare les jeunes pousses de la souche en ayant soin de ne pas blesser dans leur partie souterraine les rejets destinés à la plantation pour laquelle il faut toujours réserver les plus vigoureux.

Choix des rejetons. — Avant de procéder à la plantation il faut songer assez longtemps à l'avance à se procurer les rejetons nécessaires.

Les meilleurs rejetons pour planter sont ceux de huit mois environ, appelés *maiden suckers* (voir fig. 10), par les Anglais, pour la grande variété *Gros Michel* qui ont dix à douze centimètres de diamètre et deux mètres et demi environ de haut et sont par conséquent déjà pourvus de leur feuillage adulte. Pour les séparer de la souche on les coupe en profondeur jusqu'à quinze centimètres environ du bulbe, où ils mesurent vingt à trente cinq centimètres de diamètre. Une fois le rejeton séparé, celui-ci subit un habillage qui consiste à rabattre sa tige de moitié, puis on détruit le bourgeon central. Enfin,

Fig. 10. — Rejets de bananier.
1. *Maiden sucker* ou rejeton de 8 mois environ ;
2. *Sword sucker* ou rejeton de 6 à 7 mois ;
3. *Peeper* ou petits rejetons sortant de terre.

on supprime tous les bourgeons extérieurs à l'exception du plus grand, ainsi que les vieilles racines. La destruction du bourgeon central est indispensable si l'on veut éviter la formation d'un nouveau bulbe au-dessus de l'ancien, ce qui peut avoir pour conséquence le renversement plus facile de la plante par le vent.

Pour remplacer les manquants dans la plantation on emploie des rejetons plus jeunes que les premiers, ayant un mètre soixante à deux mètres vingt-cinq de hauteur, dénommés *sword suckers* (voir fig. 10) dont le stade précède celui du *maiden sucker* et pendant laquelle les feuilles sont étroites par rapport à leur longueur et ont par conséquent la forme lancéolée, d'où leurs noms de *sword*. Dans les terrains humides on peut employer ces rejetons taillés jusqu'à vingt-cinq centimètres du bulbe.

Traitement des rejetons destinés à la plantation. — Les rejetons destinés à la plantation doivent être enlevés de la souche avec le plus grand soin, comme il a été dit plus haut.

Certains planteurs mettent les rejetons en terre tout de suite ; d'autres les laissent sur le sol pendant trois ou quatre jours avant de les planter ; d'autres encore disent obtenir de meilleurs résultats en les mettant en tas de 2^m 50 à 3 mètres, puis de les recouvrir de débris de feuilles afin de les protéger du soleil et de les laisser ainsi pendant un mois.

Si les rejetons sont dans de bonnes conditions pour être plantés il est infiniment préférable de procéder de suite à cette opération. Si on attend parfois de planter les rejetons c'est plutôt parce qu'ils ne sont pas dans les conditions voulues et qu'il est nécesssaire de déterminer ceux qui ont des bourgeons en voie de germination.

Si on procède à l'enlèvement des rejetons un mois avant de les planter il faut avoir soin de ne prélever que la quantité de rejetons qu'on pourra planter chaque semaine le mois d'après et en choisissant les plus beaux afin d'obtenir la première fructification douze mois après.

Si on craint des maladies, il convient de tremper la partie inférieure des rejets dans une solution désinfectante avant de procéder à leur mise en terre. Dans l'Amérique centrale on préconise la solution suivante :

Sulfate de cuivre .... 2 kg.
Chaux éteinte .... 3 kg.
Eau....................... 200 litres.

Plantation

Époque de la plantation. — Le terrain ayant été préparé ainsi qu'il a été dit plus haut, on attend les premières pluies pour planter les rejets.

L'époque pour planter varie suivant la latitude, le climat ou la saison à laquelle on veut obtenir la récolte principale.

Dans les régions de l'Amérique Centrale, favorisées par une terre riche et des saisons propices, mars est le mois idéal pour planter, la plantation pouvant toutefois se prolonger jusqu'à la fin d'avril. Dans les régions moins favorablement situées, on plante en janvier ou en février, de façon à pouvoir exporter la récolte aux États-Unis et en Europe, de mars à juin, c'est à dire pendant les mois où les régimes atteignent les plus hauts prix.

A la Guadeloupe les meilleurs mois sont décembre et janvier, qui coïncident avec les pluies. A la Jamaïque, la plantation a lieu de janvier à mars ; en Égypte, l'époque la plus favorable est depuis la mi-février jusqu'à la fin de mars ou la mi-avril ; aux îles Canaries, la meilleure époque pour planter comprend les mois d'avril, mai et juin ; aux Indes, dans la Présidence de Madras, on plante soit de décembre à juin ou de janvier à avril ; dans la Présidence du Bengal, du commencement de juin à fin juillet et dans celle de Bombay en toute saison. En Argentine, dans l'hémisphère austral, la plantation a généralement lieu au mois d'octobre ; au Brésil, elle commence en octobre et se poursuit jusqu'en mars ; mais dans le Panama, Paszkiewicz dit qu'à la rigueur « on peut planter pendant une partie de l'hiver, c'est à dire en juin, juillet et août ; mais ce sont, sans contredit, les plantations d'août et de septembre qui donnent les résultats les meilleurs et les plus rapides. » Dans la zone équatoriale, au Congo par exemple, où les saisons sont moins bien définies et où l'atmosphère est constamment humide et chaude toute l'année, et où les pluies sont fréquentes et plus ou moins uniformément réparties, on peut planter en toute saison.

Comment il faut planter les rejetons. — Les premiers rejetons ayant huit mois, désignés par les Anglais sous le nom de *maiden suckers*, ainsi que les rejetons de remplacements ou *sword suckers*, ou rejetons à feuilles lancéolées, c'est à dire plus jeunes que les premiers, doivent être plantés bien verticalement dans un trou d'une profondeur de vingt-cinq centimètres au moins. Avant de les mettre en terre on a soin de leur couper toutes les feuilles à l'exception de celles non encore déroulées du cœur de la tige. Toutefois, si le rejet est d'une certaine taille déjà, on peut, sans inconvénient, le tailler de

façon à ne laisser subsister la moindre feuille et même le rabattre
à un mètre de longueur, ceci n'empêchant pas les feuilles suivantes,
dont le germe se trouve au collet de la plante, de se développer et
la tige de continuer à croître.

Une fois les rejetons mis en terre on commence à combler les trous
avec la terre de la surface qu'on a eu soin de mettre à part au moment
de la trouaison ; puis on a soin de butter suffisamment la terre tout
autour de la tige afin d'éviter l'action dessiccante du soleil sur les
radicelles.

TRAVAUX DE CULTURE

Une fois la plantation achevée, les travaux d'entretien à exécuter ne sont pas bien importants.

Le premier travail consiste, dans le cas de la culture extensive faite précipitamment comme il a été dit antérieurement, à remplacer par des rejets les morceaux de rhizome avortés. Ce travail peut s'exécuter après le premier nettoyage de déblaiement du terrain.

Binages. — Au début il faut surtout empêcher les mauvaises herbes et les sous bois d'envahir la plantation, puis nettoyer les allées. Mais les sarclages qui ne se font vraiment que dans la culture intensive ne sont pas de longue durée car le bananier poussant très rapidement il ne tarde pas, grâce à l'ombre que fournit son feuillage, à étouffer tout ce qui pousse au-dessous de lui.

Les Anglais de la Jamaïque sont très partisans du *earth mulch* et du *dry mulch*. La première pratique consiste à avoir constamment la surface du sol meuble par des binages répétés. Les avis sont partagés sur la profondeur à laquelle la couche de terre doit être ameublie ; elle peut être comprise entre deux et trois centimètres jusqu'à plus de quinze et vingt centimètres.

On maintiendra la terre meuble au moyen de binages à la charrue, exécutés par beau temps. Si la saison est pluvieuse on se contentera de couper les mauvaises herbes à l'aide du coutelas. S'il s'agit de terres légères et irriguées ce travail sera exécuté à la houe ou à la fourchette.

Le *dry mulch* ou paillage consiste à couvrir le sol d'herbes coupées afin de maintenir le sol frais et d'étouffer la végétation herbacée. Il est très recommandable dans les climats très secs où il donne d'excellents résultats. En effet, tout en protégeant le sol contre les ardeurs du soleil et par suite en maintenant une humidité constante, il réduira le nombre des irrigations.

Irrigation. — L'irrigation est d'une importance capitale pour l'obtention d'une forte production. Dans le cas d'une plantation irriguée, les jeunes plantes seront arrosées immédiatement après leur mise en terre puis, tous les trois ou quatre jours jusqu'à ce que les bananiers aient bien pris racine. A partir de ce moment la plante ne nécessite plus autant d'eau : les arrosements seront alors espacés de dix à quinze jours jusqu'au moment de la fructification et particulièrement vers la fin de la maturation il faudra encore espacer les intervalles et même supprimer l'irrigation si la terre a conservé un certain degré d'humidité, car l'excès d'eau, nous l'avons déjà vu plus haut, en parlant du choix du terrain, offre des inconvénients.

Quant à la quantité d'eau à employer par hectare, il va sans dire que celle-ci est très variable suivant la nature des terres, la latitude, l'abondance et la fréquence des pluies et la situation de la plantation, car il y a lieu de tenir compte des pertes par infiltration, par évaporation et par ruissellement.

En Guinée française, dit Chillou (1), où on irrigue à peu près tous les huit à dix jours on donne, sur les terrains élevés, de 100 à 200 mètres cubes d'eau par hectare ; tandis que suivant Yves Henry (2), « à Camayenne, où la nappe d'eau est à 6 mètres en hivernage et à 12 mètres en fin de saison sèche, on donne aux bananiers 80 litres d'eau par semaine et par souche.

« Cela correspond à un volume d'eau de 8 mètres cube par semaine et par hectare sur un terrain profondément ameubli et perméable.

« Aux îles Canaries, on estime les arrosages nécessaires tous les 15 ou 25 jours, avec une quantité d'eau de 50 mètres cubes par hectare chaque fois, soit au maximum 25 mètres cubes par hectare et par semaine. »

Dans un rapport daté d'octobre 1919, M. Padavera (3), gérant du vice-consulat de France à Las Palmas, dit de son côté qu'aux Canaries on estime la quantité d'eau nécessaire pour l'irrigation à

(1) *La culture du bananier nain en Guinée française,* p. 11.
(2) *Bananes et Ananas,* pp. 99-100.
(3) *Culture et Commerce de la Banane aux Iles Canaries.*

12.000 mètres cubes en moyenne par hectare et par an, dont 7.000 mètres cubes pour les mois de novembre à juillet et 5.000 mètres cubes pour les mois de juillet à octobre.

Enlèvement de l'accru. — Nous avons vu plus haut, en parlant de la multiplication du bananier, qu'il ne fallait lui conserver qu'un certain nombre de rejets pour la fructification prochaine ; les autres sont par conséquent enlevés au fur et à mesure de leur développement.

L'œilletonnage (*poda,* en espagnol, *suckering,* en anglais) ou enlèvement des rejets qui ne doivent pas fructifier est certainement la partie la plus délicate de la culture de la banane, exigeant le plus d'attention, de surveillance et de jugement.

Il doit être pratiqué lorsque le rejet n'a pas plus de cinquante centimètres de hauteur, car plus il est grand plus il absorbe des matières nutritives contenues dans le rhizome et plus il débilite la plante.

Il faut avoir soin, en enlevant les rejets, d'appliquer l'espèce de pelle concave ou le coutelas de telle façon que l'extrémité de l'instrument ne soit pas dirigée vers la plante, ce qui pourrait facilement l'endommager. En outre, afin que le rejet ne repousse pas, il devra être entaillé jusqu'à la partie blanche du rhizome.

Une fois le bulbe planté il ne tarde pas à émettre des rejets qui sortent des yeux ou bourgeons disposés tout autour et aussi parfois au milieu du bulbe. Certains planteurs ont la coutume d'enlever cet œil central, que d'autres laissent parce qu'il donne généralement un beau régime si le bulbe planté est vigoureux. S'il s'agit de terres riches et bien irriguées on peut laisser deux ou trois rejetons à égale distance autour du bulbe.

Il est rare que plusieurs rejetons germent en même temps ; il y en a toujours un qui croît plus rapidement que les autres ; c'est la future plante-mère qui fructifiera au bout de dix à quatorze mois. Un second ne tarde pas à paraître, c'est le *follower* ou suivant, qui donnera un plus beau régime que la plante-mère, quatre ou cinq mois plus tard.

Une fois que la plante a fructifié il ne faut pas laisser de rejetons à la tige qui a été coupée, à moins que ce ne soit absolument nécessaire, car la plupart du temps ce rejeton ne donne qu'un régime de six ou sept mains. Les petits rejetons dénommés *peepers* (voir fig. 10) à la Jamaïque ou stade qui précède celui de *sword sucker,* ne sont laissés que sur les grands rejetons de souche *ratoons*, laissés pour produire la récolte suivante.

Nombre de rejetons qu'il faut enlever. — Dans les régions où les saisons et les terres sont favorables à cette culture, certains planteurs ont l'habitude, s'ils ont planté en mars ou avril, de façon à pouvoir faire leur première récolte en février ou mars suivant, de supprimer tous les rejetons jusqu'en juin ; puis, à partir de cette époque d'en laisser un seul qui fructifiera en avril suivant ; en octobre, ils en laissent un second, sur le côté opposé, de façon à obtenir sa fructification douze mois plus tard ; en février, ils en laissent un troisième qui donnera son régime quinze à seize mois après.

S'il s'agit d'une région où les terres sont légères et l'irrigation indispensable, et où l'on plante les bananiers à 4^m 50 en tous sens, M. Lévy dit qu'on laisse en juin, octobre et février deux rejetons au lieu d'un seul.

Époque de l'enlèvement de l'accru. — En procédant à l'œilletonnage on poursuit un double but : 1º obtenir un régime de forte dimension ; 2º arriver à produire celui-ci à l'époque la plus favorable, c'est à dire où le fruit est le plus demandé et se vend par conséquent le plus cher. L'époque à laquelle doit être produit le fruit vendable doit même primer sur sa condition. En effet, il arrive fréquemment que de beaux régimes de dix à douze mains envoyés sur le marché en octobre se vendent le même prix ou même moins chers que des régimes de sept mains arrivés en avril ou mai.

Pour atteindre ce double but il est par conséquent indispensable de connaître le temps qu'il faut à la plante pour fructifier.

A partir de l'apparition des régimes et jusqu'à leur récolte, la plantation n'exige plus d'autres soins que celui de veiller à la maturation des fruits.

La cueillette faite, on abat la tige à cinquante centimètres environ du sol et on procède à son tronçonnement et au hachage des feuilles en petits morceaux qui seront répandus autour de la souche où ils seront plus tard enfouis dans la terre à l'époque du binage, restituant ainsi à la terre une partie de la potasse qui lui a été enlevée par la plante.

Le tronçon laissé après la cueillette pourrit au bout de quelque temps et il est alors aisé de l'arracher pour le tronçonner à son tour.

FRUCTIFICATION

Il faut compter suivant l'espèce, la latitude, la nature du sol, le climat, les conditions plus ou moins favorables de la croissance, etc. de sept à neuf mois, de la plantation du rejeton de six à huit mois, à l'apparition des premières fleurs ; un à deux mois pour la formation de la toute jeune banane, et deux et demi à quatre mois et demi pour que celle-ci atteigne son complet développement avant de commencer à mûrir. On obtient par conséquent le premier régime au bout de dix mois et demi à quinze mois et demi suivant le cas. Mais la plupart du temps ce premier régime récolté est de petite ta lle et ce n'est qu'à la deuxième fructification, c'est à dire sur les rejetons de souche ou *ratoons* qu'on obtient régulièrement un bon régime au bout de quinze à dix-huit mois.

Un planteur ayant acquis une certaine expérience de la culture du bananier pourra sans trop de difficulté procéder à l'enlèvement de l'accru et par conséquent régler l'époque de la fructification de façon que la majeure partie de la récolte atteigne le degré de maturité nécessaire à l'époque où sur les marchés américain et européen les régimes atteignent les plus hauts prix par suite du manque de fruits frais, c'est à dire pendant les mois de mars, avril, mai et juin.

Toutefois, nous ne saurions assez le répéter qu'en calculant le temps qu'il faut aux rejetons pour fructifier, le planteur ne doit pas oublier de faire la distinction entre les rejetons plantés *plant suckers* et les rejetons de souche *ratoons*. Lorsque le bulbe vient d'être mis en terre, il croît comme rejeton planté dans les terrains frais et il peut donner un régime bon à cueillir, dix à douze mois après, mais aussi parfois plus lorsque les conditions sont défavorables, comme par exemple si le rejeton est de qualité inférieure, si la sécheresse est trop prolongée ou que le vent souffle trop violemment. Les rejetons de souche, par contre, peuvent mettre quinze à seize mois ou même plus avant de donner des fruits en état d'être cueillis, car, il ne faut pas perdre de vue qu'à mesure que le nombre des rejetons

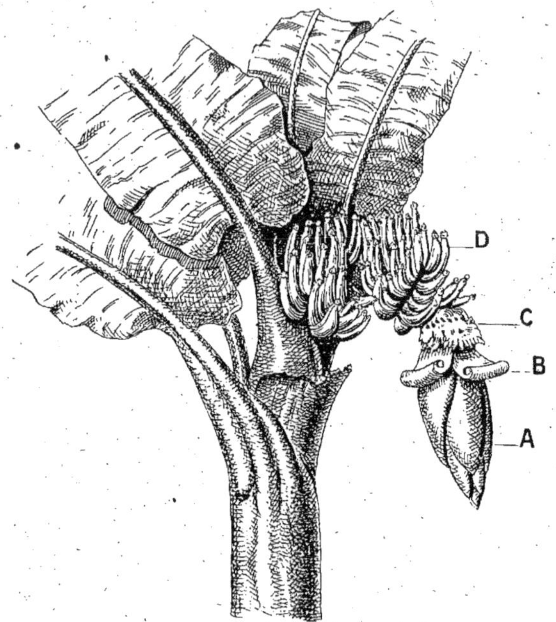

FIG. 11. — Fructification du bananier.
A. Fleurs mâles ;
B. Bractée ;
C. Portion du spadice d'où les fleurs mâles sont tombées ;
D. Fruits.

pour la fructification augmente, plus ceux-ci projettent de l'ombre, et plus il faut de temps pour que les rejetons de souche donnent leur fruit.

Bien qu'il paraisse y avoir ici contradiction, celle-ci, ainsi que nous allons le voir, n'est qu'apparente. L'âge du rejeton planté — 6 à 8 mois — n'est pas compté dans les dix à douze mois, qui est le temps généralement nécessaire à un rejeton planté pour donner un régime en état d'être cueilli. Or, il est un fait certain que si on calculait le temps nécessaire à partir de la date à laquelle le rejeton planté est sorti de terre, celui-ci aurait réellement besoin de plus de temps qu'un rejeton de souche pour donner sont fruit, parce que chez le rejeton planté, qui a été séparé de la plante-mère, la montée de la sève subit forcément un temps d'arrêt, ce qui met obstacle au développement normal de la plante et ce n'est qu'après la formation de nouvelles racines que sa croissance reprend normalement.

Les opinions sont partagées quant au moment le plus propice et la meilleure méthode pour procéder à l'enlèvement de l'accru de façon à pouvoir alimenter les marchés avec le plus possible de régimes pendant les mois de mars à juin.

Voici comment M. Lévy (1), conseille d'opérer sur un terrain nouvellement planté, pour récolter les fruits à l'époque la plus favorable. Admettons, pour plus de clarté, que cette époque serait en 1928, par exemple.

Si les rejetons plantés ont été mis en terre à une époque quelconque entre octobre (1926) et mars (1927), et si les conditions climatiques et la fertilité du sol sont tout à fait favorables, ils devront avoir atteint leur complet développement vers la fin d'octobre (1927). c'est à dire à huit à douze mois plus tard. Depuis l'époque de la plantation (1926) jusqu'en août (1927) tous les rejetons doivent être supprimés de la racine de la plante-mère. Après le mois d'août (1927), l'auteur déconseille toute suppression de rejetons jusqu'au 1er octobre suivant époque à laquelle on laissera à chaque plante-mère un tout petit rejeton *peeper* de dix à quinze centimètres de hauteur, soit deux par plante, même si la plantation a été faite à 4m 50 en tous sens, et un rejeton seulement si la plantation a été faite à 3m 30.

Dans les régions élevées ou les vallées où la température est fraîche, il préconise de laisser au 1er octobre (1926) un *peeper* (voir fig. 10) de trente centimètres de hauteur. Aux rejetons dont la croissance a été retardée, et dont la fructification serait par conséquent trop tardive pour pouvoir profiter des prix élevés du printemps, on devra laisser, dit-il, un *sword sucker* ou rejeton dont les feuilles ont déjà un certain développement. Dans ces conditions la plante-mère repré-

(1) *Op. cit.*

sentera la récolte du printemps 1928, c'est à dire douze à dix-huit mois après la plantation et le *peeper* la récolte de 1929, ce dernier ayant besoin de dix-huit à vingt et un mois à partir du moment où il sort de terre, pour donner son fruit.

Pour les rejetons de souche *ratoons*, au lieu de choisir les petits rejetons *peepers* en octobre (1927), ainsi que cela a lieu pour les rejetons plantés, on les laissera de juin à juillet (1927) vu qu'il leur faut vingt-et-un à vingt-cinq mois et parfois plus, lorsqu'il s'agit d'une plantation resserrée, avant que leurs fruits puissent être cueillis. En effet, pour une plantation dont les bananiers sont assez rapprochés, il est assez difficile de dire l'âge d'un *sword sucker* ou d'un *peeper*. Dans les régions basses des plaines, si les rejetons de souche *ratoons* sont bien venus, les petits rejetons *peepers* d'août (1927) sont laissés ; tandis que dans les régions élevées, à température plus froide, les *peepers*, qui en mai (1927) ont trente centimètres de hauteur, peuvent parfois juste remplir les conditions.

Ce n'est que par l'expérience qu'un planteur arrivera à procéder judicieusement à l'enlèvement de l'accru. Mais une fois trouvée l'époque propice pour laisser les petits rejetons *peepers*, il ne doit pas négliger, même pendant une semaine, d'enlever ceux venant après, qui ne sont pas nécessaires, car il est très difficile de dire l'âge exact d'un rejeton, une fois qu'il a passé le stade de *peeper*.

L'auteur insiste pour qu'on ne commette pas l'erreur de laisser plus de rejetons que le nombre indiqué par lui, même sous prétexte qu'ils sont beaux et robustes, parce que les rejetons laissés en excès épuisent la plante, et plus tard, retardent la maturation de la récolte.

RÉCOLTE

La-cueillette requiert certains soins et aussi une certaine pratique car il faut tenir compte si les bananes sont destinées à la consommation immédiate, ou à l'exportation à longue distance ou encore à la

Fig. 12. — Récolte des régimes à la Jamaïque (d'après W. Fawcett, *The Banana*)
A la Jamaïque où les bananiers sont de taille plus réduite que ceux
de l'Amérique Centrale, le coutelas seul suffit pour couper le régime.

fabrication de la farine qui n'exige pas des fruits complétement mûrs.

De toute façon les régimes doivent être cueillis avec précaution
afin d'éviter des chutes qui se traduiraient par la perte d'un grand
nombre de bananes.

On reconnaît qu'un régime est mûr et que le moment est venu de le couper lorsque le fruit prend une teinte verte plus pâle et que les bractées des fleurs stériles de l'extrémité du spadice ont disparu ou sont desséchées suivant qu'elles sont caduques ou persistantes. Mais lorsque les régimes sont destinés à l'exportation ils doivent être coupés verts dès qu'ils ont acquis leur développement, qui est atteint deux mois et demi à quatre mois et demi après la floraison.

Le degré de maturité du fruit, qui doit être plus ou moins avancé en hiver ou en été, et suivant l'éloignement du lieu de consommation, est désigné, dans l'Amérique centrale, comme suit :

Les fruits devant rester cinq à huit jours en mer, c'est à dire qui sont destinés à la Nouvelle-Orléans ou New York, sont appelés *full fruit* (fruit plein).

Ceux qui doivent rester dix jours en mer, pour aller à Boston, 3/4 *full* (ou 3/4 plein).

Ceux pour Londres, qui resteront dix-huit à vingt jours en cale : 3/4 *thin* ou (fruit 3/4 mince).

Cueillie à point la banane mûrit facilement en douze à quinze jours. Toutefois il faut tenir compte de la durée du voyage et cueillir donc le fruit en conséquence. En règle générale, un fruit ne peut plus être transporté au loin lorsque la banane est déjà renflée et que le sommet n'est plus pourvu du style ou dont le style se détache facilement.

Nous avons vu, en parlant de la fructification, que le premier régime s'obtient au bout de dix à quinze mois, et celui de la seconde récolte, entre quinze et dix-huit mois, suivant l'âge qu'avait le rejeton planté. La durée entre la plantation et les récoltes peut aussi varier suivant la latitude et la précocité de la variété plantée. Ainsi, en Égypte, dans les environs d'Alexandrie, la première récolte des rejetons plantés du 15 février au 15 avril commence en février suivant, parfois même en décembre de la première année. Il s'en suit donc que la cueillette a lieu en tout temps. Mais lorsqu'il s'agit d'exporter les fruits, la cueillette en grand doit se faire au moins toutes les semaines, plus souvent même si on a l'occasion d'expédier un chargement, et au maximum quarante-huit heures avant l'embarquement. Aussi, dès qu'un navire est annoncé on donne sans tarder l'ordre de couper les bananes afin que les fruits arrivent au port d'embarquement juste au moment de les charger.

Dans les grandes exploitations de l'Amérique Centrale la coupe des fruits est donnée généralement à l'entreprise. Un coupeur (*cortador*) reçoit un nombre déterminé de rangées de bananiers pour y couper les régimes en état de maturité qui lui sont payés à la centaine.

La tige de la plante est sectionnée en partie à un mètre cinquante environ du sol, et le régime, en s'inclinant vers la terre avec la partie supérieure de la plante, est aussitôt saisi par le coupeur et séparé

FIG. 13. — Récolte des régimes en Amérique Centrale (d'après M. J. MINOR KEITH). Le bananier ayant été entaillé à une certaine hauteur, un aide s'empare du régime au moment où le coupeur va sectionner le pédoncule.

de la tige. En appliquant le coup de coutelas à la tige, le coupeur doit faire attention pour que le régime en entraînant par son poids la partie supérieure de la plante, ne touche pas et n'endommage pas un autre bananier (voir fig. 12 et 13).

Si les bananiers sont de grande taille, le coupeur est muni d'un outil spécial ou espèce d'ébranchoir (voir fig. 14) dont l'extrémité est munie d'un couteau spécial ressemblant à un ciseau de menuisier, avec lequel il coupe en partie la tige du bananier à une hauteur calculée pour que le régime en faisant ployer par son poids la partie supérieure ne touche pas le sol. Un aide (*sostenedor*) alors s'avance pour recevoir le régime sur les épaules, tandis que le coupeur, le coutelas à la main, sectionne la tige du spadice le plus près possible du premier verticille ou main, sans toutefois entamer les fruits, ainsi que l'extrémité du spadice non pourvu de fruits

Fig. 14. — Récolte des régimes en Amérique Centrale (d'après M. J. Minor Keith)
On voit ici la grande taille des bananiers et l'appareil dont on se sert pour
entailler la tige à mi-hauteur environ de façon à ce qu'en se ployant,
on puisse atteindre le régime.

Le régime une fois coupé, le coupeur s'en va couper un autre bananier, tandis que les aides passent les régimes à des femmes qui les transportent sur la tête à un endroit déterminé, ou bien il est suspendu à un câble aérien qui le transporte jusqu'au Decauville. Ici, un employé les reçoit et les inscrit dans son livre sous la rubrique qui leur correspond suivant leur taille et le nombre de verticilles ou mains dont ils sont composés, à moins qu'il ne les mette au rebut comme impropre à l'exportation, soit parce qu'il n'a pas un nombre suffisant de mains, soit parce qu'il n'a pas suffisamment de fruits — on dit *fingers* ou doigts — à la main inférieure, ou encore parce que les fruits sont mal conformés, etc.

Les grandes compagnies américaines qui font le commerce des bananes calculent la valeur des régimes suivant qu'ils se composent de 6, 7, 8 et 9 verticilles ou mains. Un régime ne peut avoir moins de 6 mains; ceux de moins de 6 mains ne sont pas exportables. On rencontre parfois, mais rarement, des régimes de 22 mains comportant 150 bananes et pesant 70 kilogrammes. Le régime de 9 mains et au-dessus, qui sert de base pour les achats, s'appelle *payable bunch* ou simplement *payable* ou encore *straight*.

Le régime de 8 mains compte pour 3 /4 de régime de 9 mains ; un de 7 mains pour la 1 /2 et celui de 6 mains pour le 1 /4.

400 régimes de 8 mains font par conséquent 300 *straights* ou de 9 mains

200	—	7 —	—	100	—	—
100	—	6 —	—	25	—	—

Aux Canaries les régimes marchands comptent au moins 8 mains ceux de 7 mains étant considérés comme rebut. Les régimes marchands ayant 250 fruits ou plus et pesant 25 kilogrammes et au-dessus sont appelés *giants* ; ceux de 200 fruits et pesant 25 kilogrammes environ : *extras* ; ceux de 160 fruits pesant entre 20 et 22 kilogrammes sont des *firts* et ceux de 125 fruits ne pesant que 15 à 20 kilogrammes sont des *seconds*.

TRANSPORT ET EMBALLAGE

Les régimes acceptés par le réceptionnaire sont mis sur petits wagons, s'il s'agit d'une propriété de quelque importance possédant des voies Decauville pour le transport de la récolte vers la gare ou

Fig. 15. — Intensité de la végétation dans une bananeraie à Costa Rica

le port d'embarquement. Mais si le lieu de l'embarquement est quelque peu éloigné de la plantation, les régimes sont légèrement enroulés dans des feuilles sèches de bananier avant d'être mis sur wagon où ils sont bien arrimés de façon à éviter les chocs qui pourraient froisser les fruits (voir fig. 15 et 16).

Les régimes qui doivent être exportés en caisses seront placés dans un endroit frais et aéré où ils se ressuient pendant la nuit et le lendemain avant de les emballer on enduit de lait de chaux la partie sectionnée du spadice afin d'arrêter l'écoulement de la sève et de retarder la pourriture de la tige qui en s'étendant au pédoncule provoque la chute de la banane.

Dans l'Amérique Centrale et autres pays où les exportations se font sur une très vaste échelle, le fruit est vendu aux acheteurs le long du bord du fleuve ou de leur navire et est chargé en vrac sans le moindre emballage.

Le transport avec emballage est coûteux, non seulement à cause des matières premières qu'il exige, mais surtout à cause du personnel qu'il faut dresser spécialement pour ce genre de travail.

Avec le système de l'emballage le régime est d'abord enroulé dans une feuille de coton de qualité très inférieure qui le protège des chocs, puis dans une feuille de papier mince, le tout étant maintenu en place à l'aide de liens faits avec des fibres de feuilles de bananiers, afin de pouvoir le descendre dans la caisse à claire-voie, dont le fond aura été préalablement recouvert d'une couche de débris de feuilles sèches. Une fois le régime dans la caisse on remplit les vides au moyen de débris de feuilles afin d'empêcher le papier de se dérouler. Les liens sont ensuite coupés et retirés, et on finit de remplir les vides de façon que le régime ne puisse remuer. L'extrémité du régime étant également recouverte de débris, on cloue les planchettes du bout pour compléter la caisse. Celle-ci sera consolidée, mais ce n'est pas indispensable si les bois sont suffisamment épais, par un fil de fer.

Les caisses mesurent en moyenne $85 \times 65 \times 40$ à $1^m 10 \times 0,75 \times 0,50$ et tarent avec l'emballage de 10 à 20 kilogrammes.

Chaque caisse, avant l'embarquement, portera une marque spéciale ou le nom du destinataire ainsi qu'une autre marque indiquant la qualité du fruit qu'elle renferme. Cette dernière marque sera peinte de préférence sur l'extrémité de la caisse contenant le bout étroit du régime. La méthode la plus pratique à adopter pour ce marquage consiste à adopter une contre-marque spéciale pour chaque catégorie de régimes pesant un poids déterminé. Ainsi, les caisses renfermant un régime pesant avec l'emballage de 25 à 30 kilo-

gràmmes par exemple, porteront la contre marque « I » ; celles pesant
31 à 40 kilogrammes « II » ; celles de 41 à 50 kilogrammes « III » et
ainsi de suite.

Les caisses de bananes originaires de la Guinée et des Antilles
françaises pèsent brut de 50 à 60 kilogrammes environ ; celles des

Fig. 16. — Embarquement des régimes au Costa Rica.

Canaries pèsent de 25 à 40 kilogrammes suivant le nombre et la
catégorie de régimes qu'elles renferment.

Les régimes pesant plus de 27 kilogrammes sont généralement
expédiées seuls ; mais lorsqu'ils pèsent moins, on peut en mettre
deux ou trois dans la même caisse. Dans ce cas la marque sera suivie
du chiffre 2 ou 3 suivant le cas.

DURÉE D'UNE BANANERAIE

Généralement une bananeraie ne produit avec abondance que pendant les cinq à sept premières années, puis son rendement va en diminuant. En très bon terrain, l'on peut compter sur une durée moyenne de huit à dix années.

Cette durée dépend évidemment de la fertilité du sol. Mais bien que les terres de certaines régions privilégiées, comme par exemple l'Amérique Centrale, soient d'une fertilité exceptionnelle, ne nécessitant aucun engrais, il n'en est pas moins vrai qu'au bout de quelques années le planteur se trouve dans la nécessité d'abandonner son terrain, tout au moins pendant quelque temps, parce que les matières azotées ainsi que la partie soluble des éléments minéraux contenus dans le sol au début de la plantation finissent par disparaître insensiblement.

Le rendement diminuant peu à peu, au fur et à mesure que s'accomplissent les réactions chimiques dans le sol, le déplacement de la bananeraie s'impose et on y entreprend une autre culture, tandis qu'on défriche pour les bananiers une nouvelle étendue de terrain.

Si on ne veut pas entreprendre une autre culture que celle de la banane on fractionne le terrain de façon à garder une partie en friche qui sera mise en culture au fur et à mesure qu'on abandonne une partie de la bananeraie comme étant devenue trop peu productive. Alors, dans la bananeraie abandonnée, on sème par exemple les légumineuses suivantes : *Cowpea* (*Vigna sinensis*) et ses principales variétés : *Whip, New Era et Clay* (*Vigna unguiculata*) ; *Velvet Bean* (*Mucuna utilis*) ; *Bengal Bean* (*Stizolobium atterimum*) ; *Soy Bean* (*Soja hispida*) ou *Pois chinois*, etc. Si la nature du terrain le permet, on tracera avec la charrue, entre les rangs de vieux tronçons de bananiers, deux sillons dans lesquels on sèmera la légumineuse ; dans le cas contraire, on creusera des petit trous à la houe à 1 mètre ou 1^m 20 en tous sens, dans lesquels on déposera les semences. Le terrain ainsi planté ne tarde pas à se couvrir d'une abondante végétation, dont les sarments envahissent les vieux tronçons de bananiers et qui est donnée par la suite en pature au bétail.

Il est préférable, si on n'est pas pressé d'occuper le terrain, de le réensemencer avec les mêmes légumineuses ou avec d'autres variétés tout aussi alibiles pour le bétail. Lorsque ces plantes sont suffisamment développées on lache le bétail sur le terrain.

Dans le cas où l'on ne voudrait pas donner les légumineuses comme aliment au bétail afin de s'en servir comme engrais vert, il faudra pour les enfouir dans le sol, se servir d'une charrue à disques à cause de la résistance des sarments et de leur dureté.

L'arachide est une autre légumineuse qui, à défaut de servir d'engrais vert, peut fournir à la fois une récolte de graines et un fourrage sec excellent, tout en améliorant la terre car elle a la propriété de fixer directement l'azote de l'air par les nodosités de ses racines où se fixe la bactérie *Rhizobium leguminosarum*.

La terre ayant ainsi été améliorée par l'adjonction de matières fertilisantes, on peut alors procéder à sa préparation et la replanter en bananiers.

On s'aperçoit que la plantation doit être abandonnée quand les rejetons n'ont plus de vigueur et lorsqu'on voit diminuer le nombre de fruits dans le verticille et qu'ils sont à peine pulpeux ce qui est une preuve évidente de l'épuisement de la souche-mère.

ENGRAIS

La culture intensive du bananier étant très épuisante, il est indispensable, au bout d'un certain temps, de rendre à la terre l'équivalent de ce que les récoltes lui enlèvent.

Mais pour pouvoir appliquer judicieusement les engrais il est indispensable de connaître la composition chimique des plantes et du sol.

Voici, d'après les expériences faites en Algérie, par MM. Rivière, J. Dugast, Bonnier et François (1), quelle est la composition du *Musa sapientum* à des époque différentes :

	JUILLET 1901	OCTOBRE 1901
	N° 1	N° 2
Poids de la tige	25 kg. 00	27 kg. 00
— des feuilles	1 kg. 72	3 kg. 60
— du régime { axe (ª)	0 kg. 46	0 kg. 58
{ bananes	2 kg. 83	1 kg. 82
Total	30 kg. 00	33 kg. 00

(1) *Revue des Cultures tropicales*, n° 98, 5 avril 1902.

(ª) Nous pouvons difficilement admettre qu'un axe de régime ne puisse peser que 46 grammes et même 58 grammes, surtout s'il s'agit comme c'est le cas ici du *musa sapientum* dont les régimes sont généralement beaucoup plus grands et plus fournis en fruits que le *Musa paradisiaca*. Le régime du *Musa sapientum*

I. — Rapport de l'eau à la matière sèche.

	TIGE	FEUILLES	AXE	BANANES
Eau	92.25	80.12	92.83	75.35
Matière sèche	7.75	19.88	7.17	24.65
Total	100.00	100.00	100.00	100.00

Composition en centièmes de la matière sèche en principes immédiats.

	TIGE	FEUILLES	AXE	BANANES presque mûres
Matière azotée	2.92	8.48	8.24	8.91
Glucose	»	»	»	11.81
Sucre de canne	4.55	2.78	2.16	4.50
Amidon et analogues	31.15	16.21	17.09	43.27
Matières grasses	1.91	4.73	3.63	1.54
Cellulose brute	23.81	26.82	28.64	22.82
Cendres (CO_2 déduit)	12.27	13.98	16.82	3.78
Extractifs (par différence)	23.39	27.00	23.42	3.37
	100.00	100.00	100.00	100.00

qui a servi aux expériences devait certainement être un régime avorté. Il est certain que le poids du pédoncule ou axe du régime par rapport aux bananes peut varier énormément d'une plante à l'autre, mais on peut admettre qu'en moyenne le poids des pédoncules est de 7 à 9 % du poids des régimes. (Dans le cas des expériences ci-dessus, le poids de l'axe par rapport à celui du régime ne serait que de 0.15 % pour le n° 1 et de 0.17 % pour le n° 2.) En effet, il résulte des recherches faites par le Dr M. Zagorodsky de l'Institut agronomique de Berlin, que le pédoncule d'un régime pesant 26 kg. 700 représentait 9.06 % du poids du régime soit 2 kg. 420 ; que celui d'un régime de 24 kg. pesait 7.77 % ou 1 kg.865 et que trois pédoncules de trois régimes pesant ensemble 83 kg. représentaient 8.43 % du poids des régimes soit 7 kg. ou 2 kg. 333 pour chaque axe de régime.

Composition en centièmes de la matière sèche en principes minéraux.

	TIGE	FEUILLES	AXE	BANANES
Acide phosphorique............	0.406	0.400	0.829	0.259
Potasse......................	6.548	2.759	10.982	2.287
Chaux.......................	2.401	4.793	1.209	0.226
Magnésie	0.660	0.770	0.516	0.488
Soude	0.292	0.176	0.114	0.143
Oxyde de fer	0.334	0.218	0.272	0.047
Acide sulfurique	0.275	0.333	0.726	0.061
Chlore......................	0.062	0.111	0.077	0.031
Silice.......................	1.257	4.076	0.075	0.109
Sable	0.053	0.047	2.025	0.135
	12.288	13.683	16.825	3.786

II. — Rapport de l'eau à la matière sèche.

	TIGE	FEUILLES	AXE	BANANES
Eau.......................	91.23	82.57	92.39	79.91
Matière sèche	8.77	17.43	7.61	20.09
	100.00	100.00	100.00	100.00

Composition en centièmes de la matière sèche en principes immédiats.

	TIGE	FEUILLES	AXE	BANANES fruits verts
Matières azotées	3.88	12.96	13.25	5.86
Glucose.....................	»	»	»	traces
Saccharose	»	»	»	traces
Amidon et analogues	54.68	20.22	20.13	55.62
Matières grasses	0.82	3.74	2.88	2.00
Cendres brutes	13.31	17.15	21.95	5.17

Composition en centièmes de la matière sèche en principes minéraux.

	TIGE	FEUILLES	AXE	BANANES
Acide phosphorique........ .	0.434	0.428	0.760	0.443
Potasse...................	6.157	4.560	12.823	2.604
Soude	0.215	0.198	»	»
Chaux	1.595	3.260	0.863	0.284
Silice...................	0.900	4.440	1.564	0.141

Le bananier, comme l'on voit, est une plante qui exige un engrais complet apportant à la fois de l'azote et une grande quantité de sels potassiques et d'acide phosphorique, mais surtout de potasse.

L'application des engrais verts et de ferme se fait à la saison des pluies en creusant autour de la souche un petit fossé dans lequel ils seront enfouis.

L'emploi des feuilles et troncs de bananiers hachés comme engrais vert est bon, mais son effet utile est assez faible à cause de la lenteur de leur décomposition. Aussi est-il préférable d'en faire un compost en mélangeant ces débris avec des cendres, de la chaux, du fumier d'étable, etc., qu'on laissera pourrir pendant un an environ. Toutefois, comme pour la plupart des autres engrais tels que guanos, tourteaux, déchets de poisson, on devra ajouter des engrais phosphatés et potassiques.

Pour l'application de l'engrais chimique, qui se fait à la saison sèche. on aura soin de creuser une petite rigole, à une distance suffisante de la tige de la plante pour que l'engrais ne soit pas mis directement en contact avec elle.

Aux Canaries, la composition moyenne de la fumure chimique employée est comme suit :

35 % de sulfate d'ammoniaque courant ;

35 % de superphosphate de chaux ou d'os ;

20 % de sulfate ayant une richesse de 48 à 50 % de potasse pure soluble.

2 % de sulfate de fer ;

8 à 10 % de plâtre.

Des expériences faites aux îles Fidji (1), en 1907, ont démontré que l'application d'un engrais composé d'azote et superphosphate a été avantageuse, et que la potasse paraît accroître le poids total de la récolte, mais n'a que peu d'effet sur le nombre de verticilles du régime.

D'autres essais faits au Queensland (2) (Australie), en 1909, dans une terre complétement épuisée par la culture de la banane, mais contenant une certaine quantité d'humus, a été rendue exploitable et productive par une culture parfaite et profonde et l'emploi d'un bon engrais.

Les quantités de matières fertilisantes employées annuellement par hectare pour une plantation dont les bananiers étaient plantés à 3^{m}75 en tous sens, soit 676 pieds à l'hectare, ont été les suivantes :

180 kilos. de potasse
 90 — d'acide phosphorique
 45 — d'azote.

soit au total 315 kilogrammes de matières fertilisantes par hectare ou 0 gr. 465 par pied de bananier.

Dans une terre pauvre, très épuisée, cette quantité sera appliquée deux fois dans le courant de l'année, vers mars et octobre, de telle sorte qu'à la fin de la première récolte, en mars, lorsque les bananiers ont dix-huit mois, la plantation aura juste reçu sa quatrième application d'engrais, et la seconde récolte serait obtenue avec cinq applications d'engrais.

Ces mêmes expériences ont permis de se rendre compte que l'ac de phosphorique doit être appliqué sous la forme de superphosphate, l'azote sous forme de sang desséché ou de nitrate de soude ou de chaux. Le sulfate d'ammoniaque ne paraît pas être aussi bon comme source d'azote.

Le Dr James Neish (3), reproduisant un article de M. A. Couturier sur les engrais pour bananiers, conseille de préparer le mélange suivant pour un hectare planté avec 1500 bananiers, soit à 2^{m}55 en tous sens : 400 kilos. de sulfate de potasse contenant 50 % de

(1) *Report on Agriculture for the year*, 1910.
(2) *Queensland Agricultural Journal*, XXVI. 317. 1911.
(3) *Journ. of the Jamaïca Agric. Soc.* VII, 175. 1903.

potasse, et 600 kilos de superphosphate minéral à 18 % d'acide phosphorique ou la même quantité de scories de déphosphoration qui apporteraient à la fois de la chaux et de l'acide phosphorique. L'emploi de scories de déphosphoration est à conseiller vu leur très bas prix ; en outre, elles sont de décomposition lente et ne présentent aucune réaction acide, condition indispensable dans les sols où la chaux fait défaut.

En appliquant l'acide phosphorique sous forme de superphosphate, contenant par exemple 45 % d'acide phosphorique, on aurait l'avantage de réduire les frais de transport. Dans ces conditions il faudrait alors 240 kilogrammes de superphosphates par hectare.

Le mélange une fois fait, on l'emploie à raison de 400 à 600 grammes par pied de bananier, suivant qu'on donnera la préférence au superphosphate double ou au superphosphate ordinaire.

M. Teyssonier a préconisé pour la Guinée, le mélange fabriqué par le Syndicat des engrais potassiques de Francfort, dont la formule est la suivante : azote, 5,47 ; potasse, 11,02 ; acide phosphorique, 10,20 ; chaux, 8,17 ; matières inactives, 65,14, que l'on applique au pied de chaque touffe de bananiers, en plusieurs fois, à raison de 6 kilogrammes par an.

Dans le cas d'une bananeraie abandonnée, sur laquelle on a semé deux ou plusieurs fois une des légumineuses comme il a été dit plus haut (p. 164) aucun apport d'azote ne sera nécessaire, ces plantes tirant l'azote dont elles ont besoin de l'atmosphère.

Les terres riches en humus situées dans les contrées particulièrement favorisées sous le rapport du climat pour la culture de la banane n'exigent aucun engrais chimique.

La fumure organique sera appliquée de préférence quand il pleut ou par temps humide, tandis que pour les engrais chimiques on s'abstiendra de les utiliser quand il pleut, car ils seraient lavés et entraînés par les pluies.

RENDEMENT

De toutes les plantes fruitières tropicales le bananier est certa nement celle dont le rendement est le plus élevé.

Les chiffres que nous allons reproduire démontrent surabondamment les sérieux bénéfices qu'on peut retirer de la culture de la banane.

Cette culture a été tentée en grand en ALGÉRIE et en TUNISIE, mais les résultats n'ont pas répondu à l'attente, ces pays étant sujets à de trop brusques et trop sensibles variations de température.

ILES CANARIES.

Dans la zone tempérée il n'y a qu'aux îles Canaries que la culture de la banane ait vraiment donné de bons résultats, mais le summum de rendement paraît y avoir été atteint, les terrains aptes à cette culture commençaient à faire défaut (ᵃ) et ceux encore disponibles ont atteint des prix exhorbitants, pour ainsi dire inabordables, surtout les terrains bien arrosés. Aux Canaries, en 1904, les prix moyens pour un acre (0 hectare 4047) atteignaient : pour les terrains arrosés jusqu'à une altitude de 300 mètres, 6250 francs (15.437 fr. l'hectare) et pour ceux non arrosés dans la zône inférieure des pluies, 175 francs (432 fr. l'hectare) ; un peu plus haut, 415 francs (1025 fr. l'hectare), et ceux entre 300 et 1000 mètres, 2500 francs l'acre (6.177 fr. l'hectare).

(ᵃ) S'il faut en croire le Docteur L. BEILLE (*Annales de l'Institut Colonial de Bordeaux*, 10ᵉ année, 1911, p. 114). Les bananeraies aux Canaries ont atteint le maximum qu'elles peuvent occuper.

Depuis, le prix des terrains a haussé considérablement, ainsi que le coût de l'arrosage. Ces îles étant peu privilégiées sous le rapport des pluies, l'irrigation y est obligatoire et entraîne des frais annuels considérables.

Dans un rapport M. Cazard, vice-consul de France à Las-Palmas, signale des terrains bien irrigués à 35.000 et 40.000 francs l'hectare, à Las-Palmas, Telde Arucas et Bañaderos. Et si dans le Nord de l'île, à Guia, Galdar et Agaête, on en trouve à des prix plus raisonnables ceci tient uniquement à leur situation bien plus éloignée du port d'embarquement. Dans un rapport daté de Las Palmas, le 8 octobre 1919, M. Padavera gérant du vice-consulat de France dit que le prix de l'hectare de terrain propre à la culture de la banane est de 50.000 pesetas environ ; sa mise en valeur est estimée à 25 ou 30.000 pesetas. L'hectare planté et en pleine production varie par conséquent de 80.000 à 100.000 pesetas suivant la situation et la distance du port d'embarquement.

Quant au prix de la location des terrains à bananes, celui-ci varie entre 1500 et 1600 pesetas l'hectare. Mais, bien entendu, tous ces prix sont nominaux car il n'y a pas de bananeraies à vendre ni à louer.

Pris sur la propriété, les régimes valaient ([a]), suivant leur classification :

22 pesetas pour les régimes « gigantes » (géants)
18   — — —   extras
12   — — —   « sencillos » (petits régimes)

Ces prix sont, naturellement, très variables suivant la saison, le marché étranger, etc.

L'emballage coûte : caisse double : 2 p. 20 à 2 p. 50 ; la main-d'œuvre, 0 p. 90 ; la ouate, 0 p. 60 ; le papier, 0 p. 25 ; les clous, 0 p. 25 et la paille 0 p. 60 à 1 peseta, soit en moyenne 5 pesetas.

Toutes les caisses (huacales) que l'on embarque à destination de l'étranger, sauf pour l'Espagne, sont doubles (huacales dobles), c'est à dire qu'elles contiennent deux régimes géants (gigantes) ou

____

([a]) Ces prix, ainsi que nous le verrons dans le chapitre *Commerce*, sont actuellement bien plus élevés.

extras. Les caisses avec des régimes plus petits (sencillos) en contiennent d'habitude trois.

Le poids des caisses varie d'après la classification ci-dessus :

Caisse contenant un régime géant ou extra, 25 à 28 kg.
—   deux régimes géants ou extras, 50 à 56 kg.
—   trois petits régimes, 62 à 65 kg.

Le transport par charrette de la plantation au port d'embarquement revient au maximum à 2 pesetas par caisse.

A ces frais il convient d'ajouter 0 p. 50 par caisse pour la mise à bord.

Quant aux frais d'irrigation, ceux-ci sont devenus énormes pour les propriétaires de bananeraies qui ne possèdent pas de l'eau en toute propriété. D'après M. Cazard, le coût de l'arrosage revient de 1500 à 1800 francs par hectare, et d'après M. Padavera, de 1600 à 2100 francs.

D'après Padavera la plantation d'un hectare revient à 30 ou 40.000 pesetas et les frais de production annuels moyens (y compris fumure, arrosage, cueillette et autres) s'élèvent de 5 à 7000 pesetas.

Un hectare produit 1600 à 2000 régimes dont il convient de déduire 6 à 10 % de rebuts ou régimes qui ne se vendent que 2 à 4 pesetas.

Le rendement brut d'un hectare en plein rapport, c'est à dire à la 3e année, est estimé 12.000 à 16.000 pesetas, suivant la qualité de la bananeraie.

Par conséquent, si nous prenons les moyennes des chiffres ci-dessus et que nous en déduisons les frais, il resterait un bénéfice net de 8.000 pesetas par hectare.

Le coût de l'irrigation qui pèse si lourdement sur les frais de culture a fait hésiter plus d'un planteur à entreprendre la culture de la banane dans certaines colonies. Aussi n'y-a-t-il qu'en Amérique Centrale, aux Antilles et dans certaines parties de l'Afrique Occidentale que la culture en grand de la banane pour l'exportation en Europe soit encore possible. On objectera que la distance qui sépare ces pays de l'Europe est trop grande pour que les fruits puissent y arriver dans de bonnes conditions. Ceci est un obstacle plutôt apparent que réel. En effet, nous avons vu qu'un régime pour l'exportation se cueille vert et qu'il ne mûrit qu'au bout d'une quinzaine de jours. Or, des paquebots rapides et directs peuvent aisément couvrir la distance qui sépare l'Amérique Centrale et les Antilles de l'Europe en douze ou quinze jours (a). En outre, l'importation toujours croissante des bananes de l'Amérique Centrale est la meilleure preuve que nous puissions donner que ces fruits peuvent facilement être transportés, et dans un bon état, en Europe.

NICARAGUA. En 1910, — époque à laquelle nous avons été chargé par un groupe financier, d'une étude sur la culture de la banane, au Nicaragua, — M. R. C. Nichols, directeur de la *Pan-American Fruit and Fiber C°* — qui possède 5.000 acres (2.000 hectares) de terrains à bananiers, sur les bords du Rio Grande — déclarait que les frais de débroussaillement, de plantage et d'entretien s'élevaient à 15 dollars par acre (190 francs par hectare) se décomposant comme suit :

Débroussaillement	Frs.	47,00
Désouchement		70,50
Coupe de petits piquets		4,70
Achat de 400 plants		9,50
Piquetage		4,70
Plantage		4,70
Entretien première année		47,00
	Total Frs.	188,10

Les bananiers y ont été plantés à 16 pieds (4ᵐ 87) en tous sens, soit à raison de 169 pieds à l'acre (418 à l'hectare) ; on récolte par conséquent dès la première année 420 régimes par hectare. Mais en général à partir du quinzième ou du seizième mois, l'ensemble de la plantation fournit avec les rejets, de cinq à six régimes par souche et par an, soit $169 \times 5 = 845$ régimes par acre ou 2090 régimes par hectare.

Sans contester d'aucune façon la sincérité des données fournies

(a) La durée du voyage est de 10 à 11 jours des Antilles à Bordeaux ou Saint-Nazaire ; de 14 à 16 jours du Nicaragua à Bordeaux ; de 11 à 12 jours, de la Guinée à Bordeaux (par postaux et 3 jours de plus par cargo) ; 11 jours de la Guinée à Marseille.

par M. Nichols, nous voulons les considérer comme optimistes parce que l'expérience nous a démontré que l'espacement de 5 mètres entre les plants est insuffisant pour pouvoir conserver cinq ou six rejets par souche, sans que la plantation et le développement du fruit en souffrent. Il faut donc ou planter à un plus grand écartement ou réduire le nombre de rejets.

En plantant, par exemple, à six mètres en tous sens, on n'aura plus que 260 pieds à l'hectare, mais en conservant cinq rejets par souche, on aura $260 \times 5 = 1300$ régimes par hectare et par an. Mettons 1200 régimes soit 100 régimes par hectare et par mois.

Si nous élevons à 250 francs le chiffre de 15 dollars par acre ou 190 francs par hectare, accusé par M. Nichols, comme représentant les dépenses pour le débroussaillement, plantage, entretien, etc., et si à ce chiffre on ajoute 75 % pour les dépenses d'administration, d'installations diverses, achat de matériel et d'animaux pour les transports, etc., etc, le calcul des bénéfices par hectare, à partir du seizième mois, peut donc s'établir comme suit :

Vente de 1200 régimes, à 1 fr. 50 (ª)	Frs.	1800
Débroussaillement, plantage, entretien — Frs. 250		
Frais généraux, etc. — 187		
Frais de récolte et de transport, 0 fr. 50 par régime — 600		
Total Frs.		1037
Bénéfice net par hectare Frs.		763

Si la mise en culture est poussée activement, toutes les dépenses seraient déjà récupérées à la fin de la troisième année ; puis les frais

(ª) En 1922, la *United Fruit C°* payait aux planteurs (*Finqueros*).

Pour les régimes de 9 mains et au-dessus	$	0.60	
— 8 —	»	0.45	
— 7 —	»	0.30	
— 6 —	»	0.20	

Ces prix sont donc bien plus élevés que ceux qu'elle payait en 1910, époque à laquelle nous avons fait ce devis. Tous les chiffres devraient, par conséquent être mis au point, comme ceux, du reste, des autres devis d'avant guerre qui sont reproduits ici.

d'administration et d'entretien de la plantation devenant relativement peu importants — on peut les évaluer à 150 fr. par hectare —
le revenu annuel de l'entreprise atteindrait :

Vente de 1200 régimes à 1 fr. 50..   Frs.   1800
Frais généraux, etc. ....   Frs.   150
Frais de récolte et de transport ..   600
                                    750

Bénéfice net par hectare   Frs.   1050

Voici un devis pour une bananeraie de 700 hectares dont la superficie pourrait être portée à 2000 hectares.

En admettant que l'on consacre à l'achat du terrain (2000 hectares), des constructions démontables, des embarcations et du petit
matériel de chemin de fer, une somme de 290.000 francs, amortis-
sable en dix années, les dépenses de la première année d'exercice
s'élèveront pour la mise en culture de 700 hectares à 600.000 francs
dont 310.000 francs pour l'exploitation dont détail ci-dessous :

1ʳᵉ Année

DÉPENSES.

Débroussaillement et plantage de 700 ha. à 250 fr.   Frs.   175.000
Aménagement d'allées et deux nettoiements de la plantation   7.000
Achat d'animaux pour le service de la plantation   5.500
Achat de matériel agricole et autre, peinture etc.   5.000
Construction de cabanes pour le personnel, écurie, etc.   3.500
Salaires personnel auxiliaire et administration   60.000
Frais de voyages Europe — Nicaragua   10.000
Achat de vivres et fournitures diverses pour les ouvriers   12.000
Amortissement 10 % de 290.000.   29.000
Divers imprévus   3.000

Total   Frs.   310.000

De ce chiffre il convient de déduire les recettes
provenant de l'économat, recettes qui peuvent être
évaluées au bas mot à 0 fr. 50 par homme et par jour.
Pour une plantation de cette importance il faut comp-

ter sur environ 100 hommes. L'exploitation du magasin produira par conséquent un bénéfice annuel de 0 fr. 50 × 100 × 300 :   Frs.   15.000

Les dépenses d'exploitation pour la 1re année seront par conséquent réduites à   Frs. 295.000

2me **Année**

DÉPENSES.

Une fois le terrain planté, les frais d'entretien, d'administration, etc., pourraient ne plus s'élever qu'à 150 francs par hectare, soit pour les 700 hectares :

Entretien de la plantation	Frs. 3.500
Entretien des constructions	1.000
Achat d'animaux pour le service de la plantation	3.000
Gardiennage des animaux	1.000
Personnel auxiliaire et administration	60.000
Amortissement.	29.000
Frais de déplacements, de bureau, etc.	5.000
Divers, imprévus	2.500
	Frs. 105.000
Recettes de l'économat	15.000
Total des dépenses pour la 2me année	Frs. 90.000

RENDEMENT

Un hectare produit en moyenne 1300 régimes par an. Si on déduit 8 % pour les aléas on peut donc compter sur une récolte moyenne de 1200 régimes par hectare et par an ou 100 régimes par mois à partir du seizième mois.

En estimant la production des dizième, onzième et douzième mois après la plantation à 50 régimes seulement par hectare ; celle des treizième, quatorzième et quinzième mois, à 75 régimes, et celle du seizième mois et mois suivants à 100 régimes par hectare, le tableau ci-annexé, donnera un aperçu des productions mensuelles correspondantes aux parcelles successivement plantées.

RECETTES.

En se basant sur un prix de vente de 1 fr. 50 par régime (les beaux régimes de plus de 9 mains se vendent jusqu'à 2 fr.) et en déduisant de ce chiffre 0 fr. 50 pour les frais de coupe et de transport du fruit à dos d'homme jusqu'à la voie ferrée établie dans la plantation, le chargement et le déchargement des wagons, etc., les 460.750 régimes produits pendant la deuxième année d'exercice ou première année de production, ainsi qu'il est indiqué au tableau ci-annexé. produiront une recette de   Frs. 460.750

BÉNÉFICES.

Si l'on déduit de ce chiffre les dépenses

             1re année Frs. 295.000
             2e   «   «   90.000

                                 385.000

Les bénéfices de la deuxième année
              d'exercice seraient de Frs.   75.750

permettant de distribuer un premier dividende et de constituer une première réserve.

3me Année

La troisième année, en admettant qu'on n'ait toujours que 700 hectares de cultivés, et que les frais d'exploitation seraient même portés à 100.000 francs au lieu 90.000 francs, les bénéfices atteindraient alors encore le chiffre important de 740.000 francs environ.

La quatrième année et années suivantes, les bénéfices pourraient atteindre 775.000 francs.

Une plantation en plein rapport de 2.000 hectares laisserait par conséquent un bénéfice net annuel d'environ deux millions de francs.

Tableau indicateur de Culture avec Production progressive
correspondante pour 700 Hectares cultivés.

MOIS	SUPERFICIE		N° du mois à partir du plantage	Nombre de régimes produits	OBSERVATIONS
	défrichée	plantée			
1re Année	Hectares	Hectares			
Janvier	80				Dans l'Amérique Centrale on table sur une production de :
Février	80				
Mars	80				30 régimes par hectare les 10, 11 et 12e mois.
Avril	80				
Mai	80	400	0		75 régimes par hectare les 13, 14 et 15e mois.
Juin	80	80	1		
Juillet	70	70	2		100 régimes par hectare le 16e mois et mois suivants.
Août	50	50	3		
Septembre	50	50	4		
Octobre	50	50	5		
Novembre			6		Les rendements ci-contre sont calculés sur cette base.
Décembre			7		
Total		700			
2me Année					
Janvier			8		
Février			9		
Mars			10	20.000	
Avril			11	24.000	
Mai			12	27.500	
Juin			13	40.000	
Juillet			14	44.500	
Août			15	48.750	
Septembre			16	60.000	
Octobre			17	63.250	
Novembre			18	66.250	
Décembre			19	67.500	
Total				461.750	
3me Année					
Janvier			20	68.750	
Février			21	70.000	
Mars			22		
à					
Décembre				700.000	
				838.750	

Total pour la 4ᵉ année et années suivantes : 840.000 régimes.

Les rendements relatifs au Nicaragua, ainsi que les devis que nous allons reproduire, sont une preuve éclatante que la culture de la banane, partout où elle a été entreprise avec méthode, donne des résultats bien supérieurs à toute autre culture.

Costa-Rica : Voici, d'après Jores (1) le détail des frais de plantation et de culture d'une « manzana » (6,998 m. q. 96) plantée de bananiers.

L'auteur fait remarquer qu'il ne tient pas compte de la valeur du terrain qui, en forêt, peut valoir de 5 fr. à 200 fr. la manzana (7 fr. 15 à 286 fr. l'hectare) selon sa situation et sa qualité. Mais dans son calcul il suppose, dans les environs de Limon, un terrain bon pour la culture du bananier, ayant des moyens de communication normaux, et dont la plantation en forêt coûterait environ 200 francs la manzana (286 fr. l'hectare).

On estime, dit-il, la production moyenne d'une manzana de bananiers à 20 ou 25 régimes (28 à 36 par hectare) par mois, se vendant actuellement, livrés sur la voie ferrée qui dessert cette région, au prix moyen de 1 fr. 35 chacun.

D'autre part, on estime que les frais de culture, de coupe et de transport à la station reviennent en moyenne à 0 fr. 40 par régime.

Un hectare produira en douze mois donc : $28 \times 12 \times 1$ fr. 35 :

$$\text{Frs. } 453,60$$

Moins les frais soit : $28 \times 12 \times 0$ fr. 40 = $\quad$ » 134,40

$$\text{Bénéfice net annuel Frs. } 319,20$$

Les frais de mise en culture seraient par conséquent couverts et au-delà dès la première année.

Dès la seconde année, chaque hectare donnerait donc au moins 319 francs de bénéfice par an et cela pendant toute la durée de la plantation, qui est en moyenne de 7 à 10 années. Une propriété de 100 manzanas (près de 70 hectares) donnerait donc un bénéfice annuel de plus de 200.000 francs.

En déduisant les frais d'administration, de la valeur du terrain, des frais d'établissement de chemins pour l'exploitation, et des

(1) Voyez l'*Agricul. prat. des pays chauds*, t. II, 1906, pp. 299-300.

dépenses occasionnées par la construction des maisons nécessaires aux travailleurs, il resterait en moyenne un bénéfice net de 50 à 60 %. .

M. J.-E. Van der Laat (1) dit de son côté :

« Dans les conditions actuelles de culture peu soignée et sans restitution d'engrais, on obtient à peu près, à Costa-Rica, les résultats suivants :

« Coût d'un hectare .... 50 colons (ª)
    (jusqu'à 100 colons dans des situations particuliè-
    rement favorables)
« Défrichement de la forêt, et plantation du terrain
    en bananes (généralement à forfait)........... 85 »
« Entretien jusqu'à la première récolte (douze à dix-
    huit mois après la plantation selon les localités,
    qualité du terrain, soins).................... 40 »

                   Total des frais   175 colons

soit à l'hectare 420 francs.

« La première récolte donne à l'hectare, en moyenne, 200 régimes exportables, sur les 800 plantes environ que contient d'habitude un hectare ; à raison de 1 fr. 50, prix d'achat, soit 0 colon 65, le produit brut est de 130 colons (312 francs).

« Les frais de récolte et transport, jusqu'à la ligne de chemin de fer, dépendent naturellement de diverses circonstances, la proximité de cette ligne, ou des tramways auxiliaires, etc. ; mais on peut les estimer en moyenne à 0 colon 10 au maximum par régime.

« Le produit net de la première année de production (ou de la deuxième année de plantation), serait donc de 110 colons (264 francs). La troisième année, la récolte moyenne est de 500 régimes pour s'élever, à partir de la quatrième, jusqu'à 1500 régimes, dans de très bonnes conditions. Néanmoins à Costa-Rica, la moyenne de production ne dépasse pas 8 à 900 régimes.

« En culture intensive, une production annuelle de plus de 1500 régimes serait facile à soutenir, ainsi qu'il apparaît dans les cultures plus spécialement soignées. »

(1) Voyez *Journ. d'Agricul. tropicale,* nº 85 juil'et 1908, pp. 199-200.
(ª) Le colon or équivaut à 2 fr. 40.

Dans la riche vallée de La Estrella, et la région de Talamanca, au sud de Limon, les plantations donnent facilement 50 et 60 et même jusqu'à 70 régimes par hectare et par mois.

Voici d'après M. Paul Serre (1), consul de France au Costa Rica, le compte de culture pour un hectare, en 1922.

Terrain	$ 50.00
Défrichement et plantage	50.00
Ponts, tramways, drainage, etc.	50.00
Nettoyage, durant une année	50.00
Total	$ 200.00

Ce capital est généralement remboursé durant la première année de la façon suivante :

Production de 50 régimes par hectare et par mois, soit, par an, 600 régimes à $ 0,60	360.00
Coût d'exploitation : 600 régimes revenant chacun à $ 0.20	120.00
Bénéfice par hectare	$ 240.00

En pleine production, dit-il, une plantation de 150 hectares donne à son propriétaire un bénéfice annuel de $ 36.000.

JAMAÏQUE. — A la Jamaïque, pays producteur de bananes par excellence, la culture se fait avec ou sans irrigation suivant qu'elle a lieu dans la partie méridionale ou la partie septentrionale de l'île. La culture avec irrigation revient évidemment beaucoup plus cher que celle qui n'en a pas besoin.

Voici, d'après Fawcett (2) un devis pour chacun de ces deux genres de cultures, suivant les indications qui lui ont été fournies par des planteurs :

1° Plantation de 240 acres (97 hectares) dans la zône irriguée du sud :

(1) Voyez l'*Agronomie coloniale*, n° 58, sept. 1922, p. 288.
(2) Voyez *Revue des Cultures coloniales*, n° 115. 1902.

DÉPENSES

Culture :

	£	shel.	d.
Préparation du sol	11	13	1 1/2
Lignage.................		15	—
Plantation...............	1	12	6
Tranchées...............	5	4	1 1/2
Travail à la fourche de 240 acres...............	52	10	4 1/2
Tassement		4	6
Sarclage, 775 acres	252	18	5
Élagage.................	75	1	—
Étayage	1	11	3
Rejet : intercalation, etc	26	17	8
Engrais	1	11	10 1/2

£ 429.19 10

Irrigation :

	£	shel.	d.
Nettoyage des tranchées...	11	18	1 1/2
Nouvelles tranchées	3	16	3
Irrigation...............	124	19	9
Prix de l'eau............	176	2	2

£ 316.16 3 1/2

Récolte :

	£	shel.	d.
Coupe et transport........	205	8	7 1/2
Charriage	123	3	11 1/2
Transport par chemin de fer	206	10	1
Quaiage	178	3	10 1/2

£ 713. 6 6 1/2

Surveillance ....   » 203.12 6

Rentes, taxes et assurances ....   » 200. 2 8

A reporter £ 1914. 4 10

Report £ 1914. 4 10

DIVERS :

Clôtures, charriage, poste, etc.   7   4   4 1/2
Routes   14   17   9
Constructions   9   11   6
Dépenses   16   8   7
Taxe sur Coolies   19   3   —
Chef, surveillants, etc.....   44   16   9
Divers   12   7   7   124. 9   6 1/2
                                                                    2038.14   4 1/2

COMPTE DES BANANES

Régimes 8 mains 7 mains 6 mains Coupe totale Vendables.
24.356   16.016   12.778   4.468.   55.612   43.827
d'où 76 % de la récolte vendable (452 régimes par hectare).

RECETTES

	£	sh.	d.
Bananes....................................	3589	13	5
Rejets.....................................	35	15	5
Divers.....................................	10	1	10 1/2
£	3635	10	8 1/2

Le bénéfice est donc de £ 1596.6.4 ou £ 16.1.0 par hectare.

2º Plantation dans la zône non irriguée du Nord de 166 acres
(67 hectares) dont 31 acres (12 1/2 hectares) plantés pour produire
l'année suivante, 135 acres (54 1/2 hectares) en production, dont 50
acres avec rejetons plantés et 85 acres de rejetons de souche (*ratoons*).

	£	sh.	d.
Nettoyage et préparation du terrain.......	10	15	10 1/2
Tassement	13	9	10 1/2
Labour	43	19	1 1/2
A reporter	68	4	10 1/2

	£	sh.	d.
REPORT	68	4	10 1/2
Creusement des tranchées	16	7	7 1/2
Achat de plants et travail à la fourche	33	18	4 1/2
Plantation	9	6	4 1/2
Sarclage de 470 acres	148	3	4
Labour et hersage de 580 acres	121	13	4 1/2
Élagage	28	6.	4
Étayage	55	16	10 1/2
Récolte	78	17	10
Transport	12	5	3

Les frais totaux s'élevaient à 1250 livres

Récolte : 40.916 régimes vendables soit 751 régimes par hectare.

Recettes : Vente de bananes   £ 2210.15 3

      —   de cacao, noix de coco, etc.   458   — –

                                           £ 2668 15 3

Soit un bénéfice net de £ 1418.15.3 ou £ 21.3.6 par hectare.

D'après un opuscule publié par un des principaux planteurs, M. Henry Cork, le bénéfice moyen d'une plantation à la Jamaïque, est estimé à £ 20 par acre soit £ 49.8.0 par hectare. Voici comment il l'établit :

Un acre contient 339 bananiers

Vente en gros des régimes par acre	£ 27.	1.3
Coût de la culture		6 18 6
Bénéfice net	20	2 9

Dans les bonnes terres plantées d'environ 740 bananiers à l'hectare on récolte en moyenne 667 régimes, dont 395 environ de 9 mains et au-dessus, 172 de 8 mains et 100 de 7 mains.

M. O. Labroy rapporte que le rendement moyen est de 280 régimes marchands par acre (690 par hectare) et par an ; mais dans les bonnes terres on arrive facilement à 325 à 330 (800 à 815 par hectare) régimes.

BRÉSIL. — L. Paszkiewicz dit : « Une récolte de 50.000 kilogrammes de *calura* par hectare est une récolte ordinaire et il n'est pas rare, ni difficile d'obtenir en bonne terre de 80 à 120.000 kilogrammes de bananes à l'hectare. (1) » Ailleurs il dit : « 1.000 pieds de *caluras* produisent annuellement de 2 à 3.000 régimes soit une moyenne de 2500 régimes, du poids moyen de 16 kilogrammes (ceux de 20 à 25 kilogrammes faisant exception tandis que beaucoup n'en pèsent que 12) ce qui fait qu'en dix années, durée ordinaire d'une bananeraie de *caluras*, on aura donc récolté 25.000 régimes d'un poids total moyen de 400.000 kilogrammes. Le bananier *maça* ou *massao*, est autrement productif, les 1.000 pieds produisant 5.500 régimes par an, d'un poids moyen de 15 kgs par régime, soit au total, pendant les dix années, 55.000 régimes pesant 825.000 kgs (2).

D'après P. de Moraes un hectare planté de 320 touffes de bananiers peut produire 1.280 régimes par an (4 régimes par touffe), pesant en moyenne 30 kilogrammes, chacun valant 100 reis le kilogramme soit un rendement de 38.400 kilogrammes représentant une recette brute de 3.840 $ par hectare (3). Et d'après A. R. de Castro un hectare planté de 1089 touffes qui produisent après 12 à 18 mois, 4.356 régimes composés de 100 bananes en moyenne, donne une récolte de 43.560 kilogrammes.

Vendu en grande quantité un régime est payé facilement 700 reis. La récolte annuelle produit par conséquent une recette de près de 3.000 $ par hectare, recette qui peut être considérée comme revenu liquide vu que tous les frais de culture et d'entretien peuvent être couverts par la vente des produits provenant des cultures intercalaires. Mais même en ne comptant pas sur ces entrées, tous les frais n'excédant pas 500 $, on peut, dans des conditions normales, compter sur un bénéfice minimum de 2.000 $ par hectare, les 500 $ restants étant déduits pour les déchets de toute sorte (4).

Égypte. — Le *Gardener's Chronicle* (juillet 1907) en parlant de la culture de la banane en Égypte dit que les planteurs de bananes réalisent rarement moins de £ 60 net par an et par *feddan* (a) (£ 142

---

(1) L. Paszkiewicz. *Le Bananier nain « catura » du Parana.*
(2) L. Paszkiewicz. *La Banane Massao dans le Bas-Parana.*
(3) *Op. cit.* p. 17.
(4) *Op. cit.* p. p. 21-22.
(a) Un feddan = 0 ha. 4204 et 1 hectare = 2.3785 feddans

par hectare) et qu'en 1907, le propriétaire d'une plantation de 25
feddans (10 hectares et demi) aurait réalisé un bénéfice de plus de
£ 2000, ce qui fait £ 190 par hectare.

Le *Journal d'Agriculture tropicale* (n° d'octobre 1908, p. 317)
dit de son côté que dans des conditions ordinaires, le coût de la plantation d'un *feddan* est de £ 12.15. environ y compris l'achat de 321
rejetons à 0 fr. 50 chacun. Vendue sur pied, la récolte atteindrait
£ 80 à £ 120 par *feddan*, laissant un bénéfice annuel de £ 60 ce qui
représente un bénéfice net de £ 141 par hectare.

FIDJI. — Aux îles Fidji (1), la culture de la banane donnerait le
résultat suivant : La préparation de la terre, la mise en culture
l'achat de plants, d'instruments, etc., etc., pour 50 acres (un peu
plus de 20 hectares), reviendraient à £ 457.10. (£ 22.17.6 par hectare). La première récolte donnerait 200 régimes par acre ou 10.000
pour 50 acres (500 régimes par hectare) dont la vente produirait
£ 750 soit un bénéfice net de £ 292.10 ou £ 14.12.7 par hectare.

GUINÉE FRANÇAISE. — D'après le devis d'avant guerre établi
par M. Yves Henry (2), Inspecteur chef du Service de l'Agriculture
de l'Afrique Occidentale française, pour une bananeraie en Guinée
française, nécessitant une première mise de fonds de 120.000 francs,
on pourrait escompter un bénéfice net de 3.000 francs par hectare,
à partir de la quatrième année et années suivantes, c'est à dire lorsqu'on aurait vingt hectares en plein rapport.

M. Y. Henry en établissant son devis pour un colon prévoit
l'achat de 100 hectares, dont 60 hectares environ pour les dépendances et les paturages et 40 hectares de terres cultivables, sur lesquels 20 hectares seraient cultivés en bananiers.

« Dans l'établissement de ce devis annuel, il est entendu que le
planteur, aura consacré une année préparatoire à préparer son installation (tracé de la plantation, recrutement de la main d'œuvre,
multiplication des rejets, etc.). De sorte qu'en réalité, la première
année du compte de culture représente la seconde année de présence
dans la colonie.

(1) D'après l'*Annuaire des Fidji* de 1908.
(2) *Bananes et Ananas,* p. 122 et suiv.

Achat du terrain (100 hectares).............. Frs. 6.000
Constructions 50.000
Système d'irrigation 20.000
Matériel agricole 5.000
Constitution du troupeau 9.000
Défrichement (20 hectares) 5.000
Tracé, routes, plantation 5.000
Moyens de transport 5.500
Achat de rejets 2.000

                Total   Frs. 107.500

« Si à cela on ajoute l'ensemble des frais occasionnés par les études préparatoires, les transports de matériaux, les dépenses imprévues, etc., on peut compter sur un total de 120.000 francs pour 20 hectares, c'est à dire 6.000 francs par hectare de premier établissement.

« Nous compterons que cette première mise de fonds, constitue les frais généraux de l'exploitation, et que leur amortissement doit être opéré en dix ans. Nous devons donc porter au compte annuel de culture, et au passif, la somme d'environ 12.000 francs.

« Voyons maintenant les comptes d'exploitation courante.

FRAIS D'EXPLOITATION COURANTE

1re Année (mise en culture de 10 hectares).

                        frs.

a) Passif de l'année précédente........................
b) Amortissement annuel 12.000
c) Solde du directeur (8.000 fr. de fixe plus
    5 % sur les ventes)................. 8.000
    Solde du sous-directeur (4.000 fr. de fixe
    plus 2,5 % sur les ventes)............. 4.000   12.000
d) Main-d'œuvre indigène : 10 hectares à 1000
    francs par hectare (ouvriers et contre-
    maîtres).................................... 10.000
e) Achat d'engrais (10 hectares à demi-fumure
    à 500 francs)............................. 5.000
f) Dépenses imprévues 2.000

                    Soit au total 41.000

Passif à la première année : 41.000 francs.

2ᵐᵉ Année

DÉPENSES.

		frs.
a) Passif de la première année.....................		41.000
b) Amortissement annuel		12.000
c) Solde du directeur (8.000 + 5 % sur 60.000 francs).............................	11.000	
— — sous directeur (4.000 + 2,5 % sur 60.000 fr.)	5.500	16.500
d) Main-d'œuvre : 10 hectares à 1.500 fr.....	15.000	
10 — 1.000 fr...	10.000	25.000
e) Achat d'engrais : 10 hectares à fumure entière	10.000	
10 — à demi fumure	5.000	15.000
f) Renouvellement d'outils, imprévus..............		5.000
Soit au total		115.000

RECETTES

	frs.
Production de 10 hectares à 3.000 régimes, soit :	
30.000 régimes à 2 francs	60.000

Passif à la deuxième année : 55.000 francs.

3ᵐᵉ Année

DÉPENSES.

		frs.
a) Passif de la deuxième année		55.000
b) Amortissement annuel.........................		12.000
c) Solde du directeur (8.000 + 5 % sur 150.000 francs)	15.500	
— sous directeur (4.000 + 2,5 % —	7.750	23.250
d) Main d'œuvre 20 ha. à 1.500 fr. par hectare.........		30.000
e) Achat d'engrais : 20 ha. à 1.000 fr. par hectare......		20.000
f) Renouvellement d'outils, imprévus..............		9.750
Soit au total		150.000

RECETTES.

	frs.
30.000 régimes à 3 francs	90.000
30.000 — 2 —	60.000
Soit au total	150.000

Passif de la troisième année (nul).

. . . . \ . . . .

« Donc tout en amortissant les dépenses de premier établissement, dans un délai très court, le planteur fait, face dès la troisième
année à son passif.

4me Année et Années suivantes

DÉPENSES.

		frs.
a) Passif de la troisième année.		
b) amortissement annuel		12.000
c) Solde du directeur (8.000+5 % sur 180.000 francs)...........................	17.000	
— sous directeur (4.000+2,5 % —)	8.500	25.500
d) Main-d'œuvre (20 ha. à 1500 fr. par hect.)..........		30.000
e) Achat d'engrais (20 ha. à 1000 fr)..................		20.000
f) Renouvellement du matériel courant, imprévus		12.500
Soit au total		100.000

RECETTES.

	frs.
60.000 régimes à 3 francs	180.000

« Bénéfice net, 80.000 francs, soit en admettant un aléa de 25 %,
sur l'ensemble de l'opération, un rendement net de 60.000 francs,
soit 3.000 francs par hectare et par an, à partir de la quatrième
année.

« Donc à la fin de la dixième année, l'opération se solderait ainsi :
« Amortissement complet des 120.000 francs de frais généraux,

Bénéfice net total . . . . Frs. 420.000

Soit un bénéfice annuel de. . . . . Fr.   42.000

Et un bénéfice par hectare et par an de . . . . . . Fr.   2.100

L'opération aurait nécessité :

Une mise de fonds de . . . . Fr.   120.000

Un capital de roulement première année. . . .   29.000

—   —   deuxième —·   62.000

—   —   troisième année. . . .   83.000

—   —   quatrième année et années

                      suivantes 88.000

M. L. Pynaert, reproduit, d'après les *Annales de l'Institut Colonial de Bordeaux*, l'estimation d'après-guerre, suivante :

« Pour créer une plantation de 25 hectares, il faut compter, jusqu'à la production normale atteinte au cours de la troisième année, environ 150.000 francs, soit 5.000 francs à l'hectare.

« A la troisième année, les frais de production sont :

« Intérêts, 8 % sur 150.000 francs . . . . Fr.   12.000

Direction 15.000

Chef et sous-chef d'équipe. 3.500

Manœuvres. 15.000

Un menuisier et aide 3.000

Engrais. 25.000

Imprévus 6.500

                                          Fr.   80.000

« Récolte : deux régimes par souche, à kilogrammes 17.500 = 35 kilogrammes × 1.000 souches à l'hectare = 35 tonnes.

« Pour 25 hectares, 35 × 25 = 875 tonnes.

« Exportable : 80 % = $\dfrac{875 \times 80}{100}$ = 700 tonnes.

« Prix Bordeaux 1920 : fr. 2.25. En comptant sur fr. 1,25 au kilogramme et 20 % de pertes, on a une récolte de 560.000 × 1,25 = 700.000 francs, dont il faut déduire :

« Caissage et emballage, 120 fr. par mille........   Fr. 84.000
Transport de la plantation, 30 fr. par mille.......   21.000
Fret, 350 fr. par mille 245.000
                                                      ____
                                                      Fr. 350.000

Bénéfice : 700.000 francs — (350.000 + 80.000) = 270.000 fr. »

Nous allons donner à présent un devis de plantation conçu récemment (septembre 1925) par M. G. Beynis, pour la Guinée. La compétence de M. Beynis, qui a 20 années d'expérience et d'exploitation agricoles en Guinée française ne nous permet pas de mettre en doute l'exactitude des chiffres reproduits dans les pages qu'on va lire.

Plan d'exploitation

M. Beynis prévoit un capital de 1 million et demi de francs qui serait largement suffisant pour subvenir à toutes les dépenses du plan d'exploitation, jusqu'à la période régulière des recettes provenant de la vente du produit de la plantation.

Le plan d'exploitation tient compte des ressources du pays. Il est basé sur la mise en culture de 25 hectares de bananiers par an ; la culture ainsi faite chaque année, constitue un secteur complètement outillé pour ses propres besoins, avec son chef de secteur spécial logé sur place. Les plantations se poursuivront régulièrement pendant 4 années, soit 100 hectares, divisés en 4 secteurs complètement outillés et cultivés à la fin de la 4e année. Il sera loisible de déterminer ultérieurement s'il convient de poursuivre la plantation d'autres secteurs.

L'équipe de plantation est prévue à 50 hommes plus son chef. L'équipe d'entretien de chaque secteur planté est également prévu à 50 hommes plus son chef.

Le matériel pour la plantation, l'entretien, la récolte, la confection des caisses, l'emballage et l'expédition a été prévu, en propor-

tion croissante pendant 4 années. Il en est de même des constructions, du matériel de transport, du cheptel et du personnel.

L'engrais chimique, en dehors de l'engrais naturel, a également
été prévu en quantité suffisante, pour assurer la belle venue des
bananes dans les 4 secteurs.

D'une façon générale le projet a été établi, non pas sur des données
théoriques, mais au contraire sur l'expérience que M. Beynis possède
de la Colonie.

Il a été tenu compte dans l'estimation des recettes, du déchet
qui se produit dans le transport des caisses de bananes entre le
départ de la plantation et l'arrivée au port de vente : ce déchet, qui
est généralement de 20 %, a été porté à 25 %.

Pendant la période de croissance du fruit, l'atténuation des char-
ges d'exploitation est prévue au moyen de l'achat de bananes pour
la vente.

M. Beynis ne prévoit pas de dividendes pour les deux premières
années, en raison même des dépenses de premier établissement que
nécessitent les plantations avant la production régulière des fruits.
Toutefois les statuts de la Société pourraient prévoir la réparti-
tion sur plusieurs années des dépenses de constructions et de matériel, et même de toutes les dépenses de premier établissement.

En résumé, le plan d'exploitation, tel qu'il a été conçu, avec répar-
tition sur plusieurs années du coût des immeubles et du matériel,
offre la quasi certitude de 25 % de dividende la 3e année, 40 % la 4e,
et 50 % la 5e et années suivantes outre le remboursement du capital
dès la 7e année et la constitution d'importantes réserves extraordi-
naires.

Plantation de bananiers.

M. Beynis, pour la production des bananes, compte sur une
moyenne de 800 bananiers à l'hectare.

La récolte de la première année ne donne qu'un régime, mais dès
la 2e année la touffe peut donner 3 régimes. Ces régimes augmentent
en poids à chaque récolte et la production passe ainsi en moyenne,
d'environ 4 kilos la première année (pour le 1er régime), à 30 kilos,

36 kilos et 45 kilos, la 2e, 3e et 4e année. A partir de ce moment, la production peut être considérée constante à 45 kilos en moyenne par touffe de bananiers.

L'engrais chimique est calculé à 3 kilos par touffe, le fumier du cheptel de 10 à 15 kilos.

Un engrais chimique contenant de la chaux, du phosphore, de la

Cliché G. BEYNIS.

FIG. 17. — Jeune bananeraie (Guinée française).

potasse et de l'azote convenablement dosés, se trouve sur les marchés français au prix d'environ 1.000 francs la tonne, rendu sur la plantation. Le fumier proviendra du cheptel (4 têtes de bovidés par hectare). L'irrigation est également un facteur essentiel de bonne production.

Achats de fruit pour la vente

Pendant que se développeront les plantations de bananiers, on achètera des bananes sur place, pour l'expédition à destination principalement de Dakar, Casablanca, Bordeaux et Marseille.

Ces achats sont prévus à l'équivalent de 800 caisses de 40 kilos par mois, soit 9.600 caisses par an.

A cet effet, M. Beynis a déjà organisé deux magasins en Guinée pour le groupement, l'emballage et l'expédition du fruit et un magasin à Bordeaux pour la réception et la vente en gros.

Main d'œuvre et Personnel

La main-d'œuvre proprement dite se décompose en trois catégories principales : équipe de plantation, équipe d'entretien et petit personnel. A cette main-d'œuvre s'ajoutent le personnel nécessaire à la comptabilité, les mécaniciens et le personnel dirigeant.

Équipe de plantation. — M. Beynis estime qu'une équipe de 48 hommes plus 2 chefs indigènes et un chef européen de culture, soit 51 hommes en tout, assureront en 300 jours le service de la plantation de 25 hectares y compris le défrichement, le dessouchement, le labour, les drainages, les irrigations, le nivellement, la mise en terre des plants et pour tous imprévus.

Le nombre d'hommes de l'équipe de plantation reste par conséquent le même pour les 4 années, soit 51 hommes, ou, en moyenne 2 hommes par hectare.

Équipe d'entretien. — L'entretien régulier d'un secteur de 25 hectares, qui commencera seulement la 2e année d'existence, nécessite une équipe spéciale d'entretien en dehors de l'équipe de plantation. Cette équipe d'entretien pour chaque secteur sera également composée de 51 hommes comme il vient d'être dit pour l'équipe de plantation, soit une moyenne de 2 hommes par hectare et par an.

Le nombre d'hommes des équipes d'entretien est en conséquence prévu comme suit : 1re année 0 ; 2e année, 51 ; 3e année, 102 ; 4e année, 153 ; 5e année, 204 ; 6e année, 204 ; 7e année, 204.

L'équipe de plantation pour le 4e secteur se transforme en équipe d'entretien pour ce secteur, soit au commencement de la 5e année, quatre équipes d'entretien, au total 204 hommes.

Petit personnel. — Le petit personnel s'augmente au fur et à mesure de l'extension de l'exploitation. M. Beynis prévoit le personnel suivant :

Les plantons, pour la liaison entre la direction et les exploitations, y compris les relations avec les administrations coloniales (chemin de fer, postes, etc.) et au besoin pour servir d'aides chauffeurs ou d'assistants à toutes fins utiles.

Les jardiniers, pour les jardins potagers à l'usage du personnel européen et pour la plantation d'arbres et d'arbustes divers.

Les menuisiers, pour effectuer le montage des caisses, contribuer

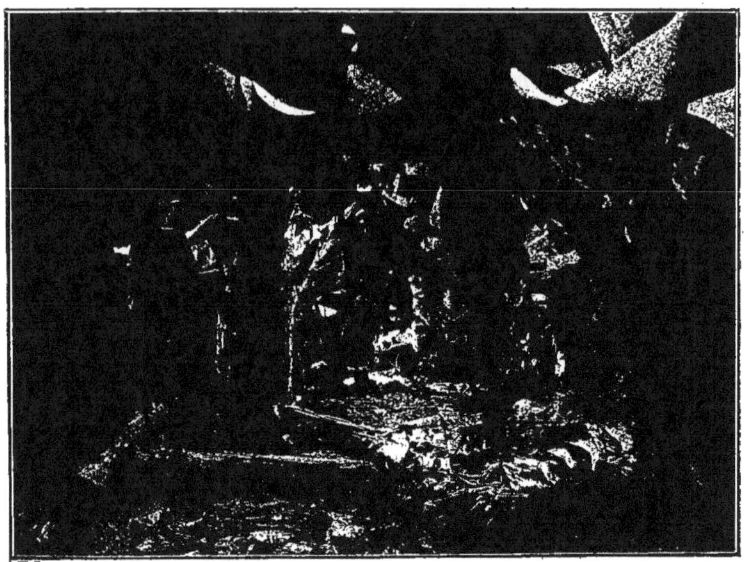

(Cliché G. BEYNIS).

FIG. 18. — Bananeraie en pleine production.

à l'emballage des fruits et, accessoirement, pour toutes réparations rentrant dans leurs attributions.

Les gardeurs de bestiaux, pour assurer la surveillance et tous les soins aux animaux composant le cheptel. La résidence des gardeurs est obligatoirement fixée à proximité des portes de chacun des parcs à bestiaux (un parc de 80 têtes par secteur.)

Les gardes, pour la préservation des cultures contre les déprédations des hommes et des animaux. La résidence des gardes est obligatoirement fixée sur les secteurs qui leur sont attribués.

Le nombre du petit personnel donne lieu aux prévisions suivantes :

DÉSIGNATION	SALAIRES	1re ANNÉE	2me ANNÉE	3me ANNÉE	4me ANNÉE	5me ANNÉE	6me ANNÉE	7me ANNÉE
Plantons	75 fr. p. mois	2	2	2	4	6	6	6
Jardiniers	75 fr. p. mois	4	4	4	4	4	4	4
Menuisiers	6 fr. p. jour	5	10	15	25	30	35	35
Bouviers	75 fr. p. mois	2	4	6	8	8	8	8
Gardes..........	75 fr. p. mois	4	4	6	8	8	8	8
Nombre d'hommes.		17	24	33	49	56	61	61
Salaires à l'année frs.		22.800	34.200	48.600	75.600	90.600	99.000	99.800

Comptable. — Il n'est prévu qu'un comptable jusqu'à la fin de la 4e année. Il se peut toutefois qu'un 2e comptable devienne nécessaire dès la 3e année, en raison du chiffre des ventes toujours croissant.

Mécaniciens. — La première année, le personnel dirigeant pourrait remplacer un mécanicien professionnel ; mais dès la 2e année, la société possédant 2 camions de 2 tonnes et une camionnette, il est prévu un mécanicien. Un deuxième mécanicien est prévu dès la 4e année, en raison de l'accroissement des transports et de l'acquisition d'un autre camion de 2 tonnes pour cette année, ainsi que pour la 5e. Bien entendu les mécaniciens seraient chargés de toutes les réparations de matériel en général, suivant leur nature.

Personnel dirigeant. — Celui-ci comprendrait un directeur et un sous-directeur aux appointements de 40.000 fr. et de 20.000 fr. respectivement et plus un pourcentage sur les bénéfices.

Irrigations

Les irrigations en Guinée se font par simples barrages faits avec des piquets et de la terre battue, car elles sont faites en saison sèche et pour cinq mois seulement (décembre à avril) époque à laquelle le débit des cours d'eau est ralenti.

L'eau est amenée dans les bananeraies par des fossés creusés par les équipes de plantation. (Voir fig. 19).

Ce qui revient à dire que les dépenses d'irrigation sont comprises dans les frais de main-d'œuvre prévus pour les équipes.

Cueillette et Transport terrestre

La cueillette des fruits est faite par les meilleurs manœuvres choisis par le chef d'équipe d'entretien. Les coupeurs sont suivis des porteurs qui, après avoir reçu le régime, le portent dans une

(*Cliché* G. BEYNIS).
FIG. 19. — Bananeraie en Guinée française.
Au premier plan on voit la canal d'irrigation.

allée voisine où des charrettes viennent les charger pour les transporter au magasin d'emballage.

Il en est de même pour les coupes de fruits achetées aux indigènes sur place, c'est à dire que la Direction délimite elle-même les coupes qu'elle achète et s'entend avec le chef d'une équipe régulière d'entretien pour affecter à la cueillette et au transport les hommes nécessaires.

Après quoi l'on procède à l'emballage.

Le transport des magasins d'emballage à la station du chemin de fer peut s'effectuer par charrettes à bœufs ou par camion. Le transport par charrettes étant trop lent, il est préférable d'effectuer le transport par camion automobile.

Il a été prévu pour la 1re année un camion de 2 tonnes et un autre camion de 2 tonnes pour la 2e année.

(Cliché G. BEYNIS).

FIG. 20. — Cueillette des régimes (Guinée française).

La dépense en essence est estimée à 3 litres par 10 kilomètres pour un chargement de 40 caisses environ, soit au prix de 2 fr. 50 le litre une dépense en essence de fr. 7,50 par 10 kilomètres correspondant environ à 20 centimes par caisses. (Cette dépense est comprise dans l'imprévu de 1 fr. 85 par caisse figurant au tableau A. p. 215).

· Donc jusqu'au dépôt des caisses en gare pas de dépenses autres que celles prévues aux dépenses d'exploitation.

Quant aux moyens de transport de la gare au wharf d'embarquément de Conakry le matériel du chemin de fer de la colonie suffit largement au transport des fruits. Le coût du transport revient à 1 fr. 25 par caisse.

(Cliché G. Beynis).

Fig. 21. — Jeune bananeraie en production et indigènes sarclant
un carré d'ananas (Guinée française).

Transport par mer

Celui-ci est assuré par les paquebots ou bateaux mixtes ou cargos des Chargeurs-Réunis, de la Cie Belge du Congo, des Cies Fabre et Fraissinet, etc.

Pour la plupart des compagnies le prix du transport pour Bordeaux est de 25 fr. par caisse dite « doubles » (caisse à 2 régimes pesant 40 kilos et mesurant environ $85 \times 45 \times 65$).

Recettes

Les recettes se composent de deux éléments : celles provenant de la vente des bananes produites par les plantations de la société et celles provenant de la vente des bananes achetées aux indigènes.

1º *Vente des bananes provenant des plantations.*

Le prix de vente moyen de la banane de Guinée est de 3 francs le kilo en gros à Bordeaux. Les caisses sont de 40 kilos en moyenne. Si on admet que le déchet maximum en cours de route est de 25 %, le poids net vendable est réduit à 30 kilos ce qui représente 90 fr. par caisse.

Les quatre secteurs de 25 hectares chacun seront tous plantés et en production à la fin de la 4e année ; toutefois le rendement complet du 4e secteur ne sera atteint que la 7e année.

Les recettes provenant des 4 secteurs peuvent donc être estimées comme suit :

1re année	2.000 caisses à 90fr. la caisse	= Fr.	180.000
2e —	17.000 —	—	—	=	1.530.000
3e —	35.000 —	—	—	=	3.150.000
4e —	57.500 —	—	—	=	5.175.000
5e —	78.000 —	—	—	=	7.020.000
6e —	85.000 —	—	—	=	7.695.000
7e —	90.000 —	—	—	=	8.100.000

Ce dernier chiffre est le plein rendement de 100 hectares à partir du commencement de la 7e année (voir pour détails le tableau B. p. 216).

2º *Vente de bananes achetées.*

Les achats ne sont prévus que pour une durée de quatre années, parce que le bénéfice et le nombre de caisses de bananes produites par la Société allant en augmentant rapidement dès la fin de la 3e année, il est inutile d'encombrer l'exploitation par des achats de fruits. A raison de 800 caisses en moyenne par mois, les recettes annuelles provenant de la vente des 9.600 caisses, à raison de 90 fr. par caisse, atteindront par conséquent fr. 864.000 par an.

DÉPENSES

ÉTAT DES DÉPENSES DE LA 1re ANNÉE

Constructions.

Un immeuble principal composé d'un rez-de-chaussée surélevé d'un étage, pour habitation et bureaux

de la direction à l'étage, avec magasins d'outillage
et de matériel d'emballage et garage pour les camions au rez-de-chaussée.......................... Fr. 150.000
Un immeuble secondaire, à usages d'habitation pour
le sous-directeur et le comptable 100.000
Un immeuble à usage d'habitation sur le premier
secteur pour le chef de culture 50.000
Trois hangars à usage d'atelier de menuiserie, d'atelier d'emballage et de magasin à paille sur le 1er
secteur... 30.000
Un parc à bétail sur le 1er secteur................. 10.000
Un campement de travailleurs sur le 1er secteur.... 5.000
Deux magasins d'emballage près la gare du chemin
de fer, pour les bananes achetées................. 25.000

                                  Total   Fr. 370.000

Matériel:

Un camion de 2 tonnes, prix vendu sur les lieux..... Fr. 30.000
Une camionnette de 1/2 tonne   d^{o} ... 18.000
Quatre charrettes à bœufs 4.000
Petit outillage général (pousse-pousses, brouettes, câ-
bles, marteaux, scies, masses, pelles, pioches,
fourches, haches, arrosoirs, rateaux, etc.) pour le
petit personnel 5.000
Petit outillage des secteurs (pelles, pioches, crocs,
hoyaux, coupe-coupes, fourches, haches, rateaux,
barres à mine, charrues, herses) pour la main-d'œuvre du 1er secteur 5.000
Mobilier d'habitation et de bureau pour les immeubles ci-dessus 30.000
Cheptel vif (80 têtes de bovidés à 250 fr. en moyenne)
pour le 1er secteur 20.000

                                  Total   Fr. 112.000

Frais d'exploitation.

Équipe de plantation de 51 hommes pour 25 hectares (1er secteur) comme il est dit au chapitre main-d'œuvre. Soit :
50 hommes à 3 fr. en moyenne par

jour pour 300 jours .... Fr.   45.000
1 chef européen de secteur à 1.000 fr.

par mois...................... 12.000

Total équipe de plantation Fr.   57.000

Plants de bananiers pour le 1er secteur à raison de
800 par hectare, soit : pour 25 ha. : 20.000 pieds
à 0 fr. 50 ....   10.000
Engrais chimique, à raison de 3 kilos par pied de
bananier, soit pour 20.000 pieds = 60 tonnes à
1.000 fr. la tonne 60.000
Personnel dirigeant : Direction....   40.000
                      Sous-direction   20.000   60.000
Un comptable agissant comme dactylographe 12.000
Mécanicien (provisoirement le personnel dirigeant
en fera fonction)...........................   (mémoire)

Petit personnel (voir chapitre main-d'œuvre)
2 plantons à 75 fr. par mois..........   1.800
4 jardiniers   do 3.600
5 menuisiers à 6 fr. par jour........   12.000
2 bouviers à 75 fr. par mois........   1.800
4 gardes   do 3.600

17 hommes à   22.800
Frais de caissage, d'emballage, d'expédition et de
vente pour les 2.000 caisses des plantations à 55 fr.
par caisse (Voir tableaux A. B. p. 215-216)......   110.000

Total   Fr. 331.000

Achats pour la vente.

Achat de 32.000 kilos de bananes par mois à 0 fr. 50
le kilo, correspondant à 800 caisses de 40 kilos, à

20 fr. par caisse. Soit par an pour 9.600 caisses... Fr. 192.000
Frais de caissage, d'emballage, d'expédition et de
vente pour les 9.600 caisses à 55 fr. par caisse.... 528.000

Total Fr. 720.000

Constitution de la Société et divers.

Frais de constitution et titres .... Fr. 75.000
Prévisions pour frais de prise de concessions....... 52.000
Impôts, assurances, imprévus 25.000
Administration, siège social, loyers et frais de bu-
reaux à Paris et à Bordeaux.................. 50.000
Frais de voyage du personnel européen (prévision). 16.000

Total Fr. 228.000

RÉCAPITULATION DES DÉPENSES DE 1re ANNÉE.

Constructions .... Fr. 370.000
Matériel 112.000
Frais d'exploitation........................... 331.800
Achats pour la vente.......................... 720.000
Constitution et divers 228.000

Total Fr. 1.761.800

ÉTAT DES DÉPENSES DE 2me ANNÉE.

Constructions.

Un immeuble à usage d'habitation sur le 2e secteur
pour le chef de culture .... Fr. 50.000
Un immeuble à usage d'habitation pour un mécanicien.. 50.000

A reporter Fr. 100.000

Report Fr. 100.000

Trois hangars à usage d'atelier de menuiserie, d'atelier d'emballage et de magasin à paille, sur le 2e secteur comme le secteur précédent..............   30.000
Un parc à bétail pour le 2e secteur..............   10.000
Un campement de travailleurs sur le 2e secteur....   5.000
Deux magasins d'emballage, comme la 1re année
pour les bananes achetées...................   (mémoire)

Total   Fr. 145.000

Matériel.

Un 2e camion de 2 tonnes, prix rendu sur place....   Fr.   30.000
Petit outillage général du petit personnel, renouvelle-
ment. 1.000
Petit outillage des secteurs, pour la main-d'œuvre
du 2e secteur, comme la 1re année. Fr.   5.000
Renouvellement pour le 1er secteur..   1.000   6.000
Mobilier pour les immeubles ci-dessus............   9.000
Cheptel pour le 2e secteur, comme pour le 1er secteur.   20.000

Total   Fr.   66.000

Frais d'exploitation.

Équipe de plantation de 51 hommes pour 25 hectares
(2e secteur) comme la 1re année...............   Fr.   57.000
Plants de bananiers pour le 2e secteur comme la 1re
année. 10.000
Équipe d'entretien pour le 1er secteur. Cette équipe
est égale à l'équipe de plantation comme il est dit
au chapitre main-d'œuvre. 57.000
Engrais chimique, comme il est indiqué la 1re année.
Soit : pour l'entretien du 1er secteur
60 T. = ... Fr. 60.000
pour la plantation du 2e secteur
60 T. = ...   60.000   120.000

A reporter   244.000

Report 244.000

Personnel dirigeant, comme la 1re année............ 60.000

Un comptable, comme la 1re année................ 12.000

Un mécanicien 15.000

Petit personnel (voir chapitre main-d'œuvre) 24

hommes à 34.200

Frais de caissage, d'emballage, d'expédition et de
vente pour les 17.000 caisses de bananes produites par les plantations à 55 fr. par caisse (voir Tableaux A et B, p. 215-216)................... 935.000

Total Fr. 1.300.200

Achats pour la vente.

Comme la première année Total Fr. 672.000

Divers.

Impôts, assurances, imprévus .... Fr. 25.000

Administration, siège social, loyers, etc......... 50.000

Frais de voyages du personnel (prévision)....... 16.000

Total Fr. 91.000

RÉCAPITULATION DES DÉPENSES DE 2e ANNÉE

Constructions .... Fr. 145.000

Matériel 66.000

Frais d'exploitation 1.300.200

Achats pour la vente 672.000

Divers. 91.000

Total Fr. 2.274.200

ÉTAT DES DÉPENSES DE 3e ANNÉE

Constructions.

Un immeuble à usage d'habitation sur le 3e secteur
pour le chef de culture .... Fr. 50.000

A reporter 50.000

Report Fr. 50.000

Trois hangars à usage d'atelier de menuiserie, d'atelier d'emballage et de magasin à paille sur le 3e secteur, comme les secteurs précédents....... 30.000

Un parc à bétail pour le 3e secteur............. 10.000

Un campement de travailleurs sur le 3e secteur... 5.000

Total Fr. 95.000

Matériel.

Petit outillage général du petit personnel, renouvellement... Fr. 1.000

Petit outillage des secteurs :

Pour la main-d'œuvre du 3e secteur........................ Fr. 5.000

Renouvellement

Renouvellement pour les 2 premiers secteurs.............. 2.000 7.000

Mobilier pour l'immeuble ci-dessus............. 4.000

Cheptel vif pour le 3e secteur, comme les secteurs précédents................................. 20.000

Total Fr. 32.000

Frais d'exploitation.

Équipe de plantation de 51 hommes pour 25 hectares (3e secteur) comme les années précédentes Fr. 57.000

Plants de bananiers pour le 3e secteur, comme les années précédentes 10.000

Équipe d'entretien comme il est expliqué au chapitre main-d'œuvre : pour le 1er secteur 57.000

pour le 2e — 57.000 114.000

Engrais chimique, comme il est indiqué les années précédentes. Soit :

Pour les 3 secteurs 180 T. à 1.000 fr............. 180.000

Personnel dirigeant, comme les années précédentes 60.000

A reporter Fr. 421.000

		Report	Fr.	421.000
Un comptable				12.000
Petit personnel (voir chapitre main-d'œuvre) 33 hommes à.............................				48.600
Frais de caissage, d'emballage, d'expédition et de vente pour 35.000 caisses de bananes produites par les plantations à 55 fr. par caisse (Voir Tableaux A et B p. 215-216).................				1.925.000
		Total	Fr.	2.406.600

Achats pour la vente.

Comme les années précédentes. Total Fr. 672.000

Divers.

Impôts, assurances, administration, etc., etc., comme l'année précédente .... Fr. 91.000

Récapitulation des Dépenses de 3ᵉ Année

Constructions................................	Fr.	95.000
Matériel......................................		32.000
Frais d'exploitation...........................		2.406.600
Achats pour la vente		672.000
Divers..		91.000
Total	Fr.	3.296.600

État des Dépenses de 4ᵐᵉ Année.

Constructions.

Un immeuble à usage d'habitation sur le 4ᵉ secteur pour le chef de culture	Fr.	50.000
Un immeuble à usage d'habitation pour un nouveau mécanicien............................		50.000
A reporter	Fr.	100.000

Report Fr. 100.000

Trois hangars à usage d'atelier de menuiserie, d'atelier d'emballage et de magasin à paille sur le 4ᵉ secteur, comme sur les secteurs précédents.   30.000

Un parc à bétail pour le 4ᵉ secteur............   10.000

Un campement de travailleurs sur le 4ᵉ secteur ..   5.000

Total Fr. 145.000

Matériel

Un 3ᵉ camion de 2 tonnes, prix rendu sur place..   Fr.   30.000

Cinq charrettes à bœufs 5.000

Petit outillage général du petit personnel, renouvellement................................   1.000

Petit outillage des secteurs :

Pour la main-d'œuvre du 4ᵉ secteur, comme les années précédentes .... Fr. 5.000

Renouvellement pour les 3 premiers secteurs 3.000   8.000

Mobilier pour les immeubles ci-dessus..........   8.000

Cheptel vif pour le 4ᵉ secteur comme pour les précédents 20.000

Total Fr. 72.000

Frais d'exploitation.

Équipe de plantation de 51 hommes pour 25 hectares (4ᵉ secteur) comme les années précédentes.   Fr.   57.000

Plants de bananiers pour le 4ᵉ secteur. (L'achat est devenu inutile ces plants étant fournis par le 1ᵉʳ secteur). ....   (mémoire)

Équipe d'entretien, comme il est indiqué au chapitre main-d'œuvre, soit 3 équipes de 51 hommes pour les 3 secteurs à 57.000 fr. soit 171.000

A reporter Fr. 228.000

Report   Fr.   228.000

Engrais chimique, comme il est indiqué pour les années précédentes soit 60 T. par secteur ou 240 T. pour les 4 secteurs à 1.000 fr. la tonne...   240.00

Personnel dirigeant comme les années précédentes   60.000

Un comptable 12.000

Deux mécaniciens :

    1 comme les années précédentes Fr. 15.000

    1 deuxième mécanicien.......... 15.000   30.000

Petit personnel (voir chapitre main-d'œuvre) 49 hommes à 75.600

Frais de caissage, d'emballage, d'expédition et de vente pour 57.000 caisses de bananes produites par les plantations à 55 fr. par caisse (Voir Tableaux A et B p. 215-216)..................   3.162.500

Total   Fr. 3.808.100

Achats pour la vente.

Comme les années précédentes..............   Fr.   672.000

Divers.

Impôts, assurances, etc., comme l'année précédente   Fr.   91.000

RÉCAPITULATION DES DÉPENSES DE 4ᵉ ANNÉE

Constructions ....   Fr.   145.000

Matériel....................................   72.000

Frais d'exploitation 3.808.100

Achats pour la vente 672.000

Divers 91.000

Total   Fr. 4.788.100

État des Dépenses de 5me Année.

Constructions.

Un immeuble à usage d'habitation pour le 2ᵉ comptable .... Fr. 50.000

Trois hangars supplémentaires d'atelier de menuiserie, d'atelier d'emballage et de magasin à paille dont l'emploi sera déterminé ultérieurement 30.000

Total Fr. 80.000

Matériel.

Un 4ᵉ camion de 2 tonnes prix rendu sur place... Fr. 30.000
Mobilier pour l'immeuble ci-dessus............ 4.000
Petit outillage général, renouvellement......... 1.000
  dᵒ des 4 secteurs dᵒ 4.000

Total Fr. 39.000

Frais d'exploitation.

Entretien des 4 secteurs de 25 hectares ou 4 équipes d'entretien, soit 204 hommes à 57.000 fr. par équipe (voir chapitre main-d'œuvre)......... Fr. 228.000

Plants de bananiers. Les plants de renouvellement sont produits par les plantations existantes... (mémoire)

Engrais chimique, comme il est indiqué les années précédentes soit 60 T. par secteur ou 240 T. à 1.000 fr. pour les 4 secteurs................ 240.000

Personnel dirigeant, comme les années précédentes 60.000
  Deux comptables :
1 comme les années précédentes.. Fr. 12.000
  deuxième comptable.......... 12.000 24.000

Deux mécaniciens comme l'année précédente... 30.000

Petit personnel (voir chapitre main-d'œuvre) 50 hommes à 90.600

A reporter Fr. 672.600

	Report	Fr.	672.600

Frais de caissage, d'emballage, d'expédition et de
vente pour 78.000 caisses de bananes produites
par les plantations à 55 fr. par caisse (Voir Tableaux A. B., p. 215-216)...................   4.290.000

	Total	Fr.	4.962.600

Achats pour la vente.

Dès la fin de la 4e année, les achats de bananes pour
la vente ont été supprimés, en raison de l'accroissement considérable de la production des plantations....................................   néant

Divers.

Impôts, assurances, etc., etc., comme les années
précédentes...............................   Fr.   91.000

Récapitulation des Dépenses de 5e Année

Constructions................................	Fr.	80.000
Matériel......................................		39.000
Frais d'exploitation..........................		4.962.600
Achat pour la vente..........................		—
Divers.		91.000
	Total Fr.	6.172.600

État des Dépenses de 6e Année

Constructions.

Néant.   Néant

Matériel.

Petit outillage général, renouvellement........		1.000
d⁰ des secteurs d⁰		4.000
	Total Fr.	5.000

Frais d'exploitation.

Comme la 5e année soit :

4 équipes d'entretien pour les 4 secteurs : ou 204 hommes	Fr.	228.000
Engrais chimique nécessaire aux 4 secteurs : 240 tonnes		240.000
Personnel dirigeant		60.000
2 comptables		24.000
2 mécaniciens		30.000
Petit personnel (voir chapitre main-d'œuvre) 61 hommes à		99.000
Frais de caissage, d'emballage, d'expédition et de vente pour 85.000 caisses de bananes produites par les plantations à 55 fr. par caisse (Voir Tableaux A. B., p. 215-216)		4.702.500
Total	Fr.	5.383.500

Achat pour la vente.

Néant.   Néant

Divers.

Impôts, assurances, etc., etc, comme l'année précédente .... Fr. 91.000

RÉCAPITULATION DES DÉPENSES DE 6e ANNÉE

Constructions		—
Matériel	Fr.	5.000
Frais d'exploitation		5.383.500
Achats pour la vente		—
Divers		91.000
Total	Fr.	5.479.500

État des Dépenses de la 7e Année

Constructions.

    Néant.   Néant

Matériel.

Petit outillage général, renouvellement......... Fr.   1.000

      d⁰   des secteurs   d⁰ 4.000

                                 Total   Fr.   5.000

Frais d'exploitation.

    Comme la 6e année, soit :

4 équipes d'entretien pour les 4 secteurs ou 204

    hommes.................................. Fr.   228.000

Engrais chimique nécessaire aux 4 secteurs : 240

    tonnes 240.000

Personnel dirigeant...........................   60.000

2 comptables................................   24.000

2 mécaniciens...............................   30.000

Petit personnel (voir chapitre main-d'œuvre) 61

    hommes..................................   99.000

Frais de caissage, d'emballage, d'expédition et de

    vente pour les 90.000 caisses de bananes produi-

    tes par les plantations à 55 fr. par caisse (voir Ta-

    bleau A-B. p. 215-216) 4.950.000

                         Total   Fr. 5.631.000

Achats pour la vente.

    Néant.   Néant.

Divers.

Comme l'année précédente .... Fr.   91.000

Récapitulation des Dépenses de la 7e Année

Constructions		—
Matériel	Fr.	5.000
Frais d'exploitation		5.631.000
Achats pour la vente		—
Divers		91.000
	Total Fr.	5.727.000

Tableau A.

Coût de Fabrication, d'Emballage, d'Expédition et de Vente des Caisses Rendues en France. (par caisse de 40 kilos de bananes).

Bois de caisses, emballage, pointes, ouate, papier, paille	7.50	
Chemin de fer jusqu'à Conakry	1.25	
Statistique, decauville, etc.	0.75	
Transit Conakry, droit syndical, embarquement	4.25	13.75
Frêt de Conakry en France		25.00
Droits d'entrée (impôt sur le chiffre d'affaires, statistique, péage, taxe générale, etc., camionnage, transit, chapeau, etc.) jusqu'au magasin de vente	9.90	
Commission de 5 % pour l'agent de vente sur 90 francs par caisse	4.50	14.40
Imprévus		1.85
	Total par caisse Fr.	55.00

Tableau B.

Production et Recettes
en bananes provenant des plantations de la Société
(plantation arrêtée à la fin de la 4e année.)

ANNÉES	SURFACES plantées — Hectares	PLANTATIONS — Nombre de pieds	PRODUCTION EN KILOS suivant l'âge par pied	par an	RÉCOLTE totale en kilos par an	NOMBRE de Caisses de 40 kilos	RECETTES à 90 francs la caisse — Francs
1re An.	25	20.000	4k	80.000k	80.000k	2.000	180.000
2e An.	25	20.000	4k	80.000k			
	25	20.000	30k	600.000k	680.000k	17.000	1.530.000
3e An.	25	20.000	4k	80.000k			
	25	20.000	30k	600.000k	1.400.000k	35.000	3.510.000
	25	20.000	36k	720.000k			
4e An.	25	20.000	4k	80.000k			
	25	20.000	30k	600.000k			
	25	20.000	36k	720.000k	2.300.000k	57.500	5.175.000
	25	20.000	45k	900.000k			
5e An.	25	20.000	30k	600.000k			
	25	20.000	36k	720.000k			
	25	20.000	45k	900.000k	3.120.000k	78.000	7.020.000
	25	20.000	45k	900.000k			
6e An.	25	20.000	36k	720.000k			
	25	20.000	45k	900.000k			
	25	20.000	45k	900.000k	3.420.000k	85.500	7.695.000
	25	20.000	45k	900.000k			
7e An.	25	20.000	45k	900.000k			
	25	20.000	45k	900.000k			
	25	20.000	45k	900.000k	3.600.000k	90.000	8.100.000
	25	20.000	45k	900.000k			

RECETTES

DÉSIGNATION	1re ANNÉE	2me ANNÉE	3me ANNÉE	4me ANNÉE	5me ANNÉE	6me ANNÉE	7me ANNÉE
Bananes de la propriété.	180.000 fr.	1.530.000 fr.	3.150.000 fr.	5.175.000 fr.	7.020.000 fr.	7.695.000 fr.	8.100.000 fr.
Bananes achetées	864.000 fr.	864.000 fr.	864.000 fr.	864.000 fr.	—	—	—
Totaux	1.044.000 fr.	2.394.000 fr.	4.014.000 fr.	6.039.000 fr.	7.020.000 fr.	7.695.000 fr.	8.100.000 fr.

DÉPENSES

DÉSIGNATION	1re ANNÉE	2me ANNÉE	3me ANNÉE	4me ANNÉE	5me ANNÉE	6me ANNÉE	7me ANNÉE
Constructions	370.000 fr.	145.000 fr.	95.000 fr.	145.000 fr.	80.000 fr.	—	—
Matériel	112.000 fr.	66.000 fr.	32.000 fr.	72.000 fr.	39.000 fr.	5.000 fr.	5.000 fr.
Frais d'exploitation.....	331.800 fr.	1.300.200 fr.	2.406.600 fr.	3.808.100 fr.	4.962.600 fr.	5.383.500 fr.	5.631.000 fr.
Achat de bananes......	720.000 fr.	672.000 fr.	672.000 fr.	672.000 fr.	—	—	—
Divers	228.000 fr.	91.000 fr.	91.000 fr.	91.000 fr.	91.000 fr.	91.000 fr.	91.000 fr.
Totaux	1.761.800 fr.	2.274.200 fr.	3.296.600 fr.	4.788.100 fr.	5.172.600 fr.	5.479.500 fr.	5.727.000 fr.

BÉNÉFICES

	1re ANNÉE	2me ANNÉE	3me ANNÉE	4me ANNÉE	5me ANNÉE	6me ANNÉE	7me ANNÉE
Recettes.............	1.044.000 fr.	2.394.000 fr.	4.014.000 fr.	6.039.000 fr.	7.020.000 fr.	7.695.000 fr.	8.100.000 fr.
Dépenses	1.761.800 fr.	2.274.200 fr.	3.296.600 fr.	4.788.100 fr.	5.172.600 fr.	5.479.500 fr.	5.727.000 fr.
Différence	— 717.800 fr.	+ 119.800 fr.	+ 717.400 fr.	+ 1.250.900 fr.	+1.847.400 fr.	+2.115.500 fr.	+2.373.000 fr.

L'amortissement du coût des immeubles (835.000 fr.) et du matériel (331.000 fr.) soit au total 1.166.000 fr., n'a pas été compris dans les États ci-dessus. Si on amortissait les immeubles en 20 années et le matériel en 10 années, on verra, par le tableau ci-dessous, quelles sont les sommes qu'il convient de déduire des bénéfices bruts des 7 premières années et quels sont les bénéfices nets qui resteraient.

ANNÉES	BÉNÉFICES BRUTS	AMORTISSEMENTS	BÉNÉFICES NETS
1e	— 717.800	29.250	— 747.050
2e	+ 119.800	53.100	+ 66.700
3e	+ 717.400	61.050	+ 656.350
4e	+ 1.250.900	75.500	+ 1.175.400
5e	+ 1.847.400	83.400	+ 1.764.000
6e	+ 2.115.500	83.900	+ 2.031.600
7e	+ 2.373.000	84.400	+ 2.288.600

Total amorti   Fr.   470.600

L'amortissement du solde Fr. 695.400 pourrait être effectué sur les recettes de la 8e année ou :

Recettes .... Fr. 8.100.000
moins dépenses 5.727.000 + 695.400 =   6.422.400
La 8e, les bénéfices seraient par conséquent encore

de... Fr. 1.677.600

À partir de la 9e année les bénéfices nets annuels atteindraient :

Recettes   Fr. 8.100.000
Dépenses   5.727.000

Fr.   2.373.000

Les devis qui précèdent montrent que peu de cultures peuvent être entreprises avec moins de risques et laisser d'aussi gros bénéfices. Ceci, du reste, est pleinement démontré par les chiffres d'affaires que font les quelques compagnies qui se livrent au commerce de la banane dans l'Amérique Centrale.

INDUSTRIE

Ainsi que nous le verrons dans le chapitre suivant, la consommation des bananes en Europe et en Amérique, augmente graduellement toutes les années dans des proportions vraiment prodigieuses. Ceci tient à ce qu'il a été reconnu, non seulement par d'éminents voyageurs anciens et modernes, mais aussi par de non moins éminentes sommités médicales, que ce fruit délicieux est le plus nutritif des aliments. Il contient, en effet, plus de 25 % de matières organiques assimilables et constitue un aliment complet : albuminoïdes, graisses et sucre, plus des sels minéraux.

Du reste, comme le dit très bien M. E. De Wildeman : « L'importance de ces végétaux réside non seulement dans le fait que leurs fruits devraient constituer un des principaux éléments de l'alimentation de l'indigène et du blanc dans le pays, mais encore qu'ils devraient former la base d'au moins deux industries très importantes pour l'avenir économique de ces régions ; nous voulons parler de la fabrication de la farine de banane, et de la préparation de fibres qui peuvent être largement utilisées dans la confection des chapeaux. » (Mission de Briey etc. p. 290). A ces deux industries il faut ajouter les conserves de bananes, l'extraction du sucre et de l'alcool.

Avant de reproduire les résultats d'analyses des éléments chimiques dont se compose la banane, nous donnerons quelques chiffres sur sa composition botanique.

Les éléments botaniques dont se compose une banane mûre, pesant 85 grammes, sont :

Pulpe	60 grammes ou 70.59 %	du poids total
Péricarpe	25 » ou 29.41 %	—

85 grammes.

M. L. Pynaert (1) reproduit l'analyse suivante d'une banane très mûre du Brésil.

Pulpe   34.68 grammes ou 63.32 %
Péricarpe 20.97   »   ou 37.68 %

55.65 grammes

Voici, les résultats d'analyses, des trois espèces de bananes *paradisiaca*, *sapientum* et *chinensis*.

	Paradisiaca	Sapientum	Chinensis	
	(Müntz et Marcano)	(Baillaud)	(Alquier)	(Correnwinder)
Pulpe.....	55 à 70 %	40 gr. ou 58.82%	70.56 %	34.68 ou 62.32 %
Péricarpe..	45 à 30 %	28 gr. ou 41.18%	29.44 %	20.97 ou 37.68 %
Poids du fruit	— —	68 gr.	131 gr.	55.65

Il ressort des expériences qui ont été faites avec des bananes vertes et des bananes mûres, que le poids de la pulpe par rapport à celui du péricarpe est plus élevé dans les premières et est à peu près le double du poids du péricarpe sans queue soit 52.20 %, alors que dans les bananes mûres la pulpe représente 58.22 % du poids du péricarpe. C'est ce qui ressort des observations faites par Boussingault, dont nous reproduisons ici les chiffres.

	BANANES VERTES		BANANES MURES	
	avec queue	sans queue	avec queue	sans queue
Pulpe	65.70 %	52.20 %	63.20 %	58.22 %
Péricarpe	34.30 %	47.80 %	36.80 %	41.78 %

La proportion de pulpe et de péricarpe par rapport au poids total des fruits peut aussi varier suivant leur taille. C'est ce qui ressort

(1) *Op. cit.*, p. 110

des observations faites par le Dr M. Zagorodsky (1) au laboratoire
de l'Institut agronomique de Berlin.

	Pour les petits fruits d'un poids moyen de 93 gr. 07	Pour les fruits d'un poids moyen de 121 gr. 92
Pulpe...........	57.17 %	59.78 %
Péricarpe	42.83 %	40.22 %

Des chiffres ci-dessus il faut conclure que la proportion de chair
par rapport au péricarpe est moindre chez les fruits de petite taille.

A l'analyse les éléments chimiques de la pulpe et du péricarpe
ont accusé les chiffres suivants :

PULPE		PÉRICARPE	
Acide pectique . . .	0.03	—	
Pectines	1.24	Tanin	4.08
Sucre	7.07	Pectine	0.74
Amidon	21.98	Fibrine et résine . .	1.16
Fibrine.	0.18	Cellulose	5.16
Cellulose	0.50	Amidon	8.94
Cendres	0.80	Cendres . . . . ,	0.62
Eau.	68.20	Eau.	76.30
	100.00		100.00

L'analyse de la pulpe démontre que la banane est un des fruits
les plus nutritifs et des plus sains et qu'à ce point de vue elle est
plus efficace que la patate, dont la composition est la suivante :

Amidon	15.00
Gomme.	1.30
Sucre.	3.84
Albumine.	1.10
Matières grasses	0.89
Cellulose.	2.54
Sels acidulés et minéraux.	9.26
Eau.	68.43
	100.00

(1) *Tropenpflanzer*. XV, n° 7, juillet 1911.

Voici quelques résultats d'analyses de pulpe de *musa paradisiaca,
musa sapientum* et *musa cavandishii.*

1º *Musa paradisiaca.*

Analyse chimique faite par MM. G. Rivière et Baillache au Laboratoirc agronomique de Versailles, en novembre 1904 (1).

Eau.	68.30
Sucres.	14.50
Matières saccharifiables calculées en amidon.	7.10
Cellulose.	3.82
Matières protéiques.	2.56
Gommes et matières extractives par diffusion.	3.72
	100.00

Analyse de MM. Muntz et Marcano de la pulpe qui représentait
55 à 70 % du poids total :

Eau.	66.0
Amidon.	15.0
Matières grasses.	0.5
Sucre de canne.	0.6
Sucre interverti.	0.4
Matières azotées.	2.9
Cellulose ct pectine.	3.0

2º *Musa sapientum.*

D'après une analyse de M. A. Baillaud.

Poids total de la banane 68 grammes
—   sans cosse   40   »

Eau.	72.40
Matières extractives (dont 21.90 de sucre).	23.93
Substances grasses	0.09
Matières azotées.	1.44
Cellulose.	1.22
Cendres	0.92
	100.00

(1) Ch. Rivière. *Sur les Bananiers en Algérie,* etc., p. 204.

D'après une analyse de M. J. Dugast :

Sucre de canne.	9.02
Sucre interverti.	7.34
Amidon.	2.41
Matières azotées.	3.78
Matières grasses.	0.60
Cellulose.	0.26
Cendres.	1.18
Eau.	73.80
Corps indéterminés (par différence).	1.61
	100.00

3º *Musa cavendishii* ou *chinensis*.

D'après les analyses faites par Correnwinder avec des bananes naines (*Musa cavendishii*) mûres, celles-ci contiendraient :

Eau.	72.450
Sucre cristallisable.	15.900
« interverti	5.900
Cellulose.	0.380
Matières azotées.	2.137
Pectines.	1.250
Matières grasses, acides organiques, etc.	0.958
« inorganiques.	1.025
	100.000

L'*Agronomie Coloniale* (1), en reproduisant les données fournies par M. Alquier (2), fait remarquer que bien que l'espèce étudiée n'est pas désignée spécialement, il est probable qu'il s'agit de la banane de Chine.

Cendres utilisables digérées.	0.65 %
Matières azotées utilisables digérées	1.21 »
Matières grasses.	0.50 »
Hydrocarbones.	21.87 »

(1) Nº 25, juillet-août 1919, p. 22.
(2) *Revue de la Société scientifique d'hygiène alimentaire*, nº 1, p. 1906.

Nombre de calories utilisables (par 100 gr.)   99.69   »
Nombre d'unités nutritives organiques uti-
  lisables (par 100 gr.). . . . .   24.31   »
Cellulose (hydrocarbones ingérés). . . .   0.87   »
Sucre. . . . .   16.20   »

L'analyse ci-dessous, de Correnwinder, reproduite par M. L. Pynaert, a été faite avec la pulpe d'une banane très mûre du Brésil (1).
Cette indication est un peu vague ; mais, d'après le poids total du
fruit (55 gr. 65) il est à supposer qu'il s'agit ici du fruit du *musa nanâ*
ou d'une variété encore plus petite.

Eau. 73.900
Albumine végétale. 4.820
Fibres brutes. 0.200
Graisse brute et matière colorante. . .   0.632
Sucre brut, sucre interverti, acides organi-
  ques, pectose, traces d'amidon. . . .   19.657
Acide phosphorique. 0.062
Chaux, ammoniaque, chlore, oxyde de fer,
  etc. 0.729
                                        ____
                                        100.000

Le *Teysmannia*, de Java, reproduit les analyses suivantes de
quatre variétés de bananes des îles de la Sonde :

	PISANG Radjah	PISANG Radjah sereh	PISANG Mas	PISANG Ambon
Eau	62.26	63.74	69.28	77.00
Albumine	0.91	1.07	0.97	0.81
Amidon....................	7.03	3.23	3.61	0.38
Dextrose..................	12.70	10.44	8.94	5.76
Levulose	9.60	11.35	10.08	9.49
Sucre de canne	1.94	1.19	3.86	2.46
Dextrine	1.10	—	—	—
Cellulose	0.35	0.39	0.31	0.19
Cendres	0.92	0.92	0.84	0.90

(1) L. PYNAERT, *op. cit.*, p. 110.

D'après le tableau que nous reproduisons ci-contre (1), et qui donne les analyses chimiques des différentes espèces de bananes mûres du Brésil, la plus riche en substances azotées est la *anâ*, puis vient la *dominique*, suivie de près par la *ouro*, puis par la *paô*, la *banana*, la *maça*, la *prata* et la *rosada*.

COMPOSITION	DOMINICA	PAO	BANANA	MAÇA	ANA	OURO	ROSADA	PRATA
Humidité	698.800	569.000	756.511	692.600	806.500	634.500	573.500	711.304
Matières grasses.	2.200	2.000	—	2.220	2.200	1.300	1.668	1.200
Résine, colorant.	—	27.800	1.740	—	—	—	—	—
Gluten	—	2.006	1.239	—	—	—	—	0.726
Matière albumin.	12.700	7.000	5.440	3.800	23.000	10.600	2.000	2.600
Amidon	14.500	14.600	—	30.000	—	14.800	5.000	4.900
Sucré cristallisé.	—	—	—	154.400	99.200	32.600	—	181.100
Glucose	151.800	87.900	126.670	15.200	39.000	199.600	98.125	3.700
Acides tartrique, mallique, etc..	0.956	0.410	4.190	1.110	—	—	1.953	4.056
Dextrine	51.300	73.100	84.720	19.400	15.000	15.700	136.250	6.400
Matière fibreuse .	61.756	157.863	—	14.630	15.600	46.786	96.887	
Sels inorganiques	—	21.321	19.500	41.660	—	44.117	84.662	84.000

D'après les résultats des analyses ci-dessus, on voit que la composition chimique des bananes varie suivant les espèces. Cette composition peut également encore varier suivant le degré de maturité ou de siccité des fruits. C'est ce que démontrent les analyses de M. J. Lépine, du Dr Garcia, de Semler et autres dont nous allons reproduire, ci-dessous, les résultats.

Analyses de M. J. Lépine d'une banane récoltée à Pondichéry.

	Avant maturité	A la maturité
Fécule	17.75	6.50
Gluten	0.08	—
Mucilage.	0.08	1.24
Albumine .	0.07	0.25
Gommes.	0.62	0.45
A reporter	18.60	8.44

(1) Extrait de *A Bananeira*, de P. de MORAES, p. 58.

Reports	18.60	8.44
Sucres cristallisables.	—	4.10
Sucres incristallisables.	0.75	9.04
Matière colorante et résine. . .	0.40	0.57
Fibres amylacées.	16.01	15.55
Sels minéraux.	1.19	1.19
Acide pectique.	—	2.80
Eau.	63.05	58.31
	100.00	100.00

Analyse de M. J. Lépine d'une banane du *Musa féhi*.

	Fruit non mûr	Fruit mûr
Eau.	64.70	58.31
Amidon.	15.75	6.50
Matières azotées	0.07	0.25
Sucre.	0.75	13.14
Matières colorantes jaune. . . .	0.39	—
Divers.	0.88	—

Analyses de Semler, donnant la composition chimique des fruits mûrs et non mûrs, à l'état frais.

	Fruits non mûrs	Fruits mûrs
Eau.	70.92	66.78
Fibres brutes.	0.36	0.17
Amidon.	12.06	traces
Tanin	6.53	0.34
Graisse.	0.21	0.58
Sucre de raisin.	0.08	20.97
Sucre brut.	1.34	4.50
Matières albuminoïdes	3.04	4.92
Cendres.	1.09	0.95
Matières non déterminées. . . .	4.42	0.79
	100.00	100.00

Le Dr Garcia donne l'analyse suivante de 100 parties de banane aux trois degrés de son évolution, mais sans préciser la variété :

	Sèche	Fraîche Verte	Fraîche Mûre
Eau	9.75	78.11	73.9
Graisses	0.69	0.18	0.6
Glucose	1.75	0.29	—
Sucre et pectine	—	—	22.8
Amidon	42.11	11.11	—
Cellulose	—	—	0.2
Albuminoïdes	5.13	1.35	1.7
Fibres digestibles	36.87	10.07	—
Fibres ligneuses	2.52	0.66	—
Cendres, substances minérales	3.30	0.87	0.8
Gommes	1.88	0.36	—

Voici rapportée par le Dr J. Kœnigs (1) et reproduite par M. L. Pynaert, la composition chimique de la pulpe de différentes variétés de bananes à l'état frais et à l'état sec :

| | A L'ÉTAT FRAIS | | | | | | A L'ÉTAT SEC | | |
	Eau	Matières azotées	Graisse	Sucre	Mat. extract. non azotées	Fibres	Cendres	Mat. azotées	Matières libres d'azote
M. paradisiaca du Brésil (a)	72.40	2.14	0.96	14.40	8.69	0.38	1.03	7.75	83.66
Vénézuela (b)	73.80	1.60	0.30	13.30	10.70	0.20	1.16	6.11	87.78
Iles Sandwich (c)	82.06	0.61	—	16.25	—	—	1.08	3.37	—
Amérique Centrale (d)	74.10	1.20	0.80	22.90	—	—	1.06·	4.63	—
Sans désignation (p. 68 g.) (d)	72 40	1.44	0.09	21.90	2.03	1.22	0.92	5.22	86.70
M. Cavendishii (e)	75.71	1.71	—	3.00	17.14(x)	1.74	0.71	7.04	—

(1) *Chemische Zusammensetzung des Menschlichen Nährungs und Genussmittel.*
(a) Analyse de Correnwinder.
(b) — de Marcano et Müntz.
(c) — d'Alwater et Brayant.
(d) — de Bailand.
(e) — de Doherty
(x) Y compris la matière grasse.

Pour les fruits du Brésil et du Vénézuela, le sucre était constitué
de sucre interverti et de sucre de canne, ce dernier atteignant 9.50% ;
en outre, on a constaté 0.60 % d'amidon dans le fruit du Brésil et
0.40 % dans celui du Vénézuela.

M. M. Greshoff, J. Sack et J. J. von Eck, du Musée colonial de
Harlem, donnent comme suit la composition des bananes fraîches
et séchées.

	BANANE	
	fraîche	séchée
Eau	79.44	41.39
Matière azotée	0.43	3.87
Graisse	0.56	0.35
Matière non azotée	14.28	50.10
Fibres	1.26	0.85
Cendres	0.76	2.09

La forte proportion d'amidon que renferme la banane verte la
rend assez indigeste, mais cette proportion diminue considérablement lorsqu'elle mûrit, l'amidon se transformant alors en sucre et
autres carbohydrates. Aussi n'est-il pas rare de constater que la proportion d'amidon contenue dans une banane mûre peut s'abaisser
à 5 % et moins.

D'après de Humboldt la banane à cuire, cucillie avant complète
maturité, c'est à dire alors que l'amidon qu'elle renferme n'est pas
encore transformé en sucre, est 4.8 fois plus nutritive que la pomme
de terre. Ailleurs, il dit que 98 livres de pommes de terre et 33 livres
de froment, soit au total 131 livres de produits alimentaires, peuvent être compensées par 40 livres de bananes. Crichton Campbell
prétend, de son côté, que la banane est 2.5 fois plus nutritive que le
meilleur pain de froment. Le professeur Prescott, de l'Institut de
Technologie de Massachussets, dit que la banane constitue un aliment plus riche à l'unité de poids et est plus digestif que la plupart

des aliments usuels ([a]). Nicholls et Raoul disent que la banane est aux habitants des tropiques ce que le pain et la pomme de terre sont à ceux de la zone tempérée. Le Dr Henri Labbé, chef du Laboratoire de la Faculté de Médecine de Paris dit de son côté, dans la *Presse Médicale* : « Le pouvoir nutritif de la banane est considérable ; il n'est pas inférieur à 100 calories par 100 grammes de banane fraîche, c'est à dire qu'en se rapportant aux tables d'équivalence alimentaire, elle a sensiblement la valeur nutritive d'un poids égal de viande ordinaire. Pour la banane desséchée, le pouvoir calorique, par 100 grammes s'élève environ à 285 calories ; il est ainsi plus de deux fois supérieur à celui de la viande. Aussi la banane confite devient-elle un vrai réservoir d'énergie. » Une statistique américaine va jusqu'à affirmer que la disparition de la banane causerait une famine beaucoup plus grande que la disparition de la pomme de terre.

M. Charles Debierre, dans un article sur *La Banane* (1) dit : « Les bananes donnent à l'analyse 28 % de substances nutritives (amidon, sucre) elles contiennent donc plus de substances assimilables que la pomme de terre qui n'en possède que 23 % ; le raisin, 17 % ; la pomme, 13 % ; le lait, 12 % ; la salade, 4 % ; plus que les œufs et la viande qui n'offrent que 25 % de matières utiles. »

Nous pourrions encore reproduire maintes citations de ce genre, sans parler de nombreuses attestations de médecins et de chimistes qui se sont livrés à l'analyse de la banane. Mais à quoi bon ? Il est maintenant universellement reconnu que la banane est un produit alimentaire de toute première qualité et c'est la raison pour laquelle elle est tant demandée partout.

Toutefois, si elle peut suffire à peu près exclusivement à l'alimentation des enfants et des noirs, elle ne saurait en aucune façon suffire aux peuples menant une certaine activité, parce que « la banane est un *aliment incomplet*, tandis que la viande, le lait, le pain, les légumes secs (lentilles, haricots) sont des aliments complets. Si ces

---

([a]) Voici, d'après M. Prescott la durée de digestion de divers aliments : Bananes mûres : 1 h. 45 ; haricots, 2 h. 30 ; petits pois, 2 h. 35 ; oignons et oranges, 2 h. 45 ; farine d'avoine, 3 h. 05 ; mouton rôti et bœuf bouilli, 3 h. 15 ; œufs à la coque et pomme de terre bouillies, 3 h. 30 ; prunes, 3 h. 40 ; choux, 4 h. 30 ; noix, 5 h. ; porc rôti, 6 h. 20.

(1) *Bulletin de l'Agence G[le] des Colonies* n° 186-187. 1923, pp. 777-779.

substances alimentaires contiennent les trois groupes de corps
indispensables à la vie, au renouvellement des tissus du corps et au
« charbon » qui brûlent les muscles pour produire de la chaleur et de
la force vive, graisses, matières azotées et hydrates de carbone, les
bananes possèdent exclusivement des hydrates de carbone (1). »

Les qualités nutritives de ce fruit ayant été suffisamment démon-
trées, les pays producteurs de bananes pour l'exportation devraient
s'occuper, plus sérieusement qu'en général cela n'a été fait jusqu'ici,
de l'emploi industriel des grandes quantités de fruits qui sont parfois refusés à l'embarquement. En effet, tout régime qui n'a pas le
nombre de verticilles voulu ou qui a été cueilli avant d'avoir atteint
le degré de maturité nécessaire ou qui comprend même un seul fruit
commençant à jaunir, est rejeté impitoyablement. Des millions de
francs sont ainsi perdus annuellement.

Depuis quelques années on a procédé à de nombreux essais pour
transformer les bananes non exportables en régimes en produit
de conserve, en alcool ou en sucre ; mais jusqu'à présent seule la
farine de banane paraît avoir pris une certaine importance commerciale en raison de ses grandes qualités nutritives.

Il y a près de trente années qu'on procède, dans certaines colonies,
à la préparation de bananes séchées et de farine de banane, mais
jusqu'ici, les efforts tentés pour vulgariser ces deux produits dans
l'alimentation ne semblent pas avoir donné des résultats bien satis-
faisants.

Conserves de bananes. — *Bananes séchées.* — Les bananes —
celles qui se mangent crues — peuvent se conserver comme les figues
dans les pays secs, sans aucune préparation spéciale. Lorsque la
banane a atteint son complet développement on coupe le régime
qu'on laisse mûrir jusqu'à ce que les fruits commencent à se rider ;
on enlève alors le péricarpe et on expose les fruits au soleil jusqu'à
ce qu'il se produise à leur surface une efflorescence de sucre. Le degré
de siccité atteint, on met les fruits en caisse en les pressant légèrement afin d'intercepter autant que possible la circulation de l'air.

Pour les climats tropicaux, et par conséquent à température
chaude et humide, il faut, avant de mettre les fruits à sécher, les

(1) Ch. DEBIERRE op. cit. p. 778.

plonger pendant un instant dans de l'eau bouillante contenant du sulfate de chaux, sans quoi, les fruits, au lieu de sécher se liquéfieraient. Mais ceci peut être évité par le séchage par le vide, les fruits ne contenant plus alors que 5 à 10 % d'humidité.

Un point très important et qui demande une certaine expérience est le degré de maturité que doit avoir le fruit pour obtenir de bonnes bananes conservées ou *platanos pasados*, comme disent les Espagnols d'Amérique.

Fig. 22. — Évaporateur Ryder à un foyer.

En effet, il ne faut pas attendre que le degré de maturité soit trop avancé pour procéder à la dessiccation, comme il ne faut pas non plus la commencer trop tôt, parce que alors une partie de l'amidon n'étant pas encore convertie en sucre, il s'en suit que le fruit une fois séché dans ces conditions sera dur et manquera de saveur.

De nos jours on obtient la dessiccation des bananes à l'aide du « Vacuum dryer » de H. Hamel Smith ou d'un évaporateur, système Ryder (voir fig. 22), construit par la maison Mayfarth, dont la descritption est donnée par M. Yves Henry (1).

(1) *Bananes et ananas*, pp. 115-119.

Cet évaporateur, dit-il, est composé :

a) D'un foyer à double enveloppe, dans lequel on brûle un combustible quelconque, muni d'un tuyau qui emmène le gaz provenant de la combustion.

b) Et d'une caisse en bois de 3 à 5 mètres de long, et de $0^m 70$ à 1 mètre de large. Cette caisse légèrement inclinée, repose par sa partie inférieure, sur la partie supérieure de la double enveloppe du foyer. Elle est partagée en deux compartiments par une cloison et dans chacun de ces deux compartiments se trouvent trois hauteurs de claies ; c'est sur ces claies que se posent les fruits à dessécher. L'opération, avec cet appareil, est extrêmement simple ; l'air qui s'est échauffé au contact du foyer, pénètre dans les compartiments où l'on a disposé les fruits et les dessèchent. Les claies sont introduites dans le compartiment supérieur et dans sa partie la plus basse. Au fur et à mesure que la dessiccation s'avance, on pousse les premières claies nouvellement chargées, jusqu'à ce qu'elles arrivent à la partie supérieure du compartiment du haut ; les fruits sont retournés, examinés et s'il est nécessaire, les claies sont introduites de nouveau dans l'appareil, mais cette fois, dans le compartiment inférieur. La dessiccation peut, de cette façon, être poussée aussi loin qu'on le désire.

« Il faut avoir soin de contrôler la dessiccation car si celle-ci est trop précipitée, les bananes se caramelisent à la surface, puis se dessèchent très mal.

« Pour obtenir un produit de belle qualité, il faut sécher à basse température, et de préférence, dans un appareil à évaporer dans le vide.

« Le point principal du séchage, pour les divers appareils, est la fixation des températures minima et maxima auxquelles le fruit se sèche le mieux et cette connaissance ne s'acquiert qu'après des expériences répétées. Les fruits frais contiennent de 60 à 70 % d'eau ; une fois séchés, ils ne peuvent en contenir que 25 à 30 % s'ils sont destinés à être pressés, et 5 à 10 % s'ils sont destinés à être moulus.

. . . .

« Le rendement dépend du degré de dessiccation et de maturité des fruits. De grands fruits contenant 80 % d'eau donneront 20 % de bananes séchées et pelées lorsque celles-ci contiennent encore

25 % d'humidité, et 17.5 % lorsqu'elles ne contiennent plus que 10% d'humidité.

« Des fruits non mûrs donneraient des rendements inférieurs. D'expériences entreprises dans l'Usambara, il résulte que des fruits mûrs donnèrent de 19.1 % avec un degré d'humidité de 32 %, des fruits à moitié mûrs 17.1 %, avec 27 % d'eau et des fruits non mûrs 16.9 % avec 22 % d'humidité. Les fruits non mûrs furent séchés le plus vite, mais, par contre, ce furent les fruits mûrs qui donnèrent les produits les plus beaux et les plus appétissants (1) . »

Des essais de dessiccation, effectués à Bingerville, sur des bananes de Chine récoltées à maturité complète, ont permis d'obtenir, en ramenant le taux de l'humidité à 20 % environ, qui est le taux ordinairement admis, des produits extrêmement riches en sucres et agréables au goût. D'après ces essais, qui ont été reproduits dans le *Bulletin Mensuel de l'Agence Économique de l'A. O. F.* (n° 52, avril 1925), et qu'on trouvera ci-dessous, la production de bananes séchées serait de 5 à 7 tonnes à l'hectare, en admettant seulement le chiffre de 21 tonnes de pulpe fraîche ou 70 % du poids des régimes (30.000 kilogrammes).

BANANES RÉCOLTÉES	BANANES NATURELLES		BANANES SÉCHÉES	
	1° Fin de la saison sèche	2° 10 juin 1922	1°	2°
% Humidité	71,64	79,38	20,0	20,0
Sucres réducteurs......	17,85	15,15	50,4	58,7
Saccharose	5,45	2,33	15,0	9,0
Rendement à l'hectare..	21 tonnes		7 tonnes	5 tonnes

D'après les essais de dessiccation effectués au Jardin Colonial à Nogent par M. H. Ammann, avec des bananes de Chine, 5 kilogrammes de bananes pelées ont donné 1 kgr. 500 de bananes sèches

(1) L. PYNAERT, *op. cit.*, p. 93.

soit 30 % des bananes humides ou 19 kgr. 500 pour 100 kilogrammes de régimes.

Ces essais ont également démontré qu'un régime de bananes de Chine pesant 20 kg. 550 donnait 13 kg. 370 de bananes pelées, soit pour 100 kilogrammes de régimes, une proportion de 65 kilogrammes de bananes prêtes à être séchées et 35 % de déchets, comprenant les péricarpes et l'axe du régime. Le minimum de déchets obtenu a été de 31 %.

Les bananes séchées ont une teinte brune et une saveur très agréable, rappelant à la fois celle de la banane et de la figue sèche.

Pour que le produit ait bel aspect et soit facilement adopté il faut apporter tous les soins possibles à son conditionnement.

Après avoir procédé à un premier triage des fruits, d'après leur longueur — ce qui se fait à l'aide d'une mesure *ad-hoc*, « on prend soin de retirer des fruits secs destinés à l'emballage ceux qui sont abimés, puis on opère un nouveau triage ; si l'on classe par quantité (environ 20 fruits), on emballe dans une enveloppe de papier, et si c'est par poids (de 2 à 3 kilogrammes, jusqu'à 25 livres), dans une caisse. Dans le premier cas, les fruits secs sont entourés d'un papier ciré, dans le second d'une feuille sèche de bananier. Le pressage peut s'opérer à l'aide d'une presse à copier ; on presse aussi dans une forme, puis on place les fruits dans une boîte. Enfin on peut comprimer directement les fruits dans de grandes caisses (1). »

Aux Indes on réserve spécialement pour cet usage la variété appelée *rajeli*.

Les bananes séchées sont consommées soit en nature, soit en compote, et servent de matière première en confiserie.

Les bananes séchées se conservent indéfiniment dans des boîtes en fer blanc soudées et stérilisées. La pulpe du fruit renfermant environ 70 % d'eau il est préférable de procéder à l'évaporation d'une partie de cette eau avant la mise en boîte.

Les meilleures bananes séchées viennent de San Thomé, de Saint-

______

(1) L. PYNAERT, *op. cit.*, pp. 93-94.

Domingue, du Mexique et surtout de la Jamaïque. La Guyane hollandaise en produit aussi une certaine quantité.

La Jamaïque exporte déjà une certaine quantité de bananes séchées produites par onze usines situées dans les pairies de Kingston, Portland, Saint-Mary, Trelaway, Saint-James, Westmoreland et Clarendon. En 1912-13 l'exportation de ce produit a été de 9389 caisses évaluées à £ 7.808. Au Mexique, on prépare surtout les bananes séchées à Santa Lucrecia, Omealca et El Hule, dans l'État de Veracruz, et à Tapachula, dans l'État de Chiapas.

Bananes cristallisées. — Voici ce que rapporte à leur sujet, le *Journal d'Agriculture tropicale* (n° 127, janv. 1912, p. 29). « Ce mode de préparation des bananes en vue de la conservation est, paraît-il, usité à Saint-Domingue. Il consiste à découper les bananes en tranches minces, et à les saupoudrer de sucre cristallisé ; après quoi, on les étend au soleil pour que la dessiccation se produise. Lorsque le sucre, sous l'action de cette dessiccation, est bien entré dans le fruit, on retourne les tranches et on saupoudre l'autre côté. Au bout de peu de jours, les surfaces sucrées sont suffisamment sèches pour que les tranches de fruits se conservent, tout en laissant l'intérieur moëlleux. Pour obtenir un bon résultat, il est indispensable de n'employer que des fruits très mûrs, l'épaisseur des tranches étant d'environ un quart de pouce, soit environ un demi-centimètre. »

Les bananes cristallisées ressemblent donc beaucoup aux bananes séchées entières.

Farine de banane. — Il y a plus de vingt ans déjà que les planteurs se préoccupent de trouver un débouché pour la farine de banane qui permettrait d'utiliser les fruits perdus pour le commerce. Mais il n'y a pas longtemps qu'on est parvenu à trouver des procédés de fabrication parfaits. Les importations de cette farine aux États-Unis, en Angleterre et en Allemagne sont une preuve de la bonté du produit. Les farines de bananes fabriquées jusqu'à ce jour dans certains pays n'ont pas toutes joui du même degré de popularité. Si quelques-unes n'avaient qu'une valeur nutritive à peu près insignifiante alors que d'autres ont été reconnues excellentes sous ce rapport, cela provient non seulement du procédé de fabrication qui laissait à désirer mais aussi de la variété de banane employée.

Voici, du reste, d'après les analyses faites par MM. Peckolt, chimistes, de différentes espèces de bananes recueillies au Brésil, la valeur nutritive comparée de ces différentes variétés (1).

1re classe,		banane roxa.	43 %
2e «	«	da terra	41 «
3e «	«	ouro	37 «
4e «	«	maça	34 «
5e «	«	da India	31 «
6e «	«	capitaô mor	28 «
7e «	«	prata	27 «
8e «	«	S. Thomé	23 «
9e «	«	anâ	20 «

Les qualités nutritives de la farine de banane ont été reconnues bien supérieures à celles du riz et des haricots, et si la farine de banane est moins parfaite que celle du froment, elle est de beaucoup préférable à celle du seigle.

Sa valeur calorique seule est d'environ 345.74. A ce point de vue la farine de banane est par conséquent supérieure à la viande de bœuf et au pain le plus riche (2).

Afin d'avoir des données plus exactes sur la valeur nutritive de la farine de banane, le Dr Thoms, Directeur du laboratoire chimique pharmaceutique de l'Université de Berlin, l'a analysée ; elle contenait 1.455 % d'azote, correspondant à 9.01 % de matières azotées. Par conséquent la valeur nutritive de la farine de banane est très grande et se rapproche sensiblement de celle des meilleures farines de froment, qui ne contiennent pas plus de 9 à 12 % de matières azotées.

Le tableau comparatif ci-contre, reproduit par M. L. Pynaert (3)

(1) Extrait d'une brochure réclame, publiée par M. Antonio de MEDEVIOS, propriétaire d'une fabrique de farine de banane à Santa-Rosa-Nictheroy, État de Rio de Janeiro.

(2) *Valeur alimentaire de la Banane*, par C. C. Voyez l'*Agronomie Coloniale*, n° 25, juillet-août 1919, p. 23.

(3) *Op. cit.*, p. 111.

donne un aperçu de la valeur nutritive du froment comparée à celle des bananes.

	EAU	CENDRES	MATIÈRES organiques	ALBUMINE	FIBRES	HYDRATES de carbone	GRAISSE brute
Bananes	73.90	0.79	25.31	4.87	0.20	19.66	0.63
Froment	14.50	1.70	83.80	11.00	2.60	69.00	1.20
Bananes non mûres.	70.92	1.04	28.04	3.04	0.36	12.06	0.21
Bananes mûres	66.78	0.95	32.27	4.92	0.67	20.97	0.58

Si, d'après ces différentes teneurs en matières albuminoïdes, la banane paraît ne pas pouvoir soutenir la comparaison avec le froment — sa valeur nutritive, d'après les analyses ci-dessus, est environ trois fois moindre que celle du froment, — ceci tient au pourcentage élevé d'eau que renferme la banane. En effet, en consultant les tableaux de Kœnigs, Garcia, de Greshoff, etc., reproduits pages 227 et 228, et ceux ci-dessous, on voit que la valeur nutritive de la banane séchée est bien supérieure à celle de la banane fraîche.

	EAU	MATIÈRES azotées	GRAISSE	MATIÈRES non azotées sucre	FIBRES	CENDRES
Fruits pelés et séchés.	29.17	5.25	2.25	52.54	2.07	5.33
Substance sèche.....	—	7.41	—	74.18	—	—

Bananes séchées analysées par le Dr Berju, de l'Institut agronomique de Berlin :

Eau. 18.19
Albumine. 5.32
Graisse. 0.34
Saccharose 9.85
Sucre interverti. 49.92
Fibres brutes. 1.55
Cendres. 2.73

Voici, d'après M. Balland (*Revue de l'Intendance Militaire*) quelques analyses comparatives de farine de banane avec des produits fournis par le manioc et la patate, effectuées sur des produits ayant figuré à l'Exposition universelle de 1900 :

	Farine de banane de Ceylan	Farine de Manioc		Couac de Guyane				Tapioca de la Guyane	
		Côte d'Ivoire	Dahomey	blanc		jaune			
Eau..............	11,90	9,80	9,50	9,00	10,20	11,30	10,70	14,90	14,10
Matières azotées....	3,99	1,10	2,68	1,26	1,26	1,84	2,05	1,30	0,97
« grasses......	0,60	0,25	0,25	0,20	0,25	0,40	0,25	7,45	0,45
« amylacées ...	78,61	85,39	83,62	85,99	84,84	83,46	83,10	82,87	84,43
Cellulose	2,50	2,45	2,65	2,25	2,25	1,90	2,60	0,20	0,10
Cendres	2,40	1,00	1,30	1,30	1,20	1,10	1,30	0,20	0,15
	100 »	100 »	100 »	100 »	100 »	100 »	100 »	100 »	100 »

M. de Moraes (1) reproduit les analyses comparatives ci-dessous, faites par le chimiste anglais Blyte, entre les farines de banane, de sagou, de maïs et de blé, qui font ressortir la supériorité de la première :

	Banane	Sagou	Maïs	Blé
Eau.	8.05	13.	11.09	15.08
Dextrine et albumine soluble . . .	4.45	—	—	—
Amidon.	87.57	78.06	53.30	81.06
Graisses.	0.77	—	—	—
Cendres.	1.80	0.53	0.43	0.35

Voici encore à titre de comparaison d'autres analyses de farine de banane, de manioc et de patate sèche de la Guinée.

	FARINE		
	de Banane	de Manioc	Patate sèche
Eau.	11.90	9.80	11.60
Matières azotées. . . .	3.99	2.68	4.26
« grasses . . .	0.60	0.26	0.90
« amylacées . . .	78.61	83.31	77.19
Cellulose.	2.50	2.65	3.75
Cendres.	2.40	1.30	2.30
	100.00	100.00	100.00

(1) *Op. cit.*, p. 59.

Nous allons reproduire à présent quelques résultats d'analyses de différentes farines de bananes.

1° D'après une analyse faite par M. Herbert H. Cousins (1), chimiste agricole officiel de la Jamaïque, d'une marque particulière de farine de banane préparée par une maison de l'île, nous voyons que ce produit se compose en majeure partie de carbohydrates facilement digestibles ; tandis que les matières minérales comprennent des phosphates solubles, analogues à ceux de la farine de blé.

Voici, d'après les résultats de cette analyse, la composition de cette farine.

Eau.	10.88
Albuminoïdes.	0.71
Matières grasses.	0.22
Sucre.	3.48
Amidon.	60.42
Pectines.	20.93
Cellulose.	0.72
Matières minérales.	2.64
	100.00

2° Dans 1.000 grammes de farine de bananes vertes Toningen a rencontré :

Eau.	139.000
Matières grasses	4.100
Gluten.	0.700
Amidon.	669.700
Acide tartrique et malique.	2.700
Acide pectique.	3.400
Dextrine, etc.	7.700
Matière fibreuse, cellulose.	166.900
Sels inorganiques	21.800

(1) *Journal of the Jamaica Agricul. Soc.* V. 322. 1901.

 LE BANANIER

3º Analyse par MM. Theodor et Gustav Peckolt, chimistes allemands, de la farine de banane provenant de la *Quinta da Thebaïda* au Brésil, appartenant à M. A. de Medevios, publiée dans sa brochure réclame :

Amidon.	52.000
Cellulose, etc.	8.290
Substances gommeuses, pectiques, etc.	8.180
Glucose.	6.820
Matières extractives, etc.	5.609
Sels inorganiques	3.000
Substances albuminoïdes.	2.801
« grasses.	1.000
« résineuses	0.400
Eau.	11.000

4º et 5º Analyses de farines de bananes provenant de l'île Maurice.

	Louis Boname	Petermann
Humidité.	6.50	5.60
Cendres.	2.35	5.93
Protéine.	3.87	3.13
Cellulose.	1.00	1.22
Graisse.	1.08	1.72
Extractifs non azotés	85.20	82.39
	100.00	100.00

6º Analyse de farine de bananes faite par Boussingault :

Amidon.	78.4
Sucre.	7.6
Matières grasses.	0.5
Tissu cellulaire.	5.6
Composés pectiques.	5.2
Cendres.	2.7
	100.0

7º Composition chimique de farine de bananes d'après M. Wilson, directeur du Musée Commercial de Philadelphie.

Eau.	13.60
Amidon.	74.80
Graisse.	5.30
Matières azotées.	2.70
Fibres et cellulose.	1.40
Cendres.	2.20
	100.00

8º M. J. P. Hall (1) donne la composition chimique suivante de farines de bananes de l'Inde et d'Afrique.

FARINE

	INDIENNE	AFRICAINE
Eau.	12.63	19.4
Cendres.	1.57 à 1.77	0.79 à 0.95
Amidon.	74.02 à 83.37	74.71 à 85.36
Protéine.	4.25 à 4.79	3.69 à 4.41
Graisse.	0.18 à 1.11	0.51 à 0.61
Fibre brute.	0.37 à 0.42	1.14 à 1.38

M. L. Pynaert reproduit les résultats d'analyses suivants :

9º Farine de Ceylan :

Eau.	11.90
Matières azotées.	3.99
Graisse brute.	0.60
Amidon.	78.61
Fibres brutes.	2.50
Cendres.	2.40
	100.00

(1) *Journal of the Jamaïca agric. Soc.* avril 1897.

10° Farine de bananes assez mûres du Cameroun, préparée à Hambourg :

Eau.	13.7
Matières sèches	86.3
Cendres.	2.6
Matières organiques.	83.7
Matières azotées.	3.6
Graisse brute.	0.7
Fibres brutes.	1.0
Matières non azotées	78.4
Albumine.	3.5
Amide.	0.1

11° Eau.	15.00
Amidon, dextrine	73.94
Graisse brute.	1.14
Matières azotées	3.27
Fribes brutes, matières.	4.70
colorantes, tanin, etc.	
Cendres (dont 25% d'acide phosphorique)	1.95
	100.00

12° Farines de provenances diverses :

	BANANINA de Java	FARINE des Indes Orientales	FARINE de la Jamaïque	CONGUTOE de Suriuam
Eau	12.10	10.70	5.60	16 20
Cendres	2.70	2.40	5.93	2.28
Amidon	71.45	68.15	82.39	69.41
Protéine	3.63	3.31	3.13	2.62
Fibre brute	1.30	1.94	1.22	0.90
Graisse	1.10	1.15	1.73	0.62

FARINE DE BANANE PROVENANT DE :	EAU	MATIÈRE azotée	GRAISSE	MATIÈRE non azotée	FIBRES brutes	CENDRES	ACIDE phosphor.
Porto-Rico	13.43	3.50	0.47	79.82	0.54	2.24	—
Floride..........	5.34	2.81	0.66	87.45	0.84	2.90	—
Honduras	10.33	2.87	0.50	83.02	0.73	2.55	—
Jamaïque	16.50	3.09	1.10	77.28 .		1.96	0.44

13°

PROVENANCE	SUBSTANCE FRAICHE						SUBSTANCE SÈCHE		% d'azote dans matière sèche
	Eau	Matière azotée	Graisse	Matière non azotée	Fibres	Cendres	Matière azotée	Matière non azotée	
Vénézuela...	14.90	2.90	0.50	77.90	1.60	2.90	3.41	91.54	0.55
Mugdeln	16.23	4.41	1.54	72.58	2.42	2.82	5.26	86.52	0.84
Amériq. Cent.	5.60	3.13	1.73	82.39	1.22	5·93	3.32	87.30	0.83
New York...	11.44	5.25	0.36	78.80	1.11	3.04	5.93	88.98	0.95

Les matières extractives non azotées de la première farine (Vénézuela) se composaient de 1.52 % de saccharose, de 3.30 % de sucre
interverti et de 66.10 % d'amidon ; celles de la seconde farine :
5.58 % de sucre et 0.51 % de dextrine : celles de la troisième 7.19 %
de dextrose, 3.34 % de dextrine et 45.76 % d'amidon ; enfin celles
de la dernière : 1.18 % de sucre réduit, 0.08 % de saccharose et
59.35 % d'amidon.

Ces analyses démontrent bien que la composition chimique des
farines de bananes varie suivant leur origine. Toutefois rien ne
prouve que toutes les farines de même origine doivent donner des
résultats identiques, ce qui ne pourrait s'obtenir qu'avec des fruits
de même variété, du même âge, ainsi que du même degré de maturité
et, en outre, il faudrait aussi encore qu'ils soient produits dans des
terrains parfaitement identiques.

Les résultats des analyses de MM. J. Lépine, Semler et Garcia,
donnés pp. 225 à 227 et ceux que nous reproduisons ci-dessous,
démontrent surabondamment qu'il est préférable, pour la fabrica-

tion de la farine, d'utiliser des fruits qui ne sont pas tout à fait mûrs l'amidon qu'ils contiennent se changeant en sucre à mesure qu'ils arrivent à maturité.

14° Analyses de Bananes non mûres et mûres (extraites de *La Belgique coloniale* (1)).

	Bananes non mûres	Bananes mûres	
Eau.	70.92	67.78	73.9
Amidon.	12.06	traces	—
Sucre de raisin.	0.08	20.47	19.66
Sucre de canne.	1.34	4.50	—
Graisse.	0.21	0.58	0.63
Matières azotées.	3.04	4.72	4.87
Filaments bruts	0.36	0.17	0.20
Tanin.	6.53	0.34	—
Cendres	1.04	0.95	0.79
Autres matières	4.62	0.79	—

15° Analyses faites par le Dr M. Zagorodsky, de farine de pulpe de bananes mûres, presque mûres et vertes :

COMPOSITION	FARINE DE PULPE DE BANANES		
	MURES	PRESQUE MURES	VERTES
Eau (par 95 à 100°-4 h. par le vide)	2.750 %	2.252 %	2.946 %
Protéine brute (par l'extraction des matières azotées	3.840 %	4.725 %	4.920 %
Graisse brute (extraite à l'éther d'après Soxhlet)	0.788 %	0.804 %	0.989 %
Fibres brutes	2.436 %	88.601 %	2.213 %
Matières extractives non azotées.	86.246 %		85.122 %
Cendres	3. 240%	3.618 %	3.810 %
	100.000 %	100.000 %	100.000 %

(1) Voyez *Revue des Cultures Coloniales*, t. VI, n° 45, 20 janvier 1900, p. 52.

Il est regrettable que pour toutes les analyses dont nous venons de donner les résultats, on ait omis de spécifier s'il s'agissait de bananes à manger crues ou de bananes à cuire ce qui, ainsi que nous le verrons par la suite, a une importance pour la fabrication de la farine.

S'il faut en croire le Dr E. Leuscher, chimiste allemand, ayant été à la tête d'une usine pour la fabrication de la farine de bananes à Montpellier-Estate (Jamaïque), usine qui est fermée depuis de nombreuses années déjà, la composition chimique de la farine serait à peu près la même qu'elle provienne de l'espèce *paradisiaca* ou d'une des variétés à manger crues. Elle répond, en moyenne, d'après lui, aux proportions suivantes :

Eau.	15.00 %
Amidon et dextrine.	73.92 »
Matière grasse	1.14 »
Albumine.	3.27 »
Cellulose, matière colorante, tanin, etc.	4.70 »
Cendres (dont 35 % d'acide phosphorique).	1.96 »

C'est là-dessus que M. Leuscher se base pour préconiser, tant pour la farine que pour la banane sèche, l'emploi du fruit qui se mange cru de préférence à celui à cuire parce que la banane à manger crue est plus productive.

Un extrait du mémoire du Dr Leuscher, ayant été publié par une revue allemande *Das Echo*, du 15 mai 1902, le *Journal d'Agriculture tropicale* (n° 28 oct. 1903) en a donné une traduction dont nous extrayons le passage ci-dessous :

« Les deux bananiers, dit-il, sont de taille à peu près égale et on peut en loger à peu près le même nombre dans un hectare. Or, chaque banane-figue fournira en moyenne un régime de 7 mains, soit 92 bananes, chaque banane pesant 150 grammes (moyenne basée sur les milliers de pesées) ; la banane plantain fournira tout au plus des régimes de 6 mains contenant 30 bananes de 225 grammes chaque... Donc un bananier-figue produit 150 × 92 ou 13.800 grammes de bananes fraîches, peau comprise, mais sans pédoncules. Dans les mêmes conditions, un bananier-plantain ne produit que 225×30 soit 6.750 grammes.

« Le rendement en farine se calcule sur cette base : Les peaux constituent les 20 % de la banane (a) ; d'autre part, une farine de bonne conservation contient 15 % d'eau ; or, la banane fraîche en contient 70 %. Nous avons vu plus haut qu'un régime de 7 mains, c'est à dire de 92 bananes, représente un poids utile de 13.800 grammes (bananes entières, mais sans pédoncules). Déduisons 20 % de peaux, soit 2.760 grammes, il reste 11.040 grammes de pulpe contenant 70 % d'eau. Cette quantité fournira 4.968 grammes de farine à 15 % d'eau.

« En pratique ce calcul revient à ceci : il faut dix régimes de bananes-figues pour faire 50 kilogrammes de farine. Il en faudrait, pour la même quantité, 20 régimes de bananiers-plantains. »

Bien que M. de Verteuil (1) admette que toutes les variétés conviennent pour la préparation de la farine, et que M. Leuscher préconise la banane-figue ou à manger crue, nous sommes d'avis qu'il est préférable de s'en tenir exclusivement à la banane-cochon ou à cuire. Et s'il faut en croire M. J. E. Van der Laat, il convient encore de faire un choix parmi les variétés de plantain, certaines d'entre elles étant beaucoup plus riches que d'autres en amidon. M. J. Bruce (2) recommande pour cet usage la variété *Pisang raja* ou *banane royale*.

La farine de bananes, employée en Guyane sous le nom de *Conquintay*, et qui suivant M. P. Hubert (3) serait exportée sous le nom d'*arrow-root* (b) se fait avec des fruits verts du *Musa paradisiaca* ou *banane-plantain*, mais ayant atteint leur plein développement. Les fruits, une fois dépourvus de leur péricarpe — ce qui ne peut aisément se faire qu'en les plongeant pendant quatre à cinq minutes dans l'eau chauffée à 75° ou 80° — sont coupés en morceaux ou de

(a) D'après les chiffres que nous avons reproduits p. 219 à 221 ce pourcentage est bien inférieur à la réalité.

(1) *Agricultural News* vol. XVII, 1918, p. 414.

(b) L'*arrow-root* n'est pas fourni par la banane mais bien par le *maranta arundinacea*.

(2) *Tin and Rubber Journal*, vol. VII, n° 8, 30 avril 1918.

(3) *Op. cit.*, p. 28.

préférence en rondelles, au moyen d'un couteau en bois, puis séchés au soleil ou sur des tôles de fer galvanisé ou mieux encore dans un séchoir, car la qualité de la farine dépend surtout de la rapidité avec laquelle la dessiccation aura été produite.

Après complète dessiccation, c'est à dire au bout de deux heures environ, si celle-ci a lieu dans un séchoir, on passe les morceaux ou rondelles au moulin pour les moudre, puis la farine est tamisée dans un tamis mécanique dont les toiles contiennent 120 trous par pouce carré.

Plusieurs systèmes de séchage ont été préconisés à l'aide d'air chaud ou de vapeur.

Nous ne pouvons entrer ici, dans des détails techniques sur les appareils de séchage et sur leur fonctionnement. Nous nous bornerons à dire que les systèmes les plus connus sont ceux de Wolff et Blackmann, ainsi qu'un évaporateur américain. Mais de tous ces systèmes, celui qui paraît avoir donné les meilleurs résultats est le séchage dans le vide.

Les appareils employés pour la fabrication de la farine doivent être en aluminium ou en argent parce que le fer s'oxyde et colore en noir la farine.

On calcule qu'il faut de 3 kg. 500 à 5 kilogrammes de bananes vertes, suivant leur grosseur, pour obtenir 1 kilogramme de farine soit un rendement de 28.57 % à 20 %.

D'après les expériences faites par le Directeur du jardin botanique de Saharanpur, qui s'est servi du séchoir américain *Ryder*, 250 kilogrammes de bananes auraient donné 50 kilogrammes de farine soit 20 %. Des résultats analogues ont été obtenus par M. Stouter à Ceylan et M. Baillaud en Guinée française.

Le Dr Zagorodsky, déjà cité, dit, qu'à la dessiccation la pulpe donne 24.6 % de matière sèche.

Mais d'après le *Bulletin* de mars 1911 du Département de l'Agriculture de la Trinidad, il résulte qu'il faut en moyenne 100 kilogrammes de bananes fraîches non mûres pour obtenir 12 kilogrammes de farine, soit un rendement de 12 % seulement. Et d'après Wilson (1) les résultats d'expériences faites à la Jamaïque, en 1899,

____

(1) *La Farine de Banane, in Revue des Cultures Coloniales*, p. 12

à la fabrique de farine de bananes, ont accusé des rendements encore
inférieurs. Les expériences qui ont porté sur 87 régimes de fruits,
ont donné les résultats suivants :

52 régimes pesant en moyenne 65 lbs ont donné 7 lbs de farine ou 10.76 %
30   —   —   35 »   —   3 lbs   —   8.57 %
 5   —   —   25 »   —   2 lbs   —   8   %
et 4555 lbs de régimes ont produit 464 lbs de farine soit 10.11 %.

Ces rendements correspondent plutôt au chiffre donné par M. J.
P. Hall (1) qui dit que par le séchage au four on évalue le rendement
à 10 % dont il convient de déduire les pertes par suite du trempage
des fruits dans l'eau claire avant de les couper et de les
sécher.

Nous ne comprenons donc pas comment M. Leuscher puisse dire,
ainsi que nous venons de le voir plus haut, que dix régimes de bananes-figues, soit 138 kilogrammes de bananes avec péricarpe, mais
sans pédoncules aient pu donner 50 kilogrammes de farine et vingt
régimes de bananes-plantains, la même quantité de farine, soit un
rendement de 36 % environ, à moins qu'il ne se soit servi d'une variété
spéciale de bananes de très grandes dimensions, dont deux suffi-
sent parfois à faire un demi-kilo, alors qu'il en faut généralement de
8 à 11 des variétés courantes de Ceylan pour faire le même
poids.

Pour obtenir une farine de bonne qualité, il est indispensable
d'employer des fruits ayant atteint le degré de maturité voulu. S'ils
sont trop verts, on obtient une farine amère ou sans odeur, ni
arome ; tandis que s'ils sont trop mûrs, la farine sera souvent
acide.

Lorsque les fruits sont cueillis à point ils donnent une farine riche
en fécule, et de couleur jaune-blanchâtre, parfois légèrement rosée.

S'il faut en croire L. Bernegau, la meilleure farine de banane se
ferait avec des bananes tout à fait mûres, tandis que pour obtenir
de la fécule de banane il faudrait choisir des bananes vertes. Voici,
ce que rapportent à ce sujet, les *Annales de l'Institut Colonial de*

____

(1) *Journal of the Jamaïca Agricultural Society*, Avril 1897.

Bordeaux, sous le titre : *Farine et Fécule de banane* (n° d'oct. 1921,
p. p. 294 296) qui est un extrait d'un article là-dessus paru dans le
Bulletin Agricole du Congo belge.

« D'après L. Bernegau (*Tropenpfl.* 1910, p. 582), il est toujours
préférable de préparer la farine à l'aide de bananes qui ont atteint
leur pleine teneur en sucre. Cette farine se laisse alors plus aisément
travailler en mélange avec la farine de froment ou de seigle, soit
pour la fabrication d'un pain, soit pour la préparation d'un gâteau.

« L'amidon de bananes s'obtient de bananes séchées. Ce produit
peut-être fabriqué même en Europe, en réduisant les bananes séchées
en poudre, et en les lavant dans de l'eau afin de retirer la fécule.
Dans ce cas, on doit se procurer une matière provenant de fruits
non mûrs chez lesquels la fécule fraîchement produite dans les fruits
n'est pas encore transformée en sucre. »

Aux États-Unis et en Allemagne la farine de banane est beaucoup
employée non seulement dans la fabrication du pain, en la mélangeant à la farine de céréales, mais aussi dans la fabrication des pâtis-
series. Elle entre aussi dans la composition de quelques mélanges
à base de cacao, destinés à l'alimentation des enfants, telle que la
Banania. C'est un aliment par excellence, non seulement pour les
enfants, les convalescents, les vieillards, mais aussi, dit-on, pour
les anémiques, les chlorotiques et les tuberculeux. Le célèbre méde-
cin colombien, le Dr Évariste Garcia, en parle en ces termes, dans
la *Bulletin médical de Cauca ;* « Il n'existe pas d'aliment si parfaitement approprié aux nourrissons que la farine de plantain, bien
préparée et l'on trouverait difficilement un médicament plus parfait pour guérir les dyspepsies, les gastralgies et les diverses maladies de l'estomac. »

La farine de banane qui serait, dit-on, supérieure pour la biscui-
terie a été déclarée inutilisable pour la fabrication du pain parce
qu'elle ne contient pas de gluten et qu'elle ne lève pas. Évidemment
elle n'est pas panifiable à l'état pur, mais mélangée à de la farine
de froment dans la proportion de 60 à 65 % de farine de banane
pour 40 à 35 % de farine de froment les Allemands, auraient, dit-on,
fait de très bon pain, très appétissant et très fortifiant, dans la
mission de Wuga, dans leur ancienne colonie d'Ussambara (Afrique
Orientale.)

On vend en Angleterre, sous le nom de *bananine* une farine très nutritive dont le journal médical *The Lancet* (n° du 17 octobre 1903) parle en termes très élogieux et donne la composition.

En Italie, elle est employée pour l'alimentation des petits enfants abandonnés, et avec le plus grand succès.

En France, il n'y a que depuis quelques années, que la farine de banane est demandée ; ceci tient à ce que ses qualités nutritives ont été méconnues. Il y a aussi une autre raison pour laquelle la farine de banane est peu répandue en France : son prix, qui est relativement élevé.

Actuellement il n'y a qu'une maison en France employant la farine de banane où elle entre dans la composition du produit connu sous le nom de *Banania*.

Pendant la guerre, à cause du manque de navires, l'industrie de la farine de banane aurait donné naissance aux Canaries, à six usines qui étaient capables, paraît-il, de produire 8 à 10 tonnes de farine. Mais avec la fin de la guerre finissait aussi cette industrie qui n'avait plus d'intérêt, d'autant plus que le prix de la banane est actuellement beaucoup trop élevé pour songer à faire de la farine. Dans la région de Barcelone on en fait aussi un peu, ainsi que des cossettes.

A Cuba il existe deux fabriques de farine de banane dont la plus importante est celle de Cruzellas, qui fabrique la marque *Bananina*, qui se vend assez bien, et quoique pas très blanche elle est d'un goût agréable. A Surinam il existe aussi quelques maisons qui se livrent à la dessiccation des bananes destinées à la préparation de la farine.

Au Vénézuela, la farine de banane est connue sous le nom de *musarina*, qui est une corruption de *musa harina* ou farine de *musa* ; au Brésil, sous celui de *Bananose*, où elle sert à préparer l'*atol* ou mixture composée de sucre, de lait et de farine de banane, à laquelle on ajoute parfois du sel, du clou de girofle, de la cannelle et de l'anis ; à Surinam on l'appelle *congutoe* ; à Java, *Bananina*, etc.

A Saint-Domingue la farine de banane s'est beaucoup vulgarisée.

Les essais de fabrication de farine de banane ayant donné de bons résultats, on a tenté, à diverses reprises, avec certain succès, des essais d'extraction de sucre et d'alcool, afin d'utiliser les fruits non vendables.

Sucre de bananes. — Depuis plusieurs années déjà la question de l'extraction du sucre de la banane a fait l'objet de nombreuses recherches.

Toutes les bananes, cependant, ne conviennent pas pour cela, car bien qu'il ait déjà été reconnu que pendant la maturation du fruit la saccharine est entièrement constituée par du sucre, cette proportion de saccharine peut varier considérablement suivant le degré de maturité.

Résumant les résultats des recherches faites, il y a quelques années par Tallarico (1), Yoshimura (2), Reich (3) et Bailey (4), sur la maturation du fruit, MM. Langworthy et Milner (5) disent que ces recherches ont démontré que pendant la maturation du fruit l'amidon est transformée en saccharose (sucre de canne), dont la quantité aug·mente graduellement et qu'à son tour la saccharose est convertie partiellement ou totalement en un mélange de dextrose et de levulose (sucre interverti) dont la proportion varie suivant les circonstances.

La transformation de l'amidon en sucre a été reconnue normale pendant la maturation dans des conditions commerciales c'est à dire après que le fruit a été cueilli ; tandis que l'inversion du sucre de canne serait plus lente dans ces conditions que lorsque le fruit mûrit sur la plante et qu'elle progresse aussi moins favorablement. On a également constaté que toutes les fois que la teneur en sucre de canne dans les bananes était plus élevée que le sucre interverti, le fruit ne paraissait pas être mûr et avait moins d'arôme.

L'étude des influences qui provoquent la maturation de la banane a démontré que diverses enzymes ou ferments solubles, qui se trouvent normalement dans le fruit, prennent part à cette transformation. Ainsi, l'action de la catalase, une enzyme qui accélère le travail d'oxydation, est intense durant la maturation, mais elle disparaît graduellement dans le fruit complètement mûr et devenu noir

(1) *Arch. Farmacol. Sper. e Sci. Aff.*, 7 (1908), p. 27.
(2) *Zeitschrift für Untersuchung der Nahr-und Genussmittel*, 21 (1911), p. 406.
(3) *Zeitschrift für Untersuchung der Nahr-und Genussmittel*, 22 (1911), p. 208.
(4) *Journal of Americ chem. Society*, t. 34, n° 12, 1912, p. 1706.
(5) *Yearbook of Depart. of Agric. for* 1912. Washington, p. 296 et suiv.

L'amylase, ou enzyme qui transforme l'amidon en sucre (maltose),
est active durant les premiers degrés de maturation, et sa présence
a été rencontrée même dans le fruit mûr. La présence d'invertase
ou sucrase, qui amène l'interversion du sucre de canne en dextrose et
lévulose, a été décelée dans le fruit non mûr, mais son action est
bien plus intense dans le fruit mûr et disparaît graduellement à
mesure que s'achève la maturation. L'alcalinité retarde ou arrête
la maturation. La protéase, ou ferment qui transforme la protéine,
est active pendant la période de maturation, mais son action diminue probablement et disparaît par la suite. L'action des lipases,
ou enzymes qui saponifient les graisses, a été démontrée aussi bien
dans le fruit mûr que pas mûr. L'hydrolyse, ou dédoublement de
la raffinase par le tissu de banane a été démontrée également, mais
la spécificité de l'enzyme effectuant cette hydrolyse n'a pas été
établie.

Les analyses chimiques démontrèrent que le fruit vert contient
en moyenne 1 % environ de sucre réducteur, la quantité augmentant jusqu'à 6 % environ dans le fruit qui à maturité est devenu
jaune, et 11 % environ dans le fruit devenu brun (très mûr) La
quantité de sucre de canne qui dans le fruit vert est de 6 % environ,
augmentait jusqu'à un maximum de 11 % dans le fruit jaune, pour
ensuite redescendre à 6 % environ dans les bananes brunes ou très
mûres. Le total des carbohydrates (amidon, sucre, etc) soit 21 %
environ dans le fruit vert atteignait un maximum de 22 % environ
dans la banane jaune et 17 % environ dans le fruit très mûr. La
quantité d'eau et de tanin était à peu près pareille aux différents
degrés de maturité.

D'après les analyses faites par Corenwinder (1), il résulte que les
bananes naines (*musa cavendishii*) atteignant leur complète maturité,
contiennent à peu près 22 % de leur poids en sucre, dont 15.9 % de
sucre cristallisable et 5.9 % de sucre interverti. Toutefois, la proportion de sucre cristallisable diminue rapidement à mesure que la
maturité du fruit avance, tandis que celle du sucre interverti augmente, mais dans des proportions moindres. C'est ce qui ressort

(1) Compte rendu des sciences de l'Académie des Sciences, v. 88, 1879, p. 239.

du tableau ci-dessous, qui donne les teneurs en sucre cristallisable
et non cristallisable, suivant l'état de maturité des fruits, d'après
les analyses faites par Corenwinder.

CONDITION DU FRUIT :	SUCRE		
	CRISTALLISABLE	NON CRISTALLISABLE	TOTAL
Pulpe mûre, saine, encore ferme	15.90	5.90	21.80
— — —	15.72	6.34	22.06
— — —	15.10	6.43	21.53
— — —	14.28	6.69	20.97
Pulpe plus mûre, molle	12.25	8.95	21.20
— très mûre —	10.16	8.92	19.08
— — —	9.26	9.75	19.01
— · — blette	4.51	11.70	16.21
— — —	3.13	12.90	16.03
— — très blette. . .	2.84	11.84	14.68

Corenwinder en conclut que les bananes pourraient donner lieu
à l'extraction d'un sucre industriel.

M. J. Lépine indique sur 13.14 % de sucre total dans la banane
de Pondichéry : 9.04 % de sucre incristallisable, et 4.10 de sucre
cristallisable M. Georges Carle rapporte (1) qu'on a obtenu, sur la
côte nord-ouest de Madagascar, avec les variétés *mignonnes blanches* et *ménaloco*, les résultats suivants :

La pulpe broyée de la première variété a donné :
 Polarisation directe 12.6% de saccharose
 Fehling 8.19 % de sucres réducteurs

« Et après inversion de saccharose, inversion indispensable devant
une si grande proportion de réducteurs :

 Clerget. . . . . 12.06 %
 Soit sucres totaux. . . . . . . 20.32 %

(1) Utilisation des fruits tropicaux.

Avec la pulpe de la seconde variété on aurait obtenu « des résultats très approchés, constatant également une prédominance de sucres réducteurs. »

Dans le cas de bananes entières où la proportion de péricarpe constitue 1/3 à 1/4 du poids total, le pourcentage aurait été de 15 % environ.

Le Dr M. Zagorodsky, déjà cité, dit que la pulpe écrasée et délayée dans de l'eau sous forme de pâte, a donné à l'analyse, 16.20 à 17.12 % de sucre interverti. De son côté Prinsen Geerligs a obtenu un minimum de 13.68 % de saccharose. Le *Chemische Zeitung* (1897, H. 21, S. 719) reproduisant le résultat d'une analyse de fruits de *Musa paradisiaca* pesant en moyenne 100 grammes, la pulpe, qui représentait les 70 % du poids total, contenait :

Glucose.   .   .   .   .   4.72 %

Fructose.   .   .   .   .   3.61 %

Saccharose.   .   .   .   .   13.68 %

Total ou sucre.   .   .   .   .   22.01 %

Voici, d'après le *Teysmannia* de Java, qui a reproduit, d'après l'annuaire de la Société *Ooft teelt*, les analyses de quatre variétés de bananes (*pisangs*), les teneurs en sucre de ces variétés :

	P. RADJAH	P. RADJAH SEREH	P. MAS	P. AMBON
Dextrose (glucose)	12.70	10.44	8.94	5.76
Lévulose	9.60	11.35	10.08	9.49
Saccharose......	1.94	1.19	3.86	2.46

Nous ignorons s'il s'agit ici de fruits mûrs, ce qui n'est pas mentionné, mais si tel serait le cas, la teneur en saccharose est extrêmement faible.

D'après les analyses de différentes variétés de bananes de Cuba, faites par MM. Mackay Chall, Tolman et Munson, du Département

de l'Agriculture des États Unis, celles-ci auraient accusé les teneurs
en sucre suivantes :

VARIÉTÉS	POIDS MOYEN EN GRAMMES	PULPE %	SUCRE %
Ninô	—	—	20.61
Manzana	48.00	83.60	19.96
Indiana	113.0 à 120.0	62.1 à 65.5	17.05 à 21.61
Johnson	64.00	65.1 à 67.3	19.89 à 21.71
Ciento à la boca....	30.6 à 31.6	72.8 à 80.7	25.66
Colorado	120.0 à 130.0	66.0 à 77.2	17.13 à 19.92
Orinoco	127.5 à 128.0	70.4 à 73.44	15.36

Et d'après les résultats d'analyses des différentes espèces de
bananes mûres du Brésil, reproduits page 236, on voit qu'au point
de vue de la richesse en sucre cristallisé on peut les classer comme suit
prata, *anâ* et *ouro* et au point de vue de leur teneur en glucose ; on
a : *ouro*, *dominico*, *banana*, *rosada*, *paô*, *anâ*, *maça* et enfin *prata*.

Bien que les chiffres indiqués ci-dessus varient quelque peu, on
peut admettre que les bananes, à maturité complète, contiennent
de 15 à 20 % (et même parfois 25 %) de matières sucrées totales à
l'état frais, et environ 50 % à l'état sec.

M. H. Néuville, en reproduisant, dans son article *Sucre et Alcool
de Bananes* (1), l'information parue dans le journal américain :
Tea, Coffee and Sugar, d'après laquelle il se serait constitué à Cuba
une Société qui se proposait de livrer 1.000 barils de sucre de banane
par jour, dit : « Ce sucre se présenterait à l'état sec, avec une légère
couleur brune ; il serait très agréable au goût, et posséderait une
saveur rappelant quelque peu son origine. Ajoutons enfin qu'il
reviendrait à 40 ou 60 % moins cher que la cassonnade ordinaire,
et son prix de détail suivrait la même proportion. »

Mais M. Neuville paraît s'être quelque peu avancé, car, ainsi que
nous allons le voir par la suite, rien jusqu'à présent tout au moins, per-

____

(1) *Journ. d'Agricul. trop.* n° 24. Juin 1903, p. 166

met d'espérer l'extraction industrielle du sucre de la banane, surtout dans des conditions plus avantageuses que pour le sucre ordinaire.

M. J. d'Herelle, en effet, se montre plus sceptique quant à l'existence de saccharose dans la banane mûre.

Voici, du reste, ce qu'il dit dans une lettre (1), au sujet de la fabrication journalière de 1.000 barils de sucre dont il vient d'être question.

« D'après les essais que j'ai faits dernièrement, la banane mûre contient en moyenne 18.5 % de matières solides, qui contiennent elles-mêmes en moyenne 70 % de sucre. Donc, 100 kilogrammes de bananes contiennent, en chiffre rond 13 kilogrammes de sucre, soit, au maximum, 2 kilogrammes par régime moyen. Il faudrait travailler plus de neuf millions de régimes de bananes par année pour fournir les 1000 barils de sucre par jour, indiqués par la revue américaine comme production présumée de la fameuse usine en construction. Comme les compagnies qui chargent les fruits à Cuba payent environ 25 cents or par régime, la fameuse sucrerie de banane devrait certainement payer au moins le même prix, ce qui ferait que le sucre lui reviendrait à 12 cents 1/2, soit 65 centimes le kilogramme... de glucose ! »

De son côté M. Alberto Pedroso (2) démontre, avec chiffres à l'appui, pourquoi il ne croit pas à ce canard lancé par un journal américain, que les journaux cubains n'ont même pas jugé utile de relever.

« Le sucre de cannes centrifugé, polarisation 96 degrés se vend d'ailleurs 13 reaux les 100 livres, soit 8 fr. 12 centimes le quintal ; je doute fort que le sucre de bananes puisse se vendre « 40 à 60 % meilleur marché ». J'ajoute que par la description qu'on en fait, il ne paraît pas supérieur au sucre de canne second jet, que nous appelons à Cuba « azucar de miel » ; or ce sucre-là qui polarise encore 85 % se vend pour ainsi dire pour rien : moins d'un sou la livre.

« Il paraît d'autre part, impossible qu'une fabrique puisse faire 1.000 barils de ce sucre : il n'y a qu'un nombre très limité de sucre-

<hr>

(1) *Journ. d'Agricul. trop.* n° 30. Décembre 1903, p. 378.
(1) *Journ. d'Agricult. trop.* n° 25, juillet 1903 p. 220.

ries de canne qui fassent 1.000 sacs par jour ; et l'extraction du sucre de la canne, ainsi que la manipulation de cette dernière, paraissent beaucoup plus faciles que pour la banane. »

De ce qui précède, on voit que jusqu'ici la fabrication du sucre de banane n'est pas encore entrée dans le domaine industriel. Du reste, malgré la proportion assez élevée de sucre que contiennent les fruits mûrs, la faible teneur en saccharose permet de conclure que la banane ne peut devenir un succédané de la canne à sucre ni de la betterave sucrière. Nous pourrions en dire autant de l'alcool de banane.

Alcool de bananes. — Jusqu'ici la fabrication de l'alcool de bananes ne paraît pas avoir été tentée d'une façon rationnelle. Pourtant, nombreux sont les auteurs (1) qui s'accordent pour dire que la banane doit donner un très bon alcool de bouche, d'un goût agréable, ainsi qu'un alcool utilisable dans les moteurs à explosion.

Nous extrayons d'un article de M. H. Neuville (2) sur l'alcool de bouche, les lignes qu'on va lire.

« Des essais effectués depuis longtemps, ont surabondamment prouvé qu'il est possible d'obtenir un alcool de consommation avec les bananes mûres, dans lesquelles la saccharification de la matière amylacée s'est produite spontanément... Tous ceux qui voudront entreprendre l'alcoolisation de la banane d'après des procédés rationnels de fermentation et de distillation, aboutiront à la production d'un alcool consommable ; nous les laisserons juges de tout ce qui concerne le côté économique de cette industrie, qui sera plus ou moins rémunératrice suivant les localités.

« Aux Antilles, et en Guyane, on a réussi à préparer des vins de bananes très appréciés, et au Congo, on préparerait, dit-on, un breuvage similaire... Enfin, le Dr Bonilha aurait réussi à préparer, avec des bananes fermentées par levures sélectionnées, un alcool comparable à une bonne eau-de-vie de Cognac.

(1) Voyez la littérature traitant cette question dans : *Queensland agricultural Journal*, vol. II, p.p. 40-41 et pars 2. p.p. 150-152. — Brisbane 1914. — Fawcet *op. cit.*, p. 131 et suiv. — *Bull. Rens. Agr. Rome.*, nov. 1914, n° 1054 et mai 1918 n° 568. — *Bull. Agence Gen. des Colonies*, 13ᵉ année, n° 146, 1920, p. p. 159, 247 et 326. — Bailey, Rothenbach, Eberlein et d'Herelle, *in Tropenpflanzer*, 1898, p. 323 ; 1900, p. 386, etc., etc.

(2) *Op. cit.*, p. p. 166-167.

« Il y a quelques années, M. Chalot a attiré l'attention sur la possibilité de fabrication de l'eau-de-vie de bananes au Congo, fabrication déjà réalisée au Gabon par les Missionnaires. Voici le procédé qu'il indique : employer de préférence la banane plantain (*M. paradisiaca*) ou « banane cochon » du Gabon, plus riche en sucre que les autres bananes de la colonie. Prenons comme exemple trois petits régimes d'une vingtaine de fruits chacun ; on les laisse mûrir jusqu'à ce qu'ils soient bien jaunes, puis on les place dans une jarre de 50 litres environ, que l'on remplit d'eau. Laisser fermenter pendant trois jours en remuant tous les matins. Lorsque la pulpe est tombée au fond, on couvre le récipient pour empêcher l'évaporation. C'est le moment de distiller (a).

« M. Chalot recommande de distiller deux fois, pour obtenir un produit plus pur...

« Les 60 bananes employées donneraient 21.20 d'une excellente eau-de-vie.

« On a été, dans cet exemple, assez heureux pour rencontrer des levures sauvages réalisant d'elles-mêmes à la fois l'interversion de saccharose et une fermentation normale de la masse sucrée totale. Cette rencontre fortuite ne se réalisera certainement pas toujours, et l'on doit s'attendre à devoir provoquer la fermentation du moût de bananes avec des levures pures, sélectionnées, qui tout en évitant la production d'alcools de mauvais goût, amélioreront le rendement...

« Schulte im Hofe s'est inspiré, au moins partiellement, de cette idée, dans les essais d'alcoolisation de la banane qu'il fit, il y a quelques années, au Jardin botanique de Victoria (Cameroun). Il prenait des bananes bien mûres, d'abord dépouillées de leur écorce, puis broyées en une bouillie claire. Tant pour éclaircir ce moût, naturellement glaireux, que pour en intervertir la saccharose, il l'additionnait d'un peu d'acide sulfurique, et provoquait finalement une fermentation au moyen de la levure de la pulpe fermentée de cabosses de cacao.

(a) Dans le cas où l'on ne soutirerait pas les jus clairs, ou vins, pour les distiller à part, il importerait que l'appareil distillatoire soit muni d'un agitateur. Mais la tendance de ces jus à mousser (voyez plus loin) paraît rendre préférable le soutirage.

« Au bout d'une journée, cette fermentation était en bonne marche ; la bouillie glaireuse était transformée en une masse claire, et une sorte de marc s'était déposée au fond des récipients. La masse claire, décantée, était soumise à la distillation ; mais, de même que dans les essais effectués avec le produit de fermentation de la pulpe de cacao, le moût fermenté de bananes moussait, et ne subissait que difficilement la distillation.

« Vingt litres de moût fermenté donnaient 3 l. 2 d'alcool à 71°,5 centésimaux, soit 2 l. 288 d'alcool à 100°, c'est à dire 11,44 % du moût. Un autre auteur, Ernst Henrici de Costa-Rica, indique un rendement de 2 à 3 litres d'alcool à 32° Cartier (= 83° centésimaux environ) par 30 kilog. de fruit. »

M. L. Pynaert rapporte qu'il « a été démontré que ce fruit traité par certains procédés donne 42 à 43 % d'alcool pur, ce qui correspond à un rendement de 43 litres par quintal de matière brute ou 0,60 litre par kilogramme d'amidon (1). »

Voici comment M. L. Pynaert (2) décrit la façon de procéder pour obtenir l'alcool de banane.

« Le moût de banane fermente sans addition de levure. On se procure de l'une ou de l'autre façon un premier moût, puis, à l'aide de celui-ci, on fait fermenter un moût principal dans de larges cuves plates et on distille dans un alambic.

« On prépare le premier moût dans un seau d'une contenance de 10 à 20 litres, en écrasant des fruits frais ; la fermentation s'opère à la température de 20 à 25° c. Si la fermentation se manifeste lentement, on y ajoute un peu d'eau chaude ou un peu de levure, ou même un peu d'acide sulfurique (1 gr. par litre). La fermentation du moût principal se fait graduellement. On remplit les cuves de fermentation au fur et à mesure des besoins et on a soin de bien mélanger le moût. On distille dès le moment où la fermentation s'est produite.

« On peut aussi sectionner les fruits, les écraser, les arroser d'eau

____

(1) L'*Agricoltura coloniale*, nov. 1912, p. 472 ; *Bull. Assoc. des planteurs*, Anvers. vol. VI, n° 10, p. 62 ; vol. VII, n° 4-5, 1920, p. 207 et DE WILDEMAN *in Assoc. planteurs*, Anvers, vol. VI, déc. 1919, p. 108.

(2) Les Bananiers, p. 102.

chaude et les laisser fermenter, puis décanter le liquide et le distiller. On recommence l'opération.

« Pour procéder en grand, on peut bouillir les bananes pendant une heure à une atmosphère, puis les transformer en moût. Dans ce cas, la fermentation se produit plus vite et plus régulièrement. En distillant à l'aide de l'alambic, on sépare les premiers et derniers produits des moyens. On obtient un produit de 60 à 63°. On le fait vieillir (artificiellement ou en le laissant reposer pendant un an), on le colore ou on lui laisse prendre de la coloration sur le fût. »

MM. d'Herelle, Directeur de distillerie à Puerto-Barrios (Guatemala) et R. Guérin, Ingénieur chimiste du laboratoire central du Guatemala, étudièrent ensemble un procédé permettant l'obtention directe d'un alcool de consommation fait avec des bananes.

D'après M. Guérin (1) les essais faits en commun au laboratoire et la fabrication que son collaborateur a entreprise dans sa distillerie de Puerto Barrios avec les bananes refusées à l'embarquement par la United Fruit C°, parce qu'elles ne remplissaient pas les conditions requises, leur ont permis d'obtenir une eau-de-vie de très bonne qualité, très semblable au whisky. « Des échantillons qui n'avaient que six mois de baril envoyés à l'Exposition de Saint-Louis, ont été reconnus à la dégustation de qualité supérieure. Après analyse par le laboratoire du Département d'Agriculture de Washington, ils furent récompensés d'une médaille d'or. Il suffit d'une année de baril (on sait combien le vieillissement des alcools s'opère vite dans les pays tropicaux) pour communiquer au produit une finesse remarquable.

« Le whisky de banane se rapproche beaucoup comme goût du « Canadian Club », mais il présente sur les whiskys de maïs, l'avantage d'être un produit pur, tandis que les autres ne sont que des alcools de maïs rectifiés et parfumés avec divers liquides, parmi lesquels les vins de Xérès, et de Porto... »

Plus loin, l'auteur de l'article ajoute en parlant du vieillissement : « Le whisky de maïs demande plusieurs années de cercle avant de pouvoir être livré à la consommation : au moins pour les cinq bonnes qualités. Le whisky de banane au contraire, est « mûr »

_____

(1) *Journ. d'Agricul. trop.*, Mars 1909.

au bout d'un 'an. Nous sommes sûrs que l'échantillon présenté
à l'exposition de Saint-Louis a supporté la comparaison avec des
produits qui n'avaient pas moins de dix ans de baril.

« Après avoir montré que l'on peut obtenir par fermentation du
jus de banane dans des conditions spéciales avec des levures pures
que, dans l'espèce, nous avions prises sur le fruit même, un produit
marchand de bonne qualité, il convient de s'arrêter aux prix de
fabrication. On peut dire qu'il est plutôt moins élevé que celui de
whisky ordinaire.

« Le rendement peut être calculé à raison de 4 1 /2 litres par régime
de bananes. Voici maintenant un devis fait pour l'établissement
d'une distillerie capable de produire journellement 150 caisses de
whisky de banane :

« Édifices, machines et appareils, barils en
    quantité suffisante pour la conservation
    des produits fabriqués pendant deux ans   325.000 fr.
Combustible, main-d'œuvre, administration,
    frais généraux pendant deux ans........   187.500 «
Caisses et bouteilles pour la production d'une
    année (45.000 caisses) ....   112.500 «
Matière première pour fabrication pendant
    deux ans, soit 270.000 régimes à 0 fr. 75
    chacun ....   202.500 «
                                        827.500 fr.

« On aurait fabriqué au bout de deux années 45 000 caisses pour
la vente et il resterait encore 360 000 litres de liquide soit 45 000
autres caisses qui seraient conservées jusqu'à complet vieillissement.

« Le prix de revient maximum serait de 7 à 8 fr la caisse et l'on
aurait un produit supérieur comme qualité à ceux qui sont vendus
couramment en gros à New-York 22 fr. 50 .»

A l'heure actuelle où l'on se préoccupe beaucoup de rechercher
la production de l'alcool dans nos colonies, nous croyons intéressant
de reproduire ici quelques extraits d'un article qu'a publié sur ce
sujet, M. Paul Ammann, dans le *Bulletin de l'Agence Économique*

de l'A. O .F. (n° 36, Déc. 1923), et où il est dit qu'un hectare peut produire 17 hectolitres 64 à 23 hectolitres 73 d'alcool pur (*) facilement obtenu de sucres directement fermentescibles.

La consommation du pétrole ne faisant qu'augmenter dans des proportions qui commencent à inquiéter sérieusement l'univers entier, — car on prévoit que bientôt sa production sera insuffisante — on a, depuis plusieurs années déjà, cherché des succédanés parmi lesquels « l'alcool est certes un de ceux qui méritent le plus de retenir l'attention, car il peut être obtenu partout et sa production est illimitée. D'autre part, les études poursuivies pour trouver le moteur utilisant au mieux l'alcool ont montré qu'il suffisait d'augmenter la compression dans les cylindres des moteurs pour se trouver dans d'excellentes conditions de rendement : et l'on peut transformer très facilement et à peu de frais un moteur à essence en moteur à alcool. Les résultats obtenus sont particulièrement intéressants pour nos colonies où nous pourrons produire nous-mêmes, sur place, le carburant dont nous avons besoin pour faciliter le transport des produits par camions automobiles et augmenter l'apport des matières premières aux lignes de chemins de fer. La question se limite donc désormais aux conditions de fabrication et de prix de revient de l'alcool.

« L'alcool est obtenu par la fermentation de sucres fermentescibles : ces sucres, glucose, lévulose, saccharose, peuvent se trouver tout formés dans certaines plantes ou bien être obtenus par la transformation de l'amidon ou même de la cellulose. La transformation de l'amidon en sucre fermentescible s'obtient très facilement soit par l'action de la diastase contenue dans l'orge germée, soit par l'action des acides. On peut rendre fermentescible la cellulose en la soumettant à l'action de l'acide chlorhydrique, et des essais récents semblent montrer que l'on est bien près d'arriver industriellement

---

(*) M. Georges CARLE rapporte (1) d'après M. MITTELMAN, que sur la côte nord-ouest de Madagascar, en plantant les bananiers à 3×3 mètres, les 1100 bananiers que contiendrait un hectare, on obtient, la première année, en admettant un régime de 10 à 12 kilogrammes par pied, 11.000 kilogrammes de bananes par hectare, et les années suivantes 20 à 25.000 kilogrammes dont on retirerait à raison de 6 litres d'alcool pur pour 100 kilogrammes de bananes, 660 litres d'eau de vie à 100° la première année et 1.500 litres les années suivantes.

(1) *Op. cit.,* p. p. 455-456.

à faire de l'alcool avec le bois. Mais il est fort difficile de se procurer du malt à la colonie, et le transport de l'acide est trop coûteux ; d'autre part, nos colonies, au moins celles de la Côte d'Afrique, ne sont pas encore en état de produire sur place l'acide chlorhydrique qui serait nécessaire.

« La fabrication de l'alcool avec les matières amylacées ou avec la cellulose ne pouvant être encore envisagée à la colonie, il est nécesaire de s'adresser à des végétaux renfermant un sucre fermentescible tout formé » comme la banane, par exemple, dont la pulpe, aussi bien du *Musa paradisiaca* que du *Musa chinensis*, « arrive à renfermer également plus de 20 % de sucres fermentescibles. » Mais, comme le rendement de la dernière espèce est bien supérieur à celui de la banane plantain on a tout intérêt à cultiver la petite espèce.

Suivant que l'on plante les bananiers à 3×3 ou à 3×4 mètres on a 1089 ou 825 pieds à l'hectare. Soyons pessimistes et admettons que les 825 pieds ne donnent que deux régimes seulement par an, on aura alors, en chiffres ronds, une production de 1500 régimes du poids moyen de 20 kilogrammes chacun, soit 30 000 kilogrammes par hectare. En admettant que la pulpe représente 70 % du poids total des régimes on aura 21 tonnes de pulpe.

Or, cette pulpe, comme nous le montrent les analyses ci-dessous faites à Bingerville, avec des bananes de Chine, renferme une proportion remarquable de sucres fermentescibles, variant suivant que les bananes ont été récoltées pendant la saison sèche ou pendant la saison des pluies.

BANANES DE CHINE
RÉCOLTÉES A BINGERVILLE

	à la fin de la saison sèche (1922)	10 juin 1922
Humidité	71.64	79.38
Sucres directement réducteurs	17.85	15.15
Saccharose	5.45	2.33
Alcool pour 100 de pulpe	11.30	8.40

« On voit que les bananes récoltées pendant la saison des pluies sont un peu plus aqueuses et renferment moins de sucres que les bananes mûries pendant la saison sèche ; mais dans, les deux cas, le rendement en alcool est cependant fort intéressant. Il représente, en effet, pour 21 tonnes de pulpe, production d'un hectare par an, 23.73 hectolitres d'alcool pur pour les bananes récoltées en saison sèche, et 17.64 hectolitres pour les bananes récoltées pendant la saison des pluies.

« Les chiffres qui viennent d'être rapportés ont été obtenus dans des essais de fermentation de pulpe de banane pure, c'est à dire privée des enveloppes du fruit. Mais pour se rapprocher davantage des conditions pratiques d'une production industrielle, des essais de fermentation avec les fruits entiers, ont été effectués. Les fruits broyés étaient stérilisés par ébullition, puis ensemencés avec des levures de distillerie ; et toujours le rendement a été plus élevé quand on a fait fermenter la pulpe en présence des peaux (compte-tenu naturellement des petites quantités de sucres qui pourraient être apportées par les enveloppes des bananes.)

« Les augmentations de rendement en alcool ont été les suivantes :

« Pour les bananes non complétement mûres : 7.5 d'alcool % au lieu de 7.02 que l'on aurait dû obtenir.

« Pour des bananes pourries : 8.24 d'alcool % au lieu de 7.18.

« Pour des bananes très mûres : 8.93 % au lieu de 6.27. »

Il résulte de ces essais, que les rendements en alcool sont sensiblement plus élevés dans le cas de la banane entière.

Plus récemment, M. le député Railhac, qui a été chargé de l'étude d'un projet de résolution tendant à organiser la production d'alcool industriel provenant de la distillation des plantes alcooligènes aux colonies, pour remplacer dans une certaine mesure, l'essence pour les autos et tracteurs, a déposé un intéressant rapport dans lequel il conseille le traitement sur place, en Guinée et dans l'Afrique Équatoriale, des feuilles d'agaves et des bananes.

En Guinée, où la culture de la banane a déjà pris une grande extension, on emploiera, dit-il, la banane manech, qui est analogue à celle des Antilles. Elle a le double avantage de pouvoir être exportée comme fruit — quoiqu'un peu grosse — et d'être une espèce à très grand rendement industriel en alcool, un hectare pouvant donner annuellement 50 tonnes de fruits qui produiraient 8 à 10.000 litres d'alcool à 100°.

S'il faut en croire l'auteur du rapport, le coût de la production de cet alcool ne reviendrait pas à plus de 120 francs l'hectolitre rendu en France.

Il est évident que si on parvenait à trouver le moyen de faire de l'alcool de bananes dans les conditions avancées par certains auteurs et techniciens, on aurait fait un très grand pas, on pourrait même dire que la question du carburant national alcool serait résolue. A notre avis, la question n'est pas encore au point, aussi, ce n'est qu'à titre documentaire que nous avons reproduit une partie de la littérature qui a paru à ce sujet.

De ce qui précède, on voit que, à part la farine de banane, tous les autres dérivés de ce fruit, ne pourront être considérés comme intéressants pour le producteur de bananes que lorsqu'on aura trouvé des procédés rationnels de fabrication.

Fibres de bananiers. — Au début de ce chapitre nous avons dit que les fibres des bananiers pourraient être utilisées par l'industrie chapelière. Nous avons énuméré (p. 75 et suivantes) de nombreux bananiers susceptibles de fournir des fibres. Au Congo belge la question de l'utilisation éventuelle de ces fibres paraît déjà avoir fait un grand pas. Voici, en effet, ce que M. L. Pynaert rapporte à ce sujet : (1).

LE BANANIER COMME SOURCE DE PAILLES A CHAPEAUX, CORDAGES, etc.

« Un missionnaire des plus avisés, le R. P. Renier, de la Mission des RR. PP. Jésuites de Kisantu, s'est occupé d'introduire chez les indigènes du Bas-Congo, une industrie nouvelle des plus intéressantes, celle des pailles à chapeaux.

« La transcription de certains passages de la lettre qu'il a adressée à ce sujet au Gouvernement, donnera sur ces essais les renseignements les plus complets.

« Sanda, le 17 décembre 1910.

» La confection de tresses, dites *YOWA* dans le commerce, est très simple, et m'a donné des produits tout à fait commerçables, de l'avis de correspondants de Belgique, fabriquant eux-mêmes l'article.

» Le bananier d'argent, le bananier de Java, et surtout le bananier des Indes,

(1) PYNAERT, *op. cit.*, pp. 104 à 108.

très cultivés à Kisantu, doivent être soigneusement écorcés, chaque gaîne du tronc étant gardée entièrement et le plus large possible, car le commerce veut des lanières de 10 centimètres au moins de largeur.

» Les gaines extérieures, teintées et cassantes, doivent être rejetées, et il ne faut travailler que la dizaine de gaines intérieures, bien blanches.

» Le noir étale d'un coup de machette la gaine choisie, en prenant garde de ne pas la fendre dans l'effort (il y faut un coup de main d'homme de métier). Il la racle alors par passages successifs de son couteau sur une planche, large et bien polie, jusqu'à ce que toute pulpe intérieure soit enlevée.

» Ensuite, retournant la feuille sur sa planche, délicatement, avec un petit couteau, il racle le dos un peu teinté de la feuille.

» La lanière est étendue une demi-heure sur une natte, au soleil ; puis, quand elle commence à se durcir, l'ouvrier la roule et la fixe avec un petit lien, pour l'empêcher de se recroqueviller et de se fendre. On continue à sécher la lanière sur une perche au fort soleil.

» En cet état, les lanières ont été vendues en Europe, à Paris, à 15 francs le kilogramme, et il faut environ 70 lanières pour faire un kilo.

» Or, en une matinée, nos noirs, peu exercés cependant, préparaient 30 laniè-res par individu, le travail étant assez pénible.

» La seule difficulté du travail réside dans la bonne conservation des lanières à l'abri des poussières, des moisissures et de la fumée.

» D'après nos essais, la difficulté est très grande, même à Sanda, dans nos bâtiments en briques, et nous ne l'avons pas surmontée jusqu'ici. Nous avons dû fendre la plupart des grandes lanières plus ou moins gâtées, pour en faire des brins de tresses.

» Puis les tresses sont difficiles à conserver en bon état de siccité jusqu'à leur achèvement, dans les conditions de propreté d'une case indigène.

» Un tresseur Mukongo peut tresser 10 mètres environ de tresses YOWA en un jour, et en Belgique, dans la vallée du Geer, on donne 5 centimes à 10 centi-mes, selon les modèles, pour le mètre courant de tresses ce que j'ai pu imiter ici sans ennui.

» Les tresses YOWA sont parmi les plus faciles à confectionner, grâce à la longueur des lanières et à leur régularité.

» Il n'en est pas de même des tresses de chouchoute (1). Les entre-nœuds n'ont guère plus de 20 centimètres de longueur et, malgré leur éclat et leur beauté, les tresseurs novices sont vite rebutés par suite du travail de remplacement continuel des brins.

» La préparation des brins de chouchoute est des plus rudimentaires.

« Le noir coupe la tige aux nœuds et place les morceaux dans un bassin d'eau. Il les fend ensuite en longueur et, successivement, il racle sur les deux faces les fêtus obtenus. Le raclage peut se faire sur une planche. Mais, d'instinct, les enfants l'ont essayé sur leurs pieds nus, et ont fourni ainsi les plus belles lanières.

» La dessiccation est rapide (une demi-heure environ), mais les brins se recro-quevillent fréquemment.

» Nous n'avons pas poussé plus loin les essais, malgré de très beaux résultats

_____

(1) *Secchium edule.*

au point de vue fabrication, parce que le tressage de la chouchoute est très lent et donc beaucoup moins rémunérateur que celui du YOWA, dans l'état actuel du marché.

» Actuellement, le kilo de fibres se vend 5 francs. Les prix de la tresse sont très variables.

» Le chouchoute est difficile quant au choix du terrain. Des douze plantes essayées (il est vrai en saison sèche), il ne nous en reste qu'une seule ici, dans nos sables dérivés des grès rouges de Sanda.

» La fabrication des cordes de bananier et la propagation du bananier textile proprement dit, occupe surtout en ce moment notre attention.

» Nous avons installé quatre machines à défibrer, du modèle Philippine et nos gens invalides ou bien tous les enfants de l'école les jours de pluie, sont sans cesse occupés à corder à la mode indigène, en roulant les fibres sur la hanche.

» Un homme seul peut préparer au moins un demi-kilo de fibres par jour, avec un travail assidu, qui le met en nage. Nos noirs aiment ce travail.

» Défibrer autrement qu'à la machine ne donne pas un résultat satisfaisant.

» Heureusement, nous avons ici un stock de vieilles serpes non utilisées, et qui conviennent très bien pour fabriquer les défibreuses.

» Nous utilisons surtout le bananier d'argent, le seul abondant à Sanda, et il vaut mieux le couper avant fructification.

» Mais les matiba et plusieurs autres bananiers indigènes donnent des fibres convenables.

» L'ouvrier coupe le tronc, jette la moitié supérieure à mauvaises fibres, déploie les feuilles du tronc, rejette les feuilles extérieures teintées, puis coupe les feuilles en lanières de 60 centimètres de longueur et 4 ou 5 centimètres de largeur, pour la facilité de la défibration.

» Alors, pressant du pied sur la pédale de sa machine, il soulève le couteau, glisse sa lanière en dessous et tire.

» La pulpe s'envole et il ne lui reste en main qu'une liasse de fibres qu'il repasse encore une ou deux fois à la machine pour la mieux travailler.

» Le R. P. de Vrieze S. J., mon supérieur à Sanda, a trouvé ces jours-ci le procédé qui nous semble le plus simple et le meilleur pour défibrer le bananier. Il prend une machette ou une bande de ballot quelconque, la fixe entre deux bouts de planches de manière qu'elle dépasse un peu, tout en restant bien ferme ; et l'ouvrier presse, avec une planche sur la lame en tirant de l'autre main la feuille de bananier.

» Les résultats de cette défibration sont supérieurs à ceux de la machine Philippine ; les fibres sont mieux détachées.

» Je ne puis ajouter d'autres précisions.

» Les essais que nous pousserons jusqu'au bout, sont d'ordre agricole, d'ordre économique et surtout avant tout d'ordre social :

. . . .

Tandis que la fabrication des cordes « Mpunga » *(Cephalonema)* et de « Kusa » pour la confection des filets de pêches et de chasse, est une industrie des hommes chez les Bakongo, celle des tresses Yowa revient plutôt aux femmes qui font les bilekwa ([a]).

([a]) Vannerie.

» Au point de vue économique, il y a lieu de renseigner qu'un tronc ordinaire de bananier d'argent, donne environ 250 grammes de fibres sèches. Mais bien des troncs ne donnent que 100 grammes.

» La filasse simplement séchée au soleil est très brillante et de conservation très facile jusqu'ici. Il est vrai que les quantités préparées sont relativement petites et sont cordées au fur et à mesure. Nous gardons les cordes dans des malles en fer.

» Avec le système indigène de corder, un homme adulte peut faire environ 200 grammes de cordes d'un demi centimètre environ de diamètre et 100 grammes de ficelles par journée de travail.

» Ces cordes, simplement roulées sur la hanche, sont d'apparence assez bonne, mais elles ont des points faibles nombreux, aux endroits où l'on a ajouté une nouvelle liasse de filasse.

» Il est, dès à présent certain que la manière belge de corder à la roue, par torons successifs, sera de loin la plus avantageuse et nous sommes en train de former un homme de métier. Mais pour bien faire, il faudrait des quantités sérieuses de filasse.

» Un toron de 3 millimètres de diamètre a supporté un effort de 40 kilogrammes au dynamomètre sans se rompre, alors qu'une corde de chanvre d'Europe, de même diamètre, venait d'éclater dans les mêmes conditions.

» Nous essayons de pousser les indigènes à nous préparer de la filasse dans les villages ; et de deux côtés on a déjà répondu à notre appel.

» Nous croyons que le prix de revient indigène de la filasse varie entre 75 centimes et 1 franc le kilogramme. Des fibres de Kanga mosi, le grand bananier indigène, se sont montrées plus solides que les fibres du bananier d'argent. De même les « Matiba », petites bananes indigènes.

» Il ne me reste qu'à ajouter quelques remarques d'ordre pratique. Le bananier textile que nous avons trouvé à Kisantu se montre assez capricieux et assez ient dans le sable de Sanda. Il lui faut de l'engrais... les expériences sont seulement amorcées.

» Une fois que la défibration sera introdu'te, elle demandera immédiatement de doubler l'étendue des bananeraies. Car elle consomme vite et beaucoup. C'est par l'organisation de l'industrie de la fibre, qu'on obtiendra donc automatiquement les résultats agricoles les plus immédiats et les plus sérieux.

» Nous remarquons une véritable passion pour défibrer chez nos ouvriers improvisés.

» Je forme un moniteur qui irait enseigner le travail dans nos diverses écoles. Mais les indigènes sacrifieront difficilement les bananiers existants. Puis, ce qu'il faudrait assurer à des premiers essais, c'est un débouché certain.

» Ici, pour la population clairsemée que nous évangélisons, le débouché local de la ferme de Kisantu et des pêcheurs Bateke du Pool est plus que suffisant. Mais ailleurs on devrait aviser.

» La fabrication de paille Yowa et le tressage des brins exige beaucoup moins de bananiers que le cordage et les bananiers à fruits sont préférables pour la préparation des lanières bien blanches ; à part les difficultés de la conservation des tresses, on peut donc commencer partout ce travail.

» Mais il faut un sérieux apprentissage du métier, et il faudrait organiser la production, surveillée par un capital dans des centres un peu populeux. Nous pourrions éventuellement recevoir l'un ou l'autre apprenti, offrant les garanties morales suffisantes, dans notre école de Sanda.

» Une machine à coudre les chapeaux et le matériel rudimentaire indispensable, viennent de nous arriver à Kisantu.

» Ici, à Sanda, nous possédons un stock de rubans, courts fils, de couleurs et teintures diverses pour monter un petit atelier complet de fabrication de chapeaux. Mais le nombre d'enfants est trop restreint : 12 fillettes et 25 gamins, et les difficultés de ravitaillement sont exagérées. »

Il est regrettable que le R. P. Renier ne se soit pas plus appesanti sur les espèces, variétés ou formes de bananiers dont il tire ses fibres car tous les bananiers ne donnent pas la même quantité ni la même qualité de fibres.

La question des fibres de bananiers est traitée aux chap. xix et xxv de l'ouvrage de Fawcett. Nous y renvoyons le lecteur qui les consultera avec intérêt. De son côté Paul Hubert a reproduit des renseignements très intéressants sur les expériences d'extraction de fibres faites aux Indes et sur leur valeur au tissage, ainsi que sur la culture, les rendements le mode d'extraction et les bénéfices que peut laisser l'exploitation des *Musa textilis* aux Philippines, à Sumatra et au Tonkin. Le lecteur que ces questions intéresse consultera avec fruit ces auteurs et la nombreuse littérature qui a paru sur ce sujet, mais nous ne pouvons traiter ici cette question qui sortirait du cadre de l'ouvrage que nous nous sommes proposé, c'est à dire l'exploitation du fruit.

COMMERCE

L'importance des chiffres qu'on va lire est, croyons-nous, la meilleure preuve que la culture de la banane doit être une source de bénéfices aussi bien pour les planteurs que pour les revendeurs.

Le marché américain absorbe à lui seul chaque année des quantités toujours plus considérables de bananes qui lui sont expédiées actuellement de l'Amérique centrale, des grandes et Petites Antilles, voire même de la Colombie, du Vénézuela, des Guyanes, etc.

Les deux principaux ports d'importations aux États-Unis sont la Nouvelle-Orléans et Mobile.

La première importation de bananes aux États-Unis date de 1804, quand le schooner *Reynard* apporta 30 régimes de Cuba ; mais ce n'est qu'en 1865, époque à laquelle M. Carl B. Franc s'occupa de l'importation de fruits de Colon, que furent faits les premiers efforts pour importer les bananes aux États-Unis. La première exportation du Costa-Rica se fit, par Puerto-Limon, où le vapeur *Earnholm* chargea 350 régimes pour New-York. Vint ensuite la Jamaïque, en 1870. Lorenzo D. Baker, patron de la goelette *Cap Cod* qui, au retour d'un voyage au Vénézuela, cherchait du fret, s'arrêta alors à Kingston (Jamaïque) et n'ayant rien trouvé de mieux, se décida à embarquer un chargement de régimes qu'il eut la chance de débarquer à Boston dans de bonnes conditions. Leur vente facile et à un prix rémunérateur attira l'attention des planteurs et des marchands de fruits sur les possibilités de la Jamaïque comme producteur de bananes. Deux années plus tard, M. M. C. Keith s'adressa à M. C. B. Franc qui possédait des bananeraies dans la zône du canal de Panama, les jeunes bananiers qui lui permirent la création des premières plantations commerciales au Costa-Rica, et la même année, il expédia de Colon sur le petit vapeur *Juan la Meiggs* un chargement de 200 régimes qui furent débarqués à la Nouvelle-Orléans, où ils furent vendus dans de très bonnes conditions. A partir de ce moment, il fut fait mensuellement des envois de 250 à 400 régimes qui eurent les mêmes faveurs que le premier. Les demandes étant toujours de beaucoup supérieures aux envois M. Keith acheta de nombreux terrains un peu partout et étendit ses cultures dans la région de « Bocas del Toro », située dans la république de Panama actuelle, à Santa-Marta, en Colombie, à Bluefields, dans le Nicaragua.

Les affaires de M. Keith étaient si prospères, qu'en 1898, il était intéressé dans trois très grandes entreprises : la *Tropical Trading and Transport C° L*^{td}, qui exploitait les propriétés acquises par M. Keith au Costa-Rica ; la *Colombian Land C° L*^{td}, qui avait pour but de développer les plantations à Santa-Marta, en Colombie, et la *Snyder Banana C°*, qui était chargée des plantations de « Bocas del Toro ».

Sur ces entrefaites, en 1884, se révéla un concurrent en la personne de M. Andrew W. Preston, alors marchand de fruits à Boston, qui avec quelques compatriotes, firent des études qui les conduisirent à entreprendre la culture de la banane à la Jamaïque, posant ainsi les fondations d'un trafic qui, par la suite, a fait la prospérité de cette île. Le modeste capital de 20.000 dollars avec lequel ils débutèrent s'épuisa vite, aussi, avant la fin des cinq premières années d'exploitation, celui-ci fut porté à 100.000 dollars afin de pouvoir créer de nouvelles plantations non seulement à la Jamaïque, mais aussi à Saint-Domingue, et à Cuba. En 1890, l'association se constitua en Société Anonyme, sous le nom de *Boston Fruit Company*, au capital de 531.000 dollars, et prit aussitôt un développement considérable. Les compagnies rivales, de leur côté, ne restèrent pas inactives. Aussi, la concurrence sur le marché de la banane pour s'assurer le fruit chez l'indigène devenait très active et la compétition pour les transports et les ventes se manifesta des plus vives, sans parler de la lutte qu'il y avait entre les sociétés pour acquérir ou louer des terrains dans les pays neufs pour les planter en bananiers. En présence de l'impossibilité de s'assurer le monopole, l'association, en 1898, des intérêts de la *Boston Fruit C°* et de ceux dirigés par

M. Keith, était inévitable et nécessaire pour assurer solidement l'industrie bananière.

L'année d'après, avec la création de la *United Fruit C°*, le commerce de la banane devait prendre une importance toute particulière. Créée le 30 mars 1899, au capital de 20 millions de dollars, elle acquit l'actif de la *Boston Fruit C°* et de ses filiales, au prix de 5.200.000 dollars, argent comptant ; puis, le 5 avril suivant, elle acheta les trois compagnies dirigées ou contrôlées par M. Keith, pour la somme de 4 millions de dollars.

Peu après, débuta une nouvelle compagnie, la *Camons Weinberger Banana C°*. Le développement du commerce fait par ces com-pagnies devint si considérable que deux nouvelles compagnies ne tardent pas à entrer en lice : la première créée, en 1901, par J. Di Georgio, sous le titre de *Di Georgio Importing and Steamship Company*, devint, en 1911, la *Atlantic Fruit Steamship Company*.

Au début les opérations de la *Di Georgio Importing and Steamship C°* se limitaient à l'achat de bananes à la Jamaïque et avait établi à cet effet un service hebdomadaire entre Baltimore et la Jamaïque. Mais elle ne tarda pas à prendre une très grande extension. En 1905, elle incorpora la *Atlantic Fruit C°* et, en 1911, elle fut réorganisée sous le nom de *Atlantic Fruit and Steamship C°*. A partir de ce mo-ment elle prit un grand développement. Elle acquit 79.300 hectares de terres au Nicaragua et environ 19.160 hectares de terrains à bananes à Cuba.

Le trafic qu'elle faisait avec les Antilles et l'Amérique Centrale s'accrut tellement qu'elle dut avoir recours à la Hambourg-Amer-ican Linie pour le transport de ses produits. En effet, en 1912, elle importait 7.135.488 régimes de bananes et utilisait 22 navires pour le transport des bananes de Port Antonio (Jamaïque), Puerto-Cortez (Honduras), Frontera (Mexique) Sama et Sagua de Tanamo (Cuba) et Santa Marta (Colombie) à New York, Boston, Philadelphie, Baltimore et Nouvelle-Orléans.

En 1900, la *United Fruit C°* avait en culture 26.794 hectares, dont 38.463 hectares de bananeraies et 168.744 hectares non encore aménagés.

Son premier rapport annuel (1900) accuse un avoir évalué à 16.949.535 dollars. Près de dix millions de dollars avaient été dépensés à l'achat de plantations, pour les cultures et la construction des maisons. Les troupeaux représentaient une valeur de 400.000 dollars environ, les lignes ferrées et le matériel de chemin de fer 1.253.428 dollars, les téléphones 74.000 dollars, les bateaux 95.673 dollars, le wharfs 233.560 dollars et on avait engagé 365.000 dollars dans la construction d'une sucrerie à Cuba.

En 1908, la société créa 3.237 hectares de nouvelles plantations et en 1912, les surfaces cultivées en bananiers comptaient 46.715 hectares. Cette année fut aussi marquée par l'accroissement de la flotte : trois nouvelles unités de 8.000 tonnes chacune.

En 1913, la *United Fruit C°* possédait 444.654 hectares de terrains répartis comme suit : cultivés, 120.944 hectares ; non cultivés, 323.709 hectares. Voici comment étaient répartis les terrains cultivés : en Colombie, 13.281 hectares ; Costa-Rica, 26.332 hectares, dont 19.308 hectares en bananiers ; Cuba, 42.963 hectares ; Honduras, 4.192 hectares ; Jamaïque, 7.011 hectares, dont 3.560 hectares de bananeraies ; Guatemala, 11.423 hectares, et Panama, 15.741 hectares.

A ces chiffres s'ajoutent 45.092 hectares de terrains loués, soit au total 489.745 hectares. Les bananeraies couvrent une superficie de 60.873 hectares et la canne à sucre 23.862 hectares. Pour relier les plantations, la compagnie utilise 907 milles de railway et 532 milles de tramways, où courent 144 locomotives et 4105 wagons.

Constituée en 1900, la *United Fruit C°* obtenait dès son premier exercice, 7.859.000 francs de bénéfice. Depuis sa création jusqu'à 1907, elle distribua pas moins de 98.775.000 francs de dividendes. Pour le huitième exercice elle a fait réaliser à ses actionnaires 30,699.635 francs. En 1912, les cultures seules laissèrent un bénéfice de 2.565.428 dollars et l'exploitation du sucre 1.930.186 dollars. En 1918, donc pendant la guerre, malgré le peu de demandes pour les fruits, la société réalisa un bénéfice net de 3,251.862 dollars. Depuis, elle a distribué à ses actionnaires des dividendes variant entre 20 et 25 %. Ces dividendes ont été distribués après avoir permis d'importants amortissements, constitué des réserves considérables et payé les intérêts aux obligations, ceux-ci s'élevant à plusieurs millions de francs par an.

Cette colossale organisation opère avec une centaine de navires dont près de la moitié lui appartiennent et les autres sont affrêtés pour son compte pour le transport des fruits qu'elle récolte sur ses propriétés ou qu'elle achète aux planteurs et occupe, en région tropicale, une armée de 60.000 travailleurs indigènes ou noirs de la Jamaïque, dirigés par des Américains.

Les planteurs ont avec ces compagnies des contrats par lesquels celles-ci s'engagent à prendre pendant toute l'année, à raison d'un certain nombre de régimes par mois, basé d'après le nombre récolté en mars, avril et mai (mois pendant lesquels les bananes atteignent le plus haut prix), et à des prix déterminés d'avance (a), tous les fruits en bon état de maturité, qui leur sont livrés le long des voies ferrées ou de leurs navires. De leur côté les planteurs s'engagent à ne pas vendre aux compagnies rivales. Il n'y a donc jamais mévente et les fruits sont payés au comptant aux planteurs, même lorsque les compagnies, pour une raison ou pour une autre, n'ont pu en prendre livraison.

Fig. 23. — Chargement des bananes en Amérique Centrale.
Les régimes sont déchargés des wagons et déposés sur les marches en toile de l'escalier roulant qui les descend dans la cale du navire.

Pendant la dernière guerre, toutefois, la *United Fruit C°*, qui dut

(a) Si au Costa Rica il existe un barème pour les régimes suivant le nombre de mains, ainsi qu'il a été dit p. 175, il n'en est pas de même à la Jamaïque. A Kingston les prix ne sont pas fixes par suite des compagnies concurrentes et la *United Fruit C°*, doit payer les régimes dix et douze pour cent plus chers.

réduire ses coupes mensuelles de huit à dix à deux ou trois seulement par suite de la réduction des demandes, refusa une grande quantité de régimes présentés par les planteurs, préférant expédier les récoltes provenant de ses propres plantations.

Les bananes, ainsi qu'il a déjà été dit, sont chargées vertes, et à leur arrivée à destination, sont emmagasinées dans des entrepôts frigorifiques d'où on les retire au fur et à mesure des besoins des demandes sans pertes sensibles.

Fig. 24. — Déchargement de bananes à Liverpool (d'après W. Fawcett: *The Banana.*
On voit ici, installés sur le pont, les élévateurs-transporteurs qui amènent les
régimes du fond des cales et les déchargent sur le tapis roulant — installé
sur le quai — qui les transportent au hangar.

La *United Fruit* C⁰ utilise pour le chargement des régimes une machine électrique construite par la « Link Belting C⁰ », qui donne un double bénéfice : rapidité plus grande de l'embarquement et conservation en bon état de la presque totalité de la cargaison. Avec cette machine, qui est une espèce de grue montée sur truck et pourvue de «récipients porteurs» (fig. 23) à laquelle on peut adapter un « convoyeur » formé d'une espèce de tapis roulant sur lequel sont déposés les régimes (fig. 24), on arrive à charger facilement 5 000 régimes par heure, sans que les fruits se trouvent détériorés, tandis qu'autrement on n'arriverait guère à charger plus de 1.000 à 1.500 régimes dans le même temps. Ce système permet de charger ou de décharger en douze heures un navire de cinq mille tonnes avec cinquante deux mille régimes.

Pendant la période des huit premières années, la *United Fruit Cº* a vendu une moyenne de 23.600.000 régimes.

En 1900, sur une exportation totale par le port de Limon, de 3.420.166 régimes, la *United Fruit Cº* exportait à elle seule 2.661.583 régimes, soit les 77.82 %, le restant ou 758.583 régimes ayant été exportés par la *Camons Weinberger Banana Cº*.

La progression, depuis 1900, s'établit de la façon suivante :

ANNÉES	NOMBRE DE RÉGIMES	VALEUR EN FRANCS [a]
1900	3.420.166	6.771.928
1901	3.870.156	7.662.909
1902	4.174.199	8.264.914
1903	5.139.063	10.175.345
1904	6.065.400	12.009.492
1905	7.283.000	14.420.940
1906	8.500.000	16.910.000
1908	10.060.009	19.918.800
1909	9.365.690	18.544.066
1910	9.097.285	18.012.624
1911	9.309.586	18.421.100

Le mouvement occasionné par le seul transport des bananes a déjà suffisamment d'importance pour alimenter plusieurs lignes de vapeurs directs entre les principaux ports de l'Amérique Centrale et les États-Unis et plus particulièrement entre Limon d'une part et New York d'autre part, traversée qui se fait en sept jours ; une autre ligne entre Limon et la Nouvelle-Orléans, en 5 jours ; une troisième entre Limon et Boston, et enfin une quatrième entre Limon et Manchester qui effectue cette traversée en dix-sept jours.

C'est en 1903, qu'Elders et Fyffes établirent un service mensuel entre Limon-Bristol-Manchester. Mais il ne tarda pas à devenir insuffisant et devint hebdomadaire ; tandis qu'un service régulier

[a] La valeur des exportations a été calculée à raison de 1 fr. 98 par régime.

trois fois par semaine fut établi avec les États-Unis. A l'heure actuelle on compte près de quatre cents vapeurs, soit plus d'un vapeur par jour, qui quittent Limon chargés de bananes. Ces différentes lignes de vapeurs transportent 250.000 à 300.000 régimes par semaine, soit 13 à 15 millions de régimes par an.

Les meilleurs producteurs sont : la Jamaïque, Costa-Rica, Honduras, Panama, Nicaragua, Cuba, Colombie, Guatemala, etc.

Au début, presque la totalité de la production des bananes de l'Amérique Centrale et des Antilles, était exportée aux États-Unis. Actuellement ces contrées en expédient déjà de grandes quantités en Europe.

De 8 millions de régimes, en 1898, l'importation sur le marché américain passait, en 1903, à près de 20 millions de régimes. En 1913, les États-Unis importaient 42.357.109 régimes ; en 1922 45.094.892 et en 1923, 43.958.890 régimes.

En 1913, la valeur globale des importations était de $ 14.484.258 ; en 1822, de $ 19.145.911 et en 1923 de $ 19.738.508.

Pour ces trois années, les quantités de régimes importés par pays d'origine ont été comme suit :

	1913	1922	1923
Antilles anglaises ...	11.164.894	10.689.186	9.243.080
Colombie	2.684.749	2.205.538	2.475.775
Costa Rica.	6.973.684	3.704.727	3.116.731
Cuba	2.213.733	1.808.872	2.277.011
Guatemala	2.359.250	1.498.800	4.430.946
Honduras.	7.983.591	14.584.674	11.655.414
Honduras anglais...	651.064	460.825	585.688
Mexique.	1.541.504	739.186	2.098.476
Nicaragua	1.681.944	2.603.491	3.405.776
Panama............	4.438.300	3.665.378	4.513.386
Autres pays	664.396	134.215	156.607
Total...	42.357.109	45.094.892	43.958.890

Les importations de bananes, aux États-Unis, ont pris comme on voit, des proportions vraiment fantastiques et malgré qu'elles atteignent, actuellement près de 50 millions de régimes, elles sont loin encore de pouvoir satisfaire à la demande toujours grandissante.

**

Le commerce des bananes qui, au début, ne se faisait qu'avec les États-Unis, s'est étendu depuis à l'Angleterre, et, il y a quelques années, il a commencé à se développer en France et en Allemagne. Dès 1890, l'Europe devint, en effet, un débouché sérieux pour les producteurs. Mais les bananes consommées en Europe venaient alors toutes des Canaries et il n'y a que depuis une trentaine d'années que l'Angleterre introduisit sur son marché des bananes provenant des Antilles Anglaises puis de l'Amérique Centrale.

En 1884, l'Angleterre importait des Canaries 10.000 régimes environ ; 30.000 régimes, en 1890.

D'après les statistiques du « Board of Trade », l'Angleterre a importé en 1900, 1901 et 1902, les quantités de régimes suivantes :

1900 : 1.287.442
1901 : 2.228.672
1902 : 2.804.700

se décomposant comme suit :

PROVENANCE	QUANTITÉ EN RÉGIMES			VALEUR EN LIV. STERLING		
	1900	1901	1902	1900	1901	1902
Madère	41.981	43.231	19·102	19.283	18.300	8.346
Canaries	1.243.562	1.636.946	1.817.533	528.540	722.713	821.441
Imp. diverses	544	1.452	660	256	645	175
Total prov. étrangère	1.286.087	1.621.689	1.837.295	548.079	741.658	829.962
Antilles anglaises	1.337	547.043	967.405	874	133.882	230.301
Autre prov.	18	»	»	3	»	»
Total prov. coloniale.	1.355	547.043	967.405	877	133.882	230.301
TOTAL	1.287.442	2.228.672	2.804.700	548.956	875.540	1.060.263

En 1903, elle importait des Canaries, 2.400.000 régimes et en 1905, sur une importation totale de 5.735.914 régimes, 2.401.118 régimes venaient des Canaries. En 1906, l'Angleterre absorbait déjà 6.425.704 régimes.

En 1910, l'Angleterre ne recevait pas moins de 1.097.036 régimes, en 1911, 2.092.438 et en 1916, 2.758.676 régimes, rien que de Costa Rica. Cette dernière année elle recevait des Canaries 1.461.866 caisses dont 781.831 exportées par le port de Ténériffe et 680.035 caisses par le port de Las Palmas.

En 1913 et 1922, les importations de bananes, en Angleterre atteignirent déjà les chiffres respectables de 7.539.984 et 11.031.160 régimes respectivement, se décomposant comme suit par pays d'origine.

	1913	1922
Antilles anglaises	499.763	1.804.963
Canaries	2.138.080	2.645.444
Colombie	2.255.504	4.163.695
Costa Rica	2.614.186	1.228.059
Honduras	—	1.185.492
Autres pays	32.451	3.507
Total	7.539.984	11.031.160
Valeur £	2.172.688	£ 5.315.109

L'accroissement si rapide dans les importations de bananes de l'Amérique Centrale démontre que les Anglais appréciaient plus le fruit de cette contrée que celui qui vient de leur possession de la Jamaïque. Aussi, les Anglais finirent par s'alarmer de cette concurrence qu'ils se faisaient à eux-mêmes. Ils commencèrent par améliorer les variétés qui leur venaient de cette île et à en perfectionner la culture ; puis, firent des démarches auprès du Gouvernement pour obtenir des facilités de transport pour les récoltes. Dans ce but, le Gouvernement Anglais accorda pendant dix années à la Compagnie Elder Dempster une subvention annuelle de 40.000 livres sterling pour l'aménagement de cales spéciales, voire même la construction de navires spéciaux. Cette compagnie créa alors un service bi-mensuel avec la Jamaïque qui, en 1909, exporta 14.612.881 régimes à destination de l'Angleterre, des États-Unis et du Canada

Toutefois ces grandes quantités de bananes que l'Angleterre reçoit, ne sont pas consommées exclusivement dans le pays ; elle en réexporte également des quantités respectables en France et ailleurs.

**
**

La consommation de la banane en France suit également une marche ascendante régulière ; elle est passée de 5.000 régimes, en 1897, à 18.000 régimes, en 1900 ; à 50.000, en 1901 ; à 250.000, en 1904 ; à 300.000, en 1907 ; à 380.000 en 1908 ; à 800.000, en 1909 et enfin à 593.728 quintaux ou 2.727.235 régimes, en supposant ceux-ci de 20 kilogrammes chacun, en 1924.

Les importations de bananes en France, depuis 1908 ont été comme suit :

1908 —	5.697.600 kg.		1917 —	5.445.200 kg.
1909 —	9.097.100 »		1918 —	8.213.200 »
1910 —	13.522.600 »		1919 —	10.450.900 »
1911 —	17.813.300 »		1920 —	12.442.900 »
1912 —	24.006.700 »		1921 —	—
1913 —	33.702.000 »		1922 —	27.500.600 »
1914 —	25.936.700 »		1923 —	49.524.000 »
1915 —	30.020.800 »		1924 —	59.372.800 »
1916 —	29.506.000 »			

Les tableaux ci-dessous, du Commerce de la France avec ses colonies et les puissances étrangères, donnent les importations et les exportations de bananes par pays, en 1923, d'après le *Tableau Général du Commerce et de la Navigation* (année 1923), Vol. I, p. p. 239 et 495.

A. *Importations.*

PROVENANCE	QUINTAUX MÉTRIQUES		VALEUR
	POIDS BRUT	POIDS NET	EN FRANCS
Pays Bas......................	50.711	40.569	
Espagne	412.563	330.050	
Colombie ....·....	11.744	9.395	
Autres pays étrangers	6.420	5.136	
Total	481.438	385.150	57.773.000
Établissement franç. de la côte occidentale d'Afrique	5.343	4.275	
Martinique	2.069	1.655	
Guadeloupe................·....	6.365	5.092	
Autres colonies et pays de protec-torat ..⌣...................	25	20	
Total	495.240	396.192	59.429.000

B. *Exportations.*

PAYS DE DESTINATION	QUINTAUX MÉTRIQUES		VALEUR
	POIDS BRUT	POIDS NET	EN FRANCS
Sarre	950	760	
Suisse	21.464	17.171	
Italie	2.617	2.094	
Turquie......................	1.090	872	
Égypte	3.277	2.622	
Autres pays étrangers..........	1.187	949	
Prov. de bord. nav. franç	415	332	
	31.000	24.800	3.730.000
Algérie......................	1.449	1.159	
Tunisie	552	442	246.000
Total	33.001	26.401	3.976.000

Au total des importations du tableau *A* ci-dessus il convient d'ajouter celles de l'Algérie ainsi qu'il résulte du Tableau du Commerce de l'Algérie avec l'Étranger. (D'après le Tableau Général du Commerce et de la Navigation, 1923, Vol. I, p. 986),

C. *Importations.*

PROVENANCE	QUINTAUX MÉTRIQUES	VALEUR FRANCS
Espagne	170	
Possessions anglaises en Méditerrannée	2	
Maroc	3	
Total	175	21.000

D'après les tableaux *A* et *C*, la France importerait des pays étrangers 481.613 quintaux de bananes et seulement 13.802 quintaux de ses colonies et pays de protectorat, soit 2.78 % seulement des importations totales.

La Guadeloupe figure par conséquent au premier rang parmi les colonies et pays de protectorat pour l'exportation des bananes d'origine française.

Les exportations de bananes de l'A. O. F., qui compte plusieurs colonies, ont été, d'après les chiffres publiés par l'Agence Économique de l'Afrique Occidentale, pendant la période décennale 1914-1923 :

	KILOGS	FRANCS		KILOGS	FRANCS
1914 —	187.579	= 28.137	1919 —	118.415	= 29.604
1915 —	28.784	= 4.318	1920 —	113.608	= 62.954
1916 —	22.618	= 3.393	1921 —	220.380	= 63.116
1917 —	16.825	= 2.524	1922 —	514.263	= 154.286
1918 —	50.433	= 12.609	1923 —	654.708	= 235.493

En 1924, les exportations, pour les neuf premiers mois ont été estimées à 545.654 kilogrammes.

Si nous nous reportons aux statistiques de la Guinée française, nous voyons que les bananes de l'A. O. F. sont à peu de chose près, toutes originaires de la Guinée. Quant à la Guadeloupe qui, il y a quatre ans de cela, ne figurait guère plus comme pays exportateur de bananes, cette ancienne colonie vient de faire un effort considérable pour développer cette culture. Aussi la rapide progression de ses exportations fait prévoir, à bref délai, une production considérable.

Il y a quelques années le marché français s'approvisionnait presque exclusivement en Angleterre, mais le supplément de frais qui en résultait mettait les fruits consommés en France à un prix de revient beaucoup trop élevé. Aussi, depuis, la France reçoit des bananes directement des îles Canaries qui, jusqu'à présent encore, alimentent en grande partie les marchés de l'Europe occidentale.

On s'étonne en France de la cherté de la banane — on ne peut guère acheter une banane présentable à moins de 60 à 75 centimes. Mais à qui la faute ? Aux Français eux-mêmes parce qu'ils ne paraissent pas s'intéresser à ce genre de commerce qui est, en grande partie, entre les mains d'étrangers. En effet, à Paris comme à Bordeaux, du reste, nous avons pu nous rendre compte qu'une grande partie des vendeurs et surtout des importateurs de bananes en gros sont des Espagnols. Il est donc tout naturel que ceux-ci favorisent leurs nationaux et s'adressent aux producteurs des Canaries. Mais ainsi que nous allons le démontrer, avec des chiffres à l'appui, le prix de revient de la banane des Canaries est bien plus élevé que celui de la banane en provenance des Colonies françaises.

Les chiffres que nous allons reproduire ci-dessous, donneront une idée tout à fait exacte des frais qu'entraînent le transport et la manipulation des bananes depuis le port d'embarquement jusqu'à l'arrivée dans les magasins ou sur le marché en Europe. Ces chiffres qui sont extraits de documents officiels, que nous avons sous les yeux, sont par conséquent tout à fait dignes de foi.

A. FRUITS EN PROVENANCE DES CANARIES.

1° *Fruits débarqués au Hâvre.*

Les caisses de bananes des Canaries voyagent la plupart du temps sur le pont aux risques et périls du consignataire. De Las Palmas ou de Téneriffe, les navires mettent 7 jours pour aller jusqu'au Hâvre.

Les caisses de bananes des Canaries sont classifiées et vendues comme suit :

CLASSIFICATION	POIDS BRUT KILOGRAMMES	VALEUR (la caisse) PESETAS
Exemed.......................... ...	55	30
Extra.............................	60	35
Ex-Extra	64	40
Gigantes	72	45
Gigantes-G.gantes.................	80	50
G^{tes} G^{tes} G^{tes}	88	55

Les droits de Douane sont de 3 francs les 100 kilogs poids brut mais pour l'Octroi ils sont calculés sur le poids net à raison de 15 francs les 100 kilogrammes poids net. La tare, qui est conventionnelle, est uniformément de 17 kilogrammes pour les caisses des Canaries plus 10 % pour le rachis

Exemple : caisse pesant   72 kilos brut
        tare uniforme   17   »
                       55 kilos

— 10 % pour le poids du rachis   5.500
           Poids net   49.500

Ce poids net n'est évidemment qu'approximatif, et comme il est impossible d'avoir des chiffres d'une exactitude parfaite, c'est le poids net admis par l'octroi qui servira de base pour nos calculs.

Le tableau ci-dessous donne le poids net des différentes catégories de caisses avec leur quantité approximative de fruits et le poids moyen de ceux-ci.

CLASSIFICATION	POIDS NET DE LA CAISSE	NOMBRE DE FRUITS PAR CAISSE	POIDS MOYEN DE LA BANANE GRAMMES
Exemed	34ᵏ200	300 /320	110
Extra	38.700	320 /350	115
Ex-extra.................	42.300	350 /380	116
Gigantes	49.500	380 /400	127
Gᵗᵉˢ Gᵗᵉˢ.................	56.700	420 /450	130
Gᵗᵉˢ Gᵗᵉˢ Gᵗᵉˢ	63.900	450 /470	139

Voici tous les détails relatifs à une partie de 350 caisses de bananes expédiées par M. X... de Montâna de Cardones (Aurucas-Grande Canarie), le 15 septembre 1925, par ˢ/ₛ « Siris » de la « Royal Mail Steam Packet Cⁱᵉ », à l'ordre de M. X... au Hâvre.

a) *Prix d'achat.*

DÉTAIL	POIDS BRUT	POIDS NET	VALEUR
69 caisses Extras	4.140ᵏ	2.670ᵏ300	2.415 pesetas
84 — Ex-Extras	5.376ᵏ	3.553ᵏ200	3.360 —
119 — Gigantes	8.558ᵏ	5.881ᵏ500	5.355 —
60 — Gᵗᵉˢ Gᵗᵉˢ	4.800ᵏ	3.402ᵏ —	3.000 —
18 — Gᵗᵉˢ Gᵗᵉˢ Gᵗᵉᵉˢ	1.584ᵏ	1.150ᵏ200	990 —
Totaux 350 caisses	24.458ᵏ	16.657ᵏ200	15.120 pesetas

Commission bancaire 1 /2 % = 75.60 —

Total 15.195.60 pesetas

à 3 fr. 14 la peseta (taux du change du jour)   Fr. 47.714.20

b) *Frêt et frais de débarquement.*

Frêt de Las Palmas au Hâvre, 350 caisses de bananes
à raison de 4 /7 par caisse soit................... £ 80.4.2
établissement du connaissement 1.6

£ 80.5.8

A reporter Fr. 47.714.20

Report   Fr. 47.714.20

à 102 fr. 13 la £ (taux du change du jour)..... Fr.   8.199.30
Frais sur quai 8 fr. 50 la tonne (sur 23.811 kg. (a)
    = Fr. 204+91 % (b).............. fr. 389.64
Signaux 0.004 par colis 1.40
Taxe de main d'œuvre 0 fr. 25 par tonne   6.00
Timbre de connaissement ....   4.80 fr. 401.84   fr. 8.601.14

c) *Douane.*

Droit de permis ....   fr.   0.60
    — de statistique 0 fr. 45 par caisse (c)........   157.50
    — de douane : 3 fr. les 100 kg. poids brut.....   714.33

                                           fr. 872.43
Timbre administratif : 0.20 % (d) sur 872.43   1.80
Taxe sur les importations 1.30 % (e).....   642.07
Peages locaux : 3 fr. par tonne poids brut   72.
Timbre de quittance ....   0.50   716.37 fr. 1.588.80

d) *Octroi.*

15 francs par 100 kilogrammes (sur 16.657 kg.).............   2.498.55

e) *Transit et frais accessoires.*

Demande d'autorisation au Contrôleur des Doua-
    -nes (sur feuille timbrée) pour enlever la mar-
    chandise de suite, le bateau étant encore sous
    douane ....   fr.   5.00

A reporter   fr.   5.00 fr. 60.402.69

(a) Poids déclaré à la Douane, mais pour les frais sur quai les chiffres sont arrondis à la tonne supérieure c'est à dire 24 tonnes.

(b) Depuis le 14 octobre 1925 ces 91 % ont été portés à 101 %.

(c) Les fruits de table en paniers, mannes, harasses ou autres récipients dont le poids du colis dépasse 37 kg. 500 poids brut, la taxe perçue est de 0 fr. 45 par colis, contrairement aux colis qui ne dépassant pas ce poids pour lesquels on perçoit 0 fr. 45 par dix colis. Or dans le cas présent tous les colis dépassent le poids indiqué ci-dessus.

(d) Ce pourcentage est calculé sur le montant total des taxes soumises au timbre particulier de douane, c'est à dire sur les droits d'entrée, la taxe de statistique, le droit de permis.

(e) Les bananes sont passibles à l'importation de la taxe de 1.30 % *ad valorem* instituée par l'art. 72 de la loi du 25 juin 1920. La valeur à considérer pour l'application de l'impôt est celle que les marchandises ont dans le lieu et au moment où elles sont présentées à la douane, addition faite des droits d'entrée et des taxes intérieures exigibles.

		Reports fr.	5.00	fr. 60.402.69
Timbre			3.00	
Pesage et Passe Debout			18.00	
Camionnage du quai au magasin : 1 fr. par caisse			350.00	
Transit (conventionnel)			30.00	
Pourboire aux hommes			5.00	411.009
			Total fr.	60.813.60

Le prix de revient des 350 caisses de bananes, pesant net 16.657 kilogrammes, rendues chez le vendeur au Hâvre, est par conséquent de Fr. 60.813,69. Mais il est prudent de prévoir un déchet de 10 % pour les fruits se détériorant en cours de voyage. Les 14.992 kilogrammes de bananes vendables reviennent par conséquent à 4 fr 056 le kilogramme.

2o *Fruits débarqués à Dieppe*

Les navires de la « Fred. Olsen Line » de Christiana, qui vont de Las Palmas ou de Ténériffe (Canaries) à Dieppe, partent tous les lundis des Canaries et mettent sept jours pour arriver à Dieppe. Ici, les caisses de bananes, à moins de manque absolu d'emplacement, sont mises dans les cales, ce qui réduit par conséquent les risques.

Les arrivages par la voie de Dieppe jouissent encore d'un autre avantage très appréciable. A Dieppe, l'Agence Olsen met à la disposition de ses clients, sans aucun frais supplémentaire, un hangar spécialement affecté aux bananes, hangar qui possède des voies ferrées à l'intérieur, ainsi que le chauffage central en hiver.

Nous allons voir quels sont tous les frais se rapportant à une partie de 250 caisses de bananes de même provenance que la première partie, embarquées le 28 septembre 1925 à bord du $^s/_s$ « San Mateo » de la ligne Fred-Olsen.

D'après la facture du transitaire nous voyons qu'à Dieppe les droits de Douane sont conventionnels, et sont fixés, d'après les catégories de caisses, comme suit :

Exemed	
Extras	} 1 fr. 75 par caisse
Ex-Extras	
Gigantes	
G^{tes} G^{tes}	} 2 fr. 15 par caisse
G^{tes}, G^{tes} G^{tes}	

Quant à la taxe d'importation la Douane de Dieppe ne se base pas, comme au Hâvre, sur la valeur réelle de la marchandise : elle attribue aux caisses de bananes de la première catégorie une valeur conventionnelle de 90 fr. la caisse et à celles de la seconde catégorie, 108 francs (a).

| a) ACHAT | POIDS BRUT | POIDS NET | COUT DE LA CAISSE | VALEUR TOTALE |
Détail	Kg.	Kg.	Pesetas	Pesetas
16 caisses G^{tes} G^{tes} G^{tes}	1.408	1.022^k400	54	864
60 — G^{tes} G^{tes}	4.800	3.402^k —	49	2.940
62 — Gigantes	4.464	3.069^k —	44	2.728
57 — Ex-Extras	3.648	2.411^k100	39	2.223
36 — Extras	2.160	1.393^k200	34	1.224
19 — Extra medium	1.045	649^k800	29	551
250 caisses	17.525	11.947^k500		10.530

        Coût des 250 caisses   10.530 pesetas
    plus commission bancaire 1/2 %
                                                     52.65   —
                                                 ──────────
                                                 10.582.65   —
    à 3 fr. 14 la peseta ....fr 33.229.52

b) *Frêt et Frais de débarquement etc.*

Frêt : 250 caisses à 4/6 par caisse..............   £ 56. 5.-
Chargement sur chaland à Las Palmas : 4 d. par
    caisse 4. 3.4
Droits des Travaux du Port 11/2 par caisse.....   1.11.3
Établissement du connaissement 1.6
                                               ──────────
                                                £ 62.1.1
    à fr. 102.13 la £ (b) .... fr 6.337.59
Débarquement à Dieppe 1 fr. 50 par caisse.....   375.00
Droits de Douane : 112 c. ×1.75 + 138 c. ×2.15   492.70
Frais de statistique 250×0,45 = ...   112.50
Taxe de péage 250×0.05 (c).................   12.50
                                               ──────────
                          A reporter fr. 7.330.29 fr. 33.229.52

(a) Actuellement la taxe de 1.30 % est calculée sur 110 fr. pour les caisses de la 1re catégorie et sur 128 fr. pour les autres.

(b) Le taux de la £ était à cette époque de 104 fr. 475, mais, afin de pouvoir établir exactement la différence du prix de revient entre Le Hâvre et Dieppe, nous avons calculé la livre sterling au même taux que dans le premier cas.

(c) La taxe de péage à Dieppe n'est en réalité que de 0 fr. 035 par tonne.

	Reports fr. 7.330.29	33.229.52
Taxe d'importation : 1.30 % : $112 \times 90 + 138 \times$ 108 = ...	324.80	
Timbre de connaissement	4.80	
Divers	10.50	7.670.39
c) *Octroi* — 15 fr. les 100 kilogrammes poids net soit sur 11.947 kilogrammes		1.792.05
d) Transit 10 francs la tonne...........		170.00
Camionnage du quai au magasin à raison de 0 fr. 60 par caisse.		150.00
	Total fr.	43.011.66

Prix de revient des 250 caisses de bananes pesant net 11.947 kilogrammes, rendues chez le vendeur à Dieppe : Fr. 43.011,66. Déduisant les 10 % pour le déchet, les 10.753 kilogrammes de bananes vendables reviennent par conséquent à 4 fr. 00 le kilogramme.

3° *Fruits débarqués à Bordeaux, Saint-Nazaire ou Marseille.*

Le prix de revient des bananes en provenance des Canaries débarquées soit à Bordeaux, à Saint-Nazaire ou à Marseille, serait sensiblement le même que celui des bananes débarquées au Hâvre. En effet, le frêt des caisses des bananes entre les Canaries et Bordeaux ou Saint-Nazaire est le même que entre les Canaries et le Hâvre. Quant au frêt entre les Canaries et Marseille, celui-ci est, de 3 pence plus élevé par caisse pour les Cies Fraissinet et Fabre et de 6 pence pour les Transports Maritimes à Vapeur. Mais cette différence ne peut avoir une grande influence sur le prix de revient au kilogramme.

Bien que les frais de débarquement ne soient pas tout à fait les mêmes à Bordeaux, à Saint-Nazaire et à Marseille qu'au Hâvre, ils ne diffèrent cependant pas beaucoup de ceux perçus dans ce dernier port. En effet, les frais sur quai perçus au Hâvre, sont remplacés à Bordeaux par des frais de débarquement qui sont fixés à 1 franc par caisse. En outre, la taxe de main-d'œuvre qui au Hâvre est de 0 fr. 25 par tonne est de 0 fr. 15 par caisse à Bordeaux.

Les droits de Douane sont les mêmes pour toute la France — c'est à dire 3 francs les 100 kilogrammes poids brut (ª) — il n'y a que les droits de péages locaux qui diffèrent suivant les ports. A Bordeaux,

(ª) Pour la facilité du service certains ports ont admis des droits conventionnels, mais nous n'en tiendrons pas compte ici.

il y a une taxe spéciale de 0 fr. 15 par caisse et une taxe générale de
0 fr. 30 par tonne, alors qu'au Hâvre on perçoit 3 francs la tonne
(poids brut) arrondie. A Saint-Nazeire on perçoit 0 fr. 05 la tonne
et à Marseille 0 fr. 50 par caisse.

Les droits d'Octroi sont les mêmes à Bordeaux qu'au Hâvre,
c'est à dire 15 francs les 100 kilogrammes poids net. A Saint-Nazaire,
ils ne sont que de 12 francs, c'est à dire 3 centimes de moins par kilogramme qu'à Bordeaux et au Hâvre, mais à Marseille ils sont de
16 fr. 50 soit 1,5 centime de plus qu'à Bordeaux et au Hâvre.

D'un autre côté les frais de Transit et accessoires étant de près
de 200 francs plus élevés à Bordeaux qu'au Hâvre et à Dieppe, et
dans l'impossibilité de nous procurer des chiffres tout à fait exacts
pour chacun de ces ports nous adopterons pour Saint-Nazaire et
Marseille les mêmes frais accessoires qu'à Bordeaux.

En supposant que la première partie de 350 caisses de bananes
importées des Canaries au Hâvre aurait été dirigée sur les ports de
Bordeaux. Saint-Nazaire et Marseille, le prix de revient de ces 350
caisses pesant net 14.992 kilogrammes (déduction faite des 10 %
de déchets) serait, suivant qu'elles seraient débarquées dans un de
ces ports, comme suit :

DÉTAIL	PRIX DE REVIENT A		
	BORDEAUX	S¹ NAZAIRE	MARSEILLE
Prix d'achat	47.714 fr. 20	47.714 fr. 20	47.714 fr. 20
Frêt et frais de débarq¹	8.602 fr. 80	8.608 fr. 60	9.005 fr. 91
Douane	1.576 fr. 50	1.518 fr. 00	1.691 fr. 80
Octroi	2.498 fr. 55	1.998 fr. 84	2.748 fr. 40
Transit et frais accessoires	600 fr. —	600 fr. —	600 fr. —
Totaux	60.992 fr. 05	60.439 fr. 64	61.760 fr. 31—

Le prix de revient du kilogramme de bananes en provenance des

Canaries serait par conséquent

à Bordeaux de   4 fr. 061

à Saint-Nazaire de 4 fr. 031

à Marseille de   4 fr. 119

B. FRUITS EN PROVENANCE DES COLONIES FRANÇAISES

1º *De la Guadeloupe.*

Les bananes de cette provenance sont bien moins régulières que celles des Canaries et sans classification aucune. En outre l'emballage est bien plus pesant et plus volumineux celui-ci étant fait avec des bois du pays. Sous ce rapport la Guadeloupe a de sérieux progrès à réaliser.

Les bananes de la Guadeloupe ne sont importées que par les paquebots de la Cⁱᵉ Générale Transatlantique qui y font escale deux fois par mois.

Les caisses de bananes sont transportées dans les cales, mais la Compagnie n'assure pas le frêt aux chargeurs, c'est à dire qu'à un voyage le commandant embarquera par exemple 2.000 caisses, et à un autre voyage 3.000 ou seulement 1.000 caisses.

La traversée de la Basse-Terre à Saint-Nazaire se fait en 11 jours en moyenne et en 12 à 13 jours au Hâvre.

Les régimes de bananes valent à la Basse-Terre de 12 à 20 francs chaque, suivant leur grosseur. Chaque régime comporte 100 à 120 fruits en moyenne.

Les bananes sont expédiées en caisses de 1 régime (caisse simple) et de 2 régimes (caisse double), pesant en moyenne 34 et 60 kilogrammes, respectivement, poids brut, et 20-22 et 36-37 kilogrammes poids net. Mais pour l'Octroi, du Hâvre, tout au moins, la tare est conventionnelle et uniformément de 22 kilogrammes pour les caisses en provenance des Antilles, plus 10 % pour le rachis.

Le frêt pour les bananes s'entend par régime, à raison de 12 francs par régime ou 24 francs pour les caisses doubles.

Voyons à présent quels sont tous les frais se rapportant à une partie de 25 caisses doubles expédiées de la Basse-Terre, par M. X... le 13 novembre 1925 par s/s « Pellerin de Latouche » de la Cⁱᵉ Générale Transatlantique, à l'ordre de M. X... au Hâvre.

a) *Prix d'achat.*

25 caisses doubles à 40 francs.............................. fr. 1.000.00

A reporter   Fr. 1.000.00

Report Fr. 1.000.000

b) *Frêt et Frais de débarquement.*

Frêt 12 fr. par régime ou 24 fr. par caisse........	fr. 600.—	
Taxe de navigation 0 fr. 50 par tonne sur 1.750 kg.	0.87	
	fr. 600.87	
Assurances : risques ordinaires 0.95 % sur 1.500 frs.	14.25	
Enregistrement	0.65	615.77
Frais de débarquement : 0 fr. 85 par caisse + 20 %.	fr. 25.50	
Signaux 0.004 par colis	0.10	
Timbres du connaissement	4.80	
Taxe de main-d'œuvre : 0 fr. 25 par tonne.......	0.44	30.84

c) *Douane.*

Permis de douane	fr. 0.60	
Droit de statistique 0 fr. 45 par caisse....	11.25	
Timbre administratif	0.10	
Taxe d'importation 1.30 %..................	19.72	
Peages locaux 3 fr. par tonne.................	6.00	
Timbre	0.50	38.17

d) *Octroi.*

15 francs les 100 kilogrammes, poids net.

34ᵏ200×25×15 %	128.25

e) *Transit et frais accessoires.*

Frais de transit 10 francs par tonne............	fr. 17.50	
Pesage, etc	10.	
Camionnage 1 franc par caisse...............	25.	52.50
	Total..... fr.	1.865.53

Les 25 caisses de bananes, pesant net 855 kilogrammes, moins 10% de déchet, soit 770 kilogrammes de bananes vendables reviennent au Hâvre, rendues en magasin, à Fr. 1865,53 soit 2 fr. 422 le kilogramme.

2º *De la Guinée Française.*

La Guinée française est desservie par de nombreuses compagnies de navigation :

Chargeurs Réunis dont les courriers mettent 11-12 jours de Conakry à Bordeaux :

Cie Cyprien Fabre } qui mettent 11 jours de Conakry à
Cie Fraissinet { Marseille.

Cie Belge, dont les paquebots mettent 12-13 jours de Conakry à Anvers.

En plus des bateaux de ces compagnies, il y a les cargos des lignes italienne, hollandaise, norvégienne, allemande, etc. Mais les bateaux des Chargeurs-Réunis, ainsi que les Belges sont soumis à un horaire qui ne leur permet pas d'aborder au wharf ; ils mouillent à l'abri des îles de Loos. Les caisses doivent par conséquent leur être amenées par chalands, ce qui augmente les frais.

Les Chargeurs Réunis peuvent embarquer 500 caisses par le « Tchad » ; 800 par l' « Europe » et 1000 par l' « Asie ».

Les Belges peuvent charger 1.000 caisses environ, mais ils ne viennent pas à Bordeaux.

Les Marseillais : Cyprien-Fabre et Fraissinet, marchant au mazout (« Hoggar », « Touareg », « Foria » et le « Madonna ») qui peuvent prendre 1.000 à 1.200 caisses.

Tous les bateaux mixtes ou cargos, qui sont en très grand nombre — bien qu'on les ait très peu utilisés jusqu'ici, — accostent au wharf. Ce sont — pour ne parler que des français se rendant en France, — :

« Ingo »
« Kouroussa » } de Conakry à Marseille
« Félix Fraissinet »

« Casablanca »
« Baoulé » } de Conakry au Hâvre
« Adrar »

Ils marchent presque aussi vite que les longs courriers (13 à 15 jours de Conakry à Bordeaux), mais le gros inconvénient c'est l'incertitude sur les dates de leurs passages à Conakry. Ce port charge des noix de palme, des peaux, caoutchouc, etc., c'est pourquoi la plupart des bateaux s'y présentent quand leur plein n'est pas encore

fait à Monrovia (Liberia) ou à Freetown (Sierra-Leone) : Ils télé-
graphient, il est vrai, de l'une des dernières villes anglaises, mais le
jour de leur arrivée à Conakry suit de très près l'annonce de leur passage et pour les fruits on dispose généralement de trop peu de temps
pour les couper, les emballer et les acheminer par voie ferrée en
temps utile.

Cet inconvénient n'existera plus du jour où l'installation d'un
frigorifique à Conakry sera un fait accompli ([a]). En attendant les
planteurs de bananes sont parfois très embarrassés pour acheminer
leurs récoltes en Europe.

Voici les frais relatifs à une partie de 158 caisses de bananes
expédiées de Conakry par la Société X... le 25 octobre 1925
par s/s « Asie » des Chargeurs Réunis à l'ordre de X... à Bordeaux.

a) *Prix d'achat.*

Les bananes étant vendues par les indigènes à Kindia
  (à 150 kilomètres dans les terres), à raison de 0.fr 50
  le kilo net, nous prendrons ce chiffre comme base
  pour l'évaluation des 158 caisses. Chaque caisse
  pèse environ 40 kilogramme poids net soit 40 ×
  0.50 × 158 = ... fr. 3.160
Les frais d'emballage, de transport par chemin de
  fer, de statistique, etc. et divers imprévus, reviennent en Guinée, à 15 f. 60 par caisse (voir détail
  p. 215) soit pour les 158 caisses............... 2.464.80 fr. 5.624.80

b) *Frêt et Frais de débarquement.*

Frêt de Conakry à Bordeaux : 25 francs par caisse
  sur 158 caisses pesant brut 7.900 kg........ fr 3.950.
Frais de débarquement : 1 franc par caisse.... 158.
Timbre du connaissement.... .... 2.40
Gardiennage .... 1.
Taxe de main-d'œuvre : 0 fr. 15 par colis..... 2.40   4.113.80

                                   A reporter... fr. 9.738.60

([a]) L'adjudication a eu lieu en août 1925, à Paris, mais l'adjudicataire n'était
pas encore désigné au commencement de septembre.

Report...... fr. 9.738.60

c) *Douane.*

Permis de douane .... fr.	1.00	
Droit de statistique 0 fr. 45 par caisse........	71.10	
Timbre administratif	0.20	
Taxe d'importation	102.70	
Peages locaux { taxe spéciale 0 fr. 15 .... générale 0 fr. 30........	26.70	
Timbre de quittance	0.50	202.20

d) *Octroi.*

15 francs par 100 kilogrammes poids net......   948.00

e) *Transit et frais accessoires.*

Timbre sur certificat d'origine............... fr.	0.10	
Dédouanement	28.35	
Transport et entrepôt	182.00	
Octroi escorte (heures supplémentaires)	17.00	
Quittance Poids Public	53.65	
Heures supplémentaires : 14 hommes 1 heure à 5 francs	70.00	
Contremaître et chauffeur	20.10	
Vacation Douane	5.00	
Pourboire livreur	10.00	387.00

fr. 11.275.80

Le prix de revient des 158 caisses de bananes, pesant net 5.688 kilogrammes de bananes vendables, rendues en magasin à Bordeaux, est de Fr. 11.275,80 soit 1 fr. 982 le kilogramme.

Résumé des prix de revient du kilogramme de bananes (poids net) rendu en magasin, suivant la provenance des fruits :

RENDU A	PROVENANCE		
	CANARIES	GUINÉE	GUADELOUPE
Bordeaux.....................	4 fr. 061	1 fr. 982	—
Le Hâvre	4 fr. 056	—	2 fr. 422
Saint - Nazaire	4 fr. 031	—	—
Dieppe.....................	4 fr. 000	—	—
Marseille	4 fr. 119	—	—

Il ressort des chiffres du tableau ci-dessus que le prix de revient du kilogramme de bananes rendu à Bordeaux et en provenance des Canaries est de plus du double de celui des bananes provenant de la Guinée, et qu'au Hâvre, les bananes des Canaries reviennent à près de 60 % plus cher que celles des Antilles françaises.

Les bananes de la Guinée française, transportées par chemin de fer de Bordeaux (Saint-Jean) au Hâvre, à Saint-Nazaire et à Dieppe, et celles de la Guadeloupe, transportées du Hâvre à Bordeaux, reviendraient encore meilleur marché dans ces ports que les bananes en provenance directe des Canaries.

En effet, le transport de la tonne de bananes (poids brut) par wagon complet de Bordeaux (Saint-Jean) y compris l'impôt est comme suit :

	P. V.	G. V.
au Hâvre	206 fr. 30	291 fr. 35
à Saint-Nazaire.	150 fr. 25	217 fr. 40
à Dieppe.	201 fr. 90	285 fr. 40

Si nous réduisons le coût du transport des bananes, poids brut en poids net, le kilogramme revient de Bordeaux :

	P. V.	G. V.
au Hâvre.	0 fr. 307	0 fr. 434
à Saint-Nazaire.	0 fr. 224	0 fr. 324
à Dieppe.	0 fr. 301	0 fr. 426

Tableau donnant le prix de revient du kilogramme de bananes poids net, rendu à Bordeaux, Saint-Nazaire, Le Hâvre et Dieppe suivant la provenance ([a]) :

PROVENANCE	PRIX DE REVIENT DU KILOGRAMME RENDU A			
	BORDEAUX	Sᵗ-NAZAIRE	LE HAVRE	DIEPPE
Canaries......	4 fr. 061	4 fr. 031	4 fr. 056	4 fr. 00
Guinée	1 fr. 982	2 fr. 206	2 fr. 289	2 fr. 283
Guadeloupe	2 fr. 729	—	2 fr. 422	—

([a]) Le prix du transport en chemin de fer est calculé pour la Petite Vitesse.

 LE BANANIER

Le tableau ci-dessus fait ressortir d'une façon saisissante le grand écart qu'il y a entre le prix de revient des bananes en provenance des Colonies françaises et celui des bananes originaires des Canaries et, par conséquent, tout l'intérêt qu'aurait la France de développer cette culture dans ses Colonies.

A présent que nous connaissons le prix de revient des bananes dans les ports de débarquement nous allons traiter la question du transport en chemin de fer qui nous permettra d'établir le prix de revient à Paris.

Transport en chemin de fer. — Les tarifs G. V. (grande vitesse) 3.103 et P. V. (petite vitesse) 3.103 étant les plus avantageux pour les expéditions de bananes, nous donnons dans le tableau ci-dessous le coût du transport (ᵃ), d'après ces tarifs entre les ports d'arrivées et Paris.

GARES DE DÉPART ET D'ARRIVÉE	DISTANCES	PETITE VITESSE par wagon chargé de 6000 kg. — Prix par tonne Impôt compris	GRANDE VITESSE par wagon chargé de 5000 kg. ou payant pour ce poids — Prix par tonne Impôt compris	GRANDE VITESSE Excédent de chargement de 5000 kg. dans le même wagon 1/10 de réduction. — Prix par tonne Impôt compris	Voies des Quais (Départ) — Prix par tonne
	KM.	FRANCS	FRANCS	FRANCS	FR.
Marseille (Joliette). Bordeaux (Sᵗ Jean)	635	184,90	264,15	—	—
— — Paris (Bercy)	826	170,25	304,20	—	—
Bordeaux (Bassens) - Paris (Ivry)	569	138,45	248,80	224,50	1,90
Le Hâvre — - Paris (Batignolles).	226	80,50	129,60	117,25	1,90
Dieppe - Paris ((dᵒ)).	166	64,25	97,70	88,50	1,90
Saint-Nazaire — Paris (Vaugirard)	443	122,55	217,85	196,75	—

Les minima de tonnage fixés pour le wagon complet sont : 6.000 kilogrammes en P. V. et 5.000 kilogrammes en G. V.

(ᵃ) Des majorations de prix de transport sont envisagées pour le courant de janvier 1926. Ces majorations pourront être de 8 à 10 % des prix actuels.

On obtient assez facilement des Compagnies de faire attacher les wagons en P. V. aux trains mixtes, en sorte qu'ils arrivent à Paris en 24 heures. Mais il ne faut pas perdre de vue que de novembre à mai, c'est à dire pendant la saison fraîche, les bananes peuvent très bien voyager en P. V. à condition de former des wagons complets. Le transport par G. V. est évidemment plus élevé, mais il est bien plus rapide et ainsi que nous le voyons par le tableau ci-dessus, il ne peut avoir qu'une très faible influence sur le prix de revient du kilogramme. En outre les fruits voyageant en grande vitesse risquent moins de se détériorer pendant le trajet. Le pourcentage du déchet sera encore réduit en utilisant les wagons réfrigérants ou isothermes.

Le Tarif spécial Commun G. V. 121 « Transports dans les Wagons Réfrigérants ou Isothermes », qui règlemente les conditions d'admission de certaines marchandises dans les wagons réfrigérants ou isothermes ([a]), ainsi que le régime particulier de ces véhicules, permet d'effectuer les expéditions de bananes en P. V. dans des wagons de ces catégories, tout en maintenant à ces envois les mêmes avantages que s'ils étaient expédiés en G. V.

La taxe applicable à ces wagons est comme suit :

1º Wagons vides en retour ou allant prendre charge sont transportés :

a) En G. V., aux prix du barême suivant :

Jusqu'à 200 kilomètres, par kilomètre 0 fr. 20

Par kilomètre en excédent de
$\begin{cases} 200 \text{ jusqu'à } 300 \text{ km. } 0,12 \\ 300 \quad — \quad 400 \quad — \quad 0,10 \\ 400 \text{ kilomètres. . . } 0,04 \end{cases}$ par wagon

b) En P. V., gratuitement, moyennant le paiement des droits d'enregistrement et de timbres du récépissé (*art.* 10 § 3).

2º Pour les wagons chargés la marchandise est taxée aux prix des tarifs de grande vitesse, ainsi qu'aux prix des tarifs de petite

([a]) Ces wagons peuvent être fournis par les expéditeurs, par les destinataires ou donnés en location par des entreprises de location de wagons ou par une administration de chemin de fer. Dans ce dernier cas les wagons peuvent être des véhicules de 30 tonnes provenant de l'armée des États-Unis. Les réseaux participants sont : Alsace et Lorraine, Ceintures, Est, État, Midi, Nord et Orléans.

vitesse, la taxe étant établie sur le poids de la marchandise avec minimum de 4.000 kilogrammes par wagon ordinaire et de 6.000 kilogrammes par wagon de 30 tonnes provenant de l'armée des États-Unis.

Pour les wagons dont le poids à vide serait supérieur à 14.000 kilogrammes — excepté pour ceux de 30 tonnes dont il a été question qui sont exonérés de la surtaxe — l'excédent de poids mort est taxé à raison de 0 fr. 10 par tonne et par kilomètre en sus de la taxe afférente à la marchandise (*art.* 11 § 3.)

Le chargement et le déchargement des wagons devant être effectués par les soins des expéditeurs et des destinataires sur les emplacements des gares expressément désignés par les Chefs de gare, il est déduit des prix de transport, frais accessoires compris, une somme de 0 fr. 60 par tonne en G. V. et de 0 fr. 45 en P. V. pour chaque opération de chargement ou de déchargement (*art.* 7 § 3.)

En outre, il est alloué en déduction du prix du transport une redevance de 0 fr. 02 par wagon et par kilomètre (wagons fournis par les expéditeurs ou les destinataires ou les wagons donnés en location par les sociétés), pour la distance correspondant à la taxe appliquée à ces wagons circulant soit à charge, soit à vide, en retour ou allant prendre charge, et de 0 fr. 04 par wagon et par kilomètre pour les wagons de 30 tonnes provenant de l'armée des États-Unis et circulant à charge (*art.* 12 § 3.)

L'article 13 du Tarif spécial prévoit un droit de stationnement que les Administrations des Chemins de Fer perçoivent lorsque les délais fixés par l'*art.* 7, soit pour le chargement, soit pour le déchargement des wagons, sont dépassés ([a]). Ce droit est fixé à :

5 francs par wagon, pour chacune des trois premières périodes de 24 heures.

6 — — pour chaque période de 24 heures en sus des trois premières.

([a]) L'art. 7 dit : Chacune des opérations sera effectuée dans le délai de six heures. Ce délai court, pour le chargement, de l'heure de la remise à l'expéditeur de l'avis de mise à disposition du wagon dans la gare de départ ; pour le déchargement, de l'heure de la remise au destinataire de l'avis d'arrivée du wagon. Ces avis peuvent être données soit par le télégraphe, soit par téléphone, soit par message téléphoné, soit par exprès, moyennant la perception correspondant à l'affranchissement d'une lettre ordinaire.

Enfin, l'*art.* 14, stipule qu'en cas de séjour des wagons vides dans une gare, par suite de chômage, les personnes ou les entreprises au nom desquelles ils sont immatriculés doivent acquitter un droit de 0 fr. 25 par véhicule et par jour.

Les conditions faites par les Chemins de Fer de l'État pour la location des wagons frigorifiques et isothermes circulant sur le lignes de son réseau sont les suivantes :

I. *Wagons frigorifiques et isothermes petit modèle.*

(Maximum de tonnage en G. V. : 6 à 8 tonnes suivant le wagon utilisé).

TARIF AU MOIS		TARIF AU VOYAGE (ᵃ)
De Mai à Octobre inclus : 350 francs par wagon — De Novembre à Avril inclus : 300 francs par wagon	en toute saison	70 francs par wagon jusqu'à 300 kilomètres. 15 francs par wagon par 100 km. en plus ou fraction de 100 km.

II. *Wagons isothermes T. P.* (wagons américains).

(Maximum de tonnage en G. V. : 12 t. 500 par wagon).

TARIF AU MOIS		TARIF AU VOYAGE (ᵃ)
De Mai à Octobre inclus : 400 francs par wagon — De Novembre à Avril inclus : 306 francs par wagon	en toute saison	60 francs par wagon jusqu'à 300 km. 20 fr. par wagon par 100 km. en plus ou fraction de 100 km.

Dans aucun cas la redevance prévue à l'article 12 du Tarif G. V. 121 n'est allouée.

Voici, à titre de renseignement, le prix de la location *au voyage*, des wagons isothermes sur les réseaux de l'État et de l'Orléans.

GARES DE DÉPART ET D'ARRIVÉE	PETIT MODÈLE pouvant transporter 4 T. environ de bananes soit environ 60 caisses doubles	T P. WAGONS AMÉRIC. pouvant transporter 8 T. environ soit 130 caisses doubles
Bordeaux (Bassens) — Paris (Ivry)	175 francs	175 francs
Le Hâvre — Paris (Batignolles)	70 francs	90 francs
Dieppe — Paris (dᵒ)	70 francs	90 francs
Saint-Nazaire — Paris (Vaugirard)	100 francs	130 francs

(ᵃ) Majoration de 25 °/₀ pour les wagons loués au voyage sortant du Réseau.

Le prix de la location entre Bordeaux-Paris est celui de la Cie des Transports Frigorifiques. Ce prix est le même pour les wagons de 6 à 12 t. en G. V. ou de 20 t. en P. V. Toutefois, il y a lieu de déduire de la somme de 175 francs, la redevance prévue au Tarif G. V. 121 et qui s'élève, pour ces wagons, à 23 fr. 10 ce qui fait qu'en réalité la location ne revient qu'à 151 fr. 90.

Il existe plusieurs compagnies qui s'occupent de la location des wagons frigorifiques et isothermes. Les deux principales sont : Cie des Transports Frigorifiques et la Ste Française de Transports et Entrepôts Frigorifiques. Cette dernière est de beaucoup, la plus importante, étant une filiale des Chemins de Fer de l'Est, du Nord et du P.-L.-M. Ses conditions de location de wagons isothermes sont les suivantes :

I. *Location au voyage* : (avec minimum de 300 km.) G. V.

    1° Wagons de 7 à 8 tonnes cubant 32 m³ environ, 0 fr. 40 par kilomètre plus une taxe de mise à disposition de 60 francs par wagon.

    2° Wagons à bogies de 12 t. 500 cubant 50 m³ environ, 0 fr. 60 par kilomètre, plus une taxe de mise à disposition de 100 francs par wagon.

II. *Location à la journée* : P. V.

    1° Wagons de 7 à 8 tonnes : 26 francs par jour plus la taxe de mise à disposition de 60 francs par wagon.

    2° Wagons de 12 t. 5. : 36 francs par jour plus la taxe de mise à disposition de 100 francs par wagon.

La taxe à la journée est décomptée depuis le jour de la mise à disposition du wagon jusqu'au jour de sa rentrée au garage désigné.

Les wagons loués à la journée le sont pour une période minimum de 15 jours.

Frais de stationnement. — A partir du 4e jour de stationnement dans la gare d'arrivée, la Société perçoit les taxes ci-dessous :

    30 francs par jour pour les wagons petit modèle.
    50   —   —   —   grand modèle.

D'après le tarif ci-dessus, la location au voyage et à la journée des wagons isothermes de la S. F. T. E. F., pour le transport des bananes de Marseille à Paris, d'une part, et de Marseille à Bordeaux, d'autre part, serait (non compris, les taxes de Chemins de Fer qui sont indiquées au tableau p. 298) :

Marseille (Joliette) à *Paris* (Bercy).

A. — Location au voyage en G. V.

1º pour un wagon de 7 à 8 tonnes cubant 32 m³
    environ et pouvant contenir
        100 à 120 caisses (doubles) des Canaries
        170 à 180   —   (simples)   —
         80 à 90   —   (doubles) de la Guadeloupe   fr. 330,40
    plus la taxe de mise à disposition..........   60,
                                                    ____
                                                    fr. 390,40

2º pour un wagon à bogies de 12 t. 5 cubant
    50 m³ environ, pouvant contenir :
        160-180   —   doubles des Canaries
        260-280 caisses simples   —
        125-140   —   doubles de la Guadeloupe   fr. 495,60
    plus la taxe de mise à disposition..........   100,
                                                    ____
                                                    fr. 595,60

B. — Location à la journée, P. V. :

1º Wagon de 7 à 8 tonnes (en se basant sur 15
    jours (ª) comptés depuis le jour de la mise à
    disposition du wagon jusqu'au jour de sa ren-
    trée au garage à Marseille)..............   fr. 390
        plus la taxe de mise à disposition........   60
                                                    ____
                                                    fr. 450

(ª) Les wagons loués à la journée le sont pour une durée minimum de 15 jours.
Les wagons mettent pratiquement, pour aller de Marseille à Paris :
en grande vitesse   2 jours.
en petite vitesse   8 jours.
Lorsque les wagons arrivent en charge à leur point terminus ils doivent être déchargés le plus rapidement possible et réexpédiés à leur point de départ car, à partir du 4ᵉ jour de stationnement dans la gare d'arrivée, la société perçoit, nous l'avons vu, une taxe assez élevée.

2º Wagon de 12 t. 5...................... **fr.** 540

　　plus la taxe de mise à disposition........... 100

　　　　　　　　　　　　　　　　　　　　fr. 640

Marseille (Joliette) *à Bordeaux* (Saint-Jean).

A. — Location au voyage : G. V.

　　1º wagon de 7 à 8 tonnes................. **fr.** 314

　　2º wagon de 12 t. 5 481

B. — Location à la journée.

　　Même prix que pour « Marseille-Paris », le minimum de durée de la location étant de 15 j.

Nous avons vu (p. 298), quel est le coût du transport par Chemin de fer de la tonne brute de bananes en Grande et en Petite Vitesse et (p. 301), quel est le coût de la location des wagons isothermes des principaux ports de débarquement jusqu'à Paris.

D'autre part nous avons vu que pour calculer le poids net des caisses de bananes on déduit 17 kilogrammes pour l'emballage plus 10 % pour le rachis, ce qui revient à dire que la taxe est en moyenne de 33 % et le poids net des bananes de 67 % du poids brut des caisses.

C'est la proportion que nous avons adoptée pour le calcul du coût du transport du kilogramme de bananes poids net par chemin de fer et pour la location des wagons isothermes, du tableau ci-dessous.

Coût du transport du kilogramme de bananes, poids net, du port d'arrivée jusqu'a Paris, impôt compris.

PROVENANCE	CHEMIN DE FER		LOCATION WAGONS ISOTHERMES	
	P. V.	G. V.	PETIT MODÈLE	WAG. AMÉR.
Bordeaux......	0 fr. 206	0 fr. 371	0 fr. 261	0 fr. 261
Le Hâvre	0 fr. 120	0 fr. 193	0 fr. 104	0 fr. 134
Dieppe	0 fr. 095	0 fr. 145	0 fr. 104	0 fr. 134
Saint-Nazaire ..	0 fr. 182	0 fr. 325	0 fr. 149	0 fr. 194

Si nous admettons le transport en P. V. en wagon isotherme de
petit modèle, le coût du transport du kilogramme de bananes, poids
net, reviendrait à Paris :

de Bordeaux		0 fr. 467
du Hâvre	—	0 fr. 224
de Dieppe	—	0 fr. 199
de Saint-Nazaire	—	0 fr. 331

Prix de revient des bananes a Paris

Nous aurions voulu pouvoir établir le prix de revient exact du
kilogramme de bananes rendu à Paris, mais il nous a été impossible
d'obtenir, des transistaires parisiens, les renseignements indispensables. Et pour cause, ceux-ci n'admettant pas qu'on mette le nez dans
leur cuisine qui n'est pas toujours bien saine. Nous avons pu nous en
rendre compte en épluchant les comptes de certains transitaires de
province.

Dans l'impossibilité où nous sommes de donner des chiffres pré-
cis nous devons nous contenter d'un chiffre approximatif que nous
exagérerons intentionnellement afin de ne pas tomber dans l'erreur.

Connaissant le prix d'achat, le coût du frêt, ainsi que celui du
transport en chemin de fer et les droits de douane, il ne nous reste
qu'à établir les droits d'octroi et les frais de manutention, la commission, etc., du transitaire à Paris.

Le prix d'achat du kilogramme (poids net) de bananes vendables,
c'est à dire déduction faite des 10 % pour la perte de fruits en cours
de transport revient, pour les bananes en provenance : des Canaries,
à 3 fr. 182 ; de la Guinée, à 0 fr. 988 (ᵃ), et de la Guadeloupe, à
1 fr. 298.

Le frêt du kilogramme de bananes poids net revient, pour les
Canaries, à 0 fr. 573 ; pour la Guinée, à 0 fr. 723 et pour la Guadeloupe, à 0 fr. 839.

A Paris, les droits d'octroi pour les bananes, quelle que soit leur

(ᵃ) Dans ce prix sont compris l'emballage, le transport en chemin de fer, en
Guinée, etc.

provenance, sont de 35 francs par 100 kilogrammes poids net (art. 43 *bis* A. du Tarif) soit 0 fr. 035 le kilogramme.

Les droits de péages n'existant pas à Paris, on a par conséquent tout intérêt de dédouaner les bananes à leur arrivée dans la capitale. Ces droits, nous l'avons déjà vu, sont de 3 francs les 100 kilogrammes poids brut pour les bananes en provenance de l'étranger.

Les bananes des colonies françaises du 1er groupe (Antilles françaises, Guyane, Réunion, Indo-Chine, Nouvelle-Calédonie, Gabon, Madagascar et ses dépendances — Sainte-Marie, Mayotte, Comores, Nossi-Bé —) dont l'origine est justifiée. sont admises en exemption des droits de douane sous réserve d'importation en droiture.

Les produits des colonies du 2e groupe (Sénégal, Guinée, Côte d'Ivoire, Dahomey, Soudan français, Haute-Volta, Mauritanie, territoire du Niger — Afrique Équatoriale française, sauf le Gabon ; — Côte française des Somalis ; Établissements français de l'Inde ; Établissements français de l'Océanie, sauf la Nouvelle-Calédonie ; Saint-Pierre et Miquelon) sont en principe passibles de droits du tarif minimum, soit 3 francs les 100 kilogrammes brut pour les bananes.

Toutefois, les bananes de la Guinée française sont admissibles en franchise des droits dans la limite d'un contingent fixé annuellement (ª).

Les 100 kilogrammes de bananes, poids brut, représentant net 67 kilogrammes, le kilogramme de banane poids net doit donc acquitter un droit d'entrée de 0 fr. 0477.

En outre la Douane perçoit un droit de statistique qui est de 0 fr. 45 par caisse et une taxe d'importation de 1.30 % sur les produits de provenance étrangère aussi bien que sur ceux des colonies françaises admis ou non en franchise des droits.

Pour le calcul du droit de 0 fr. 45 par caisse nous diviserons le montant du droit payé par le poids net total des bananes, c'est à dire en prenant les 67 % du poids brut total, ce qui nous donne 0 fr. 0096 par kilogramme.

Pour l'application de la taxe de 1.30 % sur les importations, on

---

(ª) Ce contingent a été fixé à 2.000 tonnes à partir du 1er octobre 1925.

se base sur la valeur que les marchandises ont dans le lieu et au moment où elles sont présentées à la Douane, addition faite des droits d'entrée et des taxes intérieures exigibles. Afin de mieux pouvoir faire ressortir la différence du prix de revient du kilogramme de bananes suivant l'origine des fruits, nous adopterons pour les différentes parties de bananes dont nous avons donné antérieurement le prix de revient, la cote des mercuriales des Halles centrales de Paris, à la date uniforme de la mi-octobre 1925 — qui est la date moyenne d'arrivée en France des dites parties de bananes. A cette époque, — mi-cotobre, les bananes des Canaries étaient cotées 50 à 120 francs (moyenne 90 francs) le régime, et celles des Antilles, 53 à 55 francs (moyenne 54 francs) les 100 bananes. Les bananes de la Guinée n'étant pas cotées à la mercuriale du Commissariat des Halles, nous adopterons le même cours que pour les bananes des Antilles, soit 54 francs le cent. Si, pour les Canaries, nous prenons pour base la caisse « Ex-Extra », qui est une qualité moyenne, pesant 64 kilogrammes brut ou 42 kilogrammes net, le régime de 21 kilogrammes (il y a deux régimes par caisse) vaut par conséquent aux Halles 90 francs, soit 4 fr. 2857 le kilogramme — poids net. Quant aux bananes des Antilles et de la Guinée, qui se vendent au cent, si nous prenons pour base de nos calculs, la caisse pesant 60 kilogrammes brut ou 40 kilogrammes net, le régime pèse donc en moyenne 20 kilogrammes poids net. Or, chaque régime comprend en moyenne 120 bananes. Les 100 bananes, cotées 54 francs, pèsent donc 16 kg. 600 ce qui met la valeur du kilogramme à 3 fr. 2530.

La taxe de 1.30 % sera par conséquent, pour chaque kilogramme de bananes, suivant l'origine des fruits :

	CANARIES	COLONIES FRANÇAISES
Droits d'entrée	0 fr. 0477	néant
— de statistique ..	0 fr. 0096	0 fr. 0096
Taxe d'importation	0 fr. 0557	0 fr. 0429
	0 fr. 1130	0 fr. 0525

Quant aux frais de transit et accessoires ceux-ci s'élèvent :

1º pour les bananes en provenance des Canaries :
au Hâvre, à   0 fr. 0274 le kilogramme, poids net.
à Dieppe à   0 fr. 0498   —   —
à Bordeaux à   0 fr. 0400   —   —
à Saint-Nazaire à 0 fr. 0400   —   —

2º pour les bananes en provenance de la Guadeloupe :
au Hâvre à 0 fr. 0681 le kilogramme, poids net.

3º pour celles en provenance de la Guinée :
à Bordeaux à 0 fr. 0680 le kilogramme.

Dans les chiffres ci-dessus sont compris le coût du transport des caisses à domicile, les pourboires, etc., etc. Mais en dédouanant les caisses à Paris, le transitaire de province n'aurait plus à s'occuper des formalités de douane, d'octroi, etc., mais seulement du transbordement du vapeur dans le wagon du chemin de fer qui vient sur quai. Dans ces conditions l'intervention du transitaire en province se réduit à peu de chose. Aussi, en fixant le chiffre de 0 fr. 50 par caisse pour ses soins et devoirs, nous croyons lui accorder une juste rémunération. Par contre, à Paris les frais du commissionnaire-expéditeur seront plus élevés qu'en province. En fixant les frais à 2 fr. 50 par caisse et le transport à 25 francs par tonne brute, les frais de transit et accessoires s'élèveront au total à 3 francs par caisse, plus le transport.

Le poids moyen des différentes catégories de caisses de bananes des Canaries étant de 70 kilogrammes brut et 47 kilogrammes net, celui des caisses en provenance des Antilles de 62 kilogrammes brut et 40 kilogrammes net et enfin, celui des caisses de la Guinée de 60 kilogrammes brut et 40 kilogrammes net, les frais de transit et accessoires à Paris, s'élèveront par conséquent, pour les bananes en provenance : des Canaries, à 0 fr. 069 le kilogramme poids net ; des Antilles et de la Guinée à 0 fr. 10 le kilogramme.

Le prix de revient à Paris du kilogramme de bananes, poids net, après déduction des 10 % pour les déchets, peut être estimé, suivant la provenance des fruits, comme suit :

PROVENANCE		ACHAT	FRÊT	CH. DE FER(a)	DOUANE (b)	OCTROI	TRANSIT	PRIX DE REVIENT A PARIS
		FRANCS	FRANCS	FRANCS	FRANCS	FRANCS	FRANCS	FRANCS
Canaries	*vià* Le Hâvre.	3.182	0.573	0.120	0.113	0.035	0.069	4.092
	— Dieppe…			0.095				4.067
	— St.Nazaire			0.182				4.154
	— Bordeaux.			0.206				4.178
Guadeloupe *vià* Le Hâvre		1.298	0.839	0.120	0.090	0.035	0.100	2.482
Guinée *vià* Bordeaux..		0.988	0.723	0.206	0.090	0.035	0.100	2.142

D'après les chiffres du tableau ci-dessus on voit que le prix de revient à Paris du kilogramme de bananes, poids net, provenant de la Guinée française est 52.34 %, 52.66 %, 51.56 % où 51.27 % moins cher que le kilogramme de bananes des Canaries, suivant que celles-ci arrivent par les ports du Hâvre, de Dieppe, de Saint-Nazaire et de Bordeaux respectivement.

Si on admet dix bananes (moyenne) au kilogramme la banane des Canaries revient à Paris à 0 fr. 412 (moyenne des arrivages par les quatre ports) ; celle de la Guadeloupe, à 0 fr. 248 et celle de la Guinée à 0 fr. 214.

Mais, se dira-t-on, comment se fait-il qu'une banane dont le prix de revient à Paris, varie entre 0 fr. 214 et 0 fr. 417 suivant la provenance et le port d'arrivée, soit revendue 0 fr. 60 et même 0 fr. 75 pièce. C'est bien simple. Tout d'abord parce que les vendeurs ne veulent pas faire de distinction entre les bananes d'origine française et celles provenant des Canaries qui, nous venons de le voir, doivent se vendre plus cher à cause de leur prix de revient très élevé qui résulte du taux du change de la peseta. Ensuite nous avons les nombreux intermédiaires dont l'action ne sert le plus souvent qu'à

(a) Transport en petite vitesse et par wagon complet.
(b) Les chiffres de cette colonne sont très approximatifs.

grever la marchandise de frais inutiles ([a]) ; et, enfin, les conditions de transport, à bord des navires français surtout, sont si défectueuses que les fruits arrivent parfois à destination dans un très mauvais état, d'où un déchet sensible qui augmente d'autant le prix de revient de l'unité.

([a]) Dans sa lettre en date du 3 septembre 1925 Monsieur le Consul de France à Las Palmas nous donne, à ce sujet, des chiffres très suggestifs. Le bénéfice des exportateurs, c'est à dire des intermédiaires à Las Palmas oscille, dit-il, entre 2.50 à 3 pesetas (à 3 fr. 14 la peseta, cela fait 7 fr. 85 à 9 fr. 42) par régime.

CONCLUSIONS

Nous venons de voir la grande différence qu'il y a entre le prix de revient des bananes provenant des Canaries et celles qui viennent des Colonies françaises, et pourquoi, malgré cette différence très sensible, la banane se vend uniformément à un prix aussi élevé. Pour remédier à cet état de choses et favoriser la production nationale, les producteurs français de la Guinée et des Antilles devraient s'entendre pour créer une coopérative ayant un marché spécial pour la vente des bananes dans les grands centres dont tous les frais, comme aussi les bénéfices seraient partagés entre les adhérents au prorata de leurs envois. Ensuite, il faudrait que les producteurs pussent disposer d'un tonnage suffisant pour transporter leurs récoltes et que les compagnies de navigation françaises voulussent bien se résigner à faire quelques sacrifices — qui seront largement récompensés — en aménageant tout spécialement des vapeurs pour ce genre de marchandise, c'est à dire des navires possédant des cales spéciales avec cases à claire-voies, maintenues pendant la traversée à une température basse et régulière voisine de 11° C., au moyen de machines frigorifiques qui peuvent être installées dans les chambres sur le pont supérieur. Nous avons vu antérieurement que le Gouvernement Anglais a même été jusqu'à subventionner des compagnies pour le transport des bananes de la Jamaïque. Le résultat de cette intervention ne tarda pas à se faire sentir. Les exportations de bananes de la Jamaïque prirent très rapidement des proportions considérables au point que cette île est devenue la plus grande productrice de bananes.

Actuellement aucune compagnie de navigation en Europe ne s'est encore décidée à constituer une flotille pour le transport exclusif des bananes des Canaries et des colonies françaises ce qui fait que les planteurs de bananes doivent s'adresser à différentes compagnies dont les navires ne peuvent du reste embarquer que des quantités parfois très réduites de caisses. Aussi, la compagnie de navigation française qui serait désireuse d'établir un service régulier de vapeurs pour le transport des bananes devrait essayer d'intéresser le Gouvernement à son projet. Mais, pour qu'une compagnie se lance dans cette voie, il faudrait aussi pouvoir lui assurer que ses navires recevront toujours leur plein chargement. Or, pour assurer une exportation régulière de 20.000 régimes par semaine, il faut compter sur deux mille hectares environ de bananeraies ce qui exige un personnel assez important. C'est bien certainement cette incertitude d'avoir un chargement complet à des dates fixes qui jusqu'ici a fait hésiter les compagnies à créer un service pour le transport de ce genre de marchandise.

Toutefois il ne serait pas juste de croire que les compagnies de navigation françaises se sont désintéressées complétement de la question des bananes.

En 1922, M. G. Beynis, le plus ancien planteur de la Guinée, a reçu d'un courtier maritime de Bordeaux, M. Ferrière, l'offre ferme de mettre sur la ligne Bordeaux-Conakry, un bateau fruitier spécial. Il importait de lui assurer par contrat 4.000 caisses de fruits par voyage au prix de 20 francs par caisse. Or, la production exportable de la Guinée, n'atteignait pas alors 2.000 caisses par mois, et il a dû décliner l'offre.

Déjà, en 1910, M. Dybowski s'était mis en rapport avec la Cie des Chargeurs Réunis à l'effet de savoir « si elle pouvait s'engager par contrat à transporter à destination de Dunkerque, une production annuelle de 500.000 régimes de bananes, moyennant une subvention de la Colonie de Guinée ».

Sur ces bases la Cie des Chargeurs Réunis envisagea l'achat d'un bateau spécial, mais elle imposait aux planteurs l'engagement de lui assurer pour plusieurs années une quantité prévue.

Le bateau eut effectué neuf voyages par an et le frêt annuel assuré eut été de un million de francs (2 francs par régime) ce qui portait le prix du transport de 8 à 10 francs par caisse.

Au mois de mars 1910, la Compagnie était prête à conclure; mais M. Dyboswki dut avouer que sa société ne pouvait prendre aucun engagement, qu'avant un certain temps elle ne pouvait assurer que 10.000 régimes par an.

Depuis lors les deux plus fortes sociétés d'exploitation de bananes en Guinée n'ont produit dans les conditions les plus favorables :

La Camayenne : en 1919 que 230 tonnes (10.000 régimes).

La C. A. C. I. A. : en 1923 que 427 tonnes (18.000 régimes).

A nouveau, le 16 janvier 1922, la Cie des Chargeurs Réunis offrit de prendre en gérance pour le compte du Syndicat des Planteurs de Guinée, le vapeur « Teneriffe » équipé pour le transport des bananes des Canaries. Les pourparlers n'ont pas abouti, le Syndicat des Planteurs ayant dû s'avouer à lui-même que la surface de ses bananeraies était encore trop minime vu qu'à l'heure actuelle sa production annuelle n'atteint pas encore 1.000 tonnes. Il y aurait sans doute à considérer la production des indigènes qui est certainement considérable mais difficile à évaluer ; elle est achetée sur une faible échelle par quelques petits spéculateurs. En la monopolisant on atteindrait des chiffres intéressants.

Il n'est pas douteux qu'en présence d'une forte entreprise ayant ses plantations et ses agents pour le groupement des fruits, l'une ou l'autre des compagnies maritimes desservant la côte occidentale d'Afrique ne se décidât à organiser un service régulier pour des quantités fixées d'avance. Sans l'appui d'une pareille entreprise la question demeure stagnante, et c'est le cercle vicieux duquel il faut sortir pour concurrencer les Canaries assujetties aux frais de douane et à un change très élevé, alors que les bananes françaises sont admises en franchise de douane.

Afin de réduire les pertes au strict minimum et par le fait le prix de revient de la banane, il faudrait que les vapeurs qui feraient le transport des bananes soient aménagés comme ceux des compagnies américaines dont il a été question. Et comme la plupart du temps les vapeurs ne peuvent rester que fort peu de temps dans les ports, il faudrait, pour accélérer l'embarquement des fruits, les pourvoir de dispositifs qui, tout en évitant toute perte de temps, réduisent les dépenses de main-d'œuvre au minimum. Ces appareils transporteurs sont des engins que l'on ne peut mieux comparer qu'aux escaliers et tapis roulants bien connus, mais ici les marches sont en grosse toile, chacune de ces marches portant un régime qui, chargé sur le quai, est recueilli à l'arrivée sur le bateau (voir fig. 23). Pour le déchargement on a également inventé plusieurs machines à l'électricité et qui sont vraiment pratiques, tel le tapis roulant que l'on voit sur la fig. 24.

L'emploi de ces dispositifs, bien connus aux États-Unis, réduit considérablement la main-d'œuvre ainsi que les déchets, l'embarquement et le déchargement se faisant dans des conditions très satisfaisantes. Il en résulte donc une économie qui est très appréciable.

Toutefois le transport des bananes sans emballage, tel qu'il est pratiqué en Amérique, n'est possible, nous l'avons dit déjà, qu'avec des vapeurs spécialement aménagés. Dans ces conditions, des régimes cueillis avant maturité, au moment voulu ([a]), et maintenus à bord dans une chambre à une température constante variant entre 10 à 12° C. au-dessus de 0, obtenue au moyen d'un appareil qui a déjà fait ses preuves, arrivent à destination en parfait état après quinze et dix-sept jours de traversée. Mais, comme il n'est pas facile surtout dans un pays où l'exportation des bananes est à ses débuts, de réunir en temps voulu les vingt ou trente mille régimes que comporte le chargement d'un navire, sans lui imposer une surestarie très coûteuse, il est nécessaire de créer un entrepôt bien ventilé, où la température ne dépassera pas 15° C. et dans lequel on emmagasinerait les régimes nus ou emballés en attendant de pouvoir les embarquer.

L'essor prévu de la culture de la banane en Guinée a amené l'Administration de la Colonie a mettre en adjudication la construction,

---

([a]) La *United Fruit* Cᵒ n'accorde qu'un délai de 36 heures entre le moment de la cueillette et celui de la réception au quai d'embarquement.

à ses frais, d'un entrepôt frigorifique au port même de Conakry, pour l'emmagasinage des fruits destinés à l'embarquement. En France il est également indispensable d'avoir des entrepôts de ce genre où les bananes seraient emmagasinées à leur arrivée et conservées dans de bonnes conditions jusqu'à leur livraison. La ville de Dieppe possède déjà un entrepôt de ce genre, installé par l'Agence Maritime Fred-Olsen, qui en hiver est tenu à la température voulue à l'aide du chauffage central. De son côté, la Ste Française de Transports frigorifiques compte ouvrir, au mois de mai, à l'Entrepôt Frigorifique de Bercy, de nouvelles chambres spécialement aménagées pour la conservation des bananes.

Avant la création des chambres froides le transport des bananes à longue distance était rendu impossible. Mais, de nos jours, cette difficulté n'existe plus ou ne devrait plus exister. Si la conservation doit être de longue durée, les fruits sont déposés immédiatement après avoir été cueillis dans une chambre froide où la température est abaissée graduellement et rapidement à environ 6° C., action réfrigérante qui est accompagnée d'une ventilation énergique, susceptible de produire sur le fruit une légère dessiccation superficielle. Au bout de douze à vingt heures au maximum, toutes les bananes sont à la température de près de 6°. Elles sont alors transportées dans cet état dans les entrepôts, où la température est maintenue entre 6 et 8° et où le degré hygrométrique est égal à 60 %. Il est important que la température et l'état hygrométrique ambiants soient aussi réguliers que possible. Dans ces conditions on peut conserver des bananes pendant près de deux mois.

Lorsqu'il s'agit de bananes emballées dans des caisses en bois à claire-voie, celles-ci sont également maintenues à bord dans des chambres réfrigérantes identiques, à la même température indiquée ci-dessus, pouvant s'abaisser jusqu'à 2° C. Des navires elles sont transportées dans des wagons également isothermes. Si le chargement n'a pas été préalablement réfrigéré, on le réfrigère dans le wagon même en convoyant celui-ci dans un endroit isolé préparé *ad hoc*, à une basse température et où l'on fait circuler de l'air sec et froid dans l'intérieur du véhicule et à travers les caisses de bananes.

Les entrepôts aux États-Unis atteignent parfois de très grandes dimensions comme, par exemple, ceux de *The Fruit Despach*

C^y, à Springfield (Missouri) dans lesquels on peut réfrigérer en une seule fois quarante wagons, à une température de 15° C. La chambre réfrigérante, dans laquelle on introduit les véhicules chargés, à 122 mètres de longueur sur 20 mètres de largeur. Il va sans dire que les murs, la toiture et le sol de cette chambre sont convenablement isolés.

Une fois les wagons réfrigérés avec leur chargement, ils peuvent circuler ainsi au moins pendant six jours jusqu'à ce que l'élévation de température, produite par la maturation des fruits, devienne préjudiciable à leur conservation.

Il existe aussi des wagons spécialement construits pour le transport des bananes, qui sont pourvus d'un revêtement intérieur en liège, très épais, tandis que toutes les parties métalliques sont revêtues d'une enveloppe de chanvre. En outre, ils sont pourvus d'un système d'aérage et de réfrigération qui permet d'y maintenir une température uniforme et basse.

On voit jusqu'à quel point les Américains ont poussé l'art de conserver le plus longtemps possible ce fruit si délicieux et qui, grâce aux dispositifs et systèmes employés, peut-être transporté aux quatre coins des États-Unis et même jusqu'au Canada.

Pourquoi une puissante compagnie maritime française ne créerait-elle pas, sur le modèle des compagnies américaines, un service de vapeurs direct et rapide, d'une part entre la France et les Antilles et d'autre part entre la France et la Guinée, pour approvisionner en bananes le marché français ? Nous sommes convaincu que l'entreprise ne serait pas peu lucrative pour la compagnie de navigation qui en prendrait l'initiative et aménagerait tout spécialement des navires et des entrepôts à cet effet. Nous avons vu plus haut les quantités fabuleuses de régimes que transportent les compagnies de navigation américaines et anglaises qui font le trajet d'une part entre l'Amérique Centrale et l'Angleterre et d'autre part entre l'Amérique Centrale et les États-Unis et qui, certes, font toutes de brillantes affaires. Or, il est incontestable que si les bananes de l'Amérique Centrale et de la Jamaïque, par exemple, peuvent arriver en bon état en Angleterre, il n'y a pas de raisons pour que celles des Antilles et de la Guinée n'arriveraient pas en France dans les mêmes conditions.

Et si on arrive à supprimer les intermédiaires et à réduire les frais
d'emballage et de transport tout en les améliorant, il est bien
certain que les importations atteindront bien vite des chiffres fantastiques.

Pour la Guadeloupe et la Guinée les prévisions sont des plus optimistes.

Pendant notre séjour à la Guadeloupe nous avons su faire revi-
vre la culture de la banane qui était complétement délaissée. En
effet, les statistiques officielles, nous l'avons vu, accusent comme
exportation, en 1919, 20.000 kilogr. de bananes seulement. En
1922, c'est à dire après la publication de divers articles dans lesquels
nous faisions ressortir les avantages qu'offre la culture de la banane,
les exportations s'élevaient déjà à plus de 35.000 kilogrammes, pour
atteindre près de 520.000 kilogrammes en 1923 et 467.000 kilogrammes pour les neuf premiers mois de 1924. Dans ces conditions nous
pouvons certifier que si les moyens d'évacuer les récoltes lui sont
assurés, la Guadeloupe peut facilement doubler et tripler sa production actuelle en très peu de temps.

Quant à la Guinée *La Dépêche Coloniale et Maritime* du 15 mai
1925, dans un article (1) très intéressant sur cette colonie comme
pays producteur de bananes dit que les planteurs estiment la production globale de leurs plantations à 3.388.000 kilogrammes pour
l'année 1925, à 4.625.000 kilogrammes pour 1926 et à 6.035.000
kilogrammes pour 1927 ; et le service de l'Agriculture de la colonie,
celle des bananeraies indigènes, à 1.500.000 kilogrammes pour l'année 1925, à 2.000.000 kilogrammes pour 1926 et à 2.500.000 kilogrammes pour 1927, soit une production totale de 4.888.000 kilogrammes en 1925 ; 6.625.000 kilogrammes en 1926 et 8.535.000
kilogrammes en 1927.

Cette production toujours croissante commence à faire réfléchir
bien des producteurs qui craignent être forcés de réduire leurs plantations s'ils veulent ne pas perdre une grande partie de leurs récoltes
faute de moyen de transports.

La *Dépêche Coloniale*, qui a étudié cette question angoissante,

---

(1) *La production des Bananes en Guinée Française. Étude des moyens de stockage et de transport à réaliser pour assurer l'évacuation de la production.*

entre toutes, ajoute : « Ces quantités représentent respectivement 19.552 m³ ou 97.700 caisses, 26.500 m³ ou 132.300 caisses et 34.140 mètres cubes ou 170.700 caisses.

« Dans ces conditions, quel devra être pour les années envisagées l'importance des moyens de stockage et de transport à réaliser afin d'assurer l'évacuation de cette production vers la métropole ?

« Deux types de navires peuvent être envisagés pour le transport des bananes ; le premier correspondant au chargement de 3.500 caisses, le second, au chargement de 7.000 caisses. En ne considérant que l'emploi de navires de ce second type dont la gestion semble devoir être moins onéreuse que celle des bateaux chargeant 3.500 caisses, il suffirait, en 1926, de mettre en service trois vapeurs effectuant dans l'année un total de 21 voyages pour transporter 147.000 caisses, soit une quantité de bananes correspondant sensiblement au minimum de la production qui peut être escomptée pour cette période. En 1927, quatre bateaux du même type, faisant un total de 28 voyages, assureraient le transport de 190.000 caisses.

« Le frigorifique, qui aura pour rôle de permettre la constitution au port d'embarquement de la conservation d'un stock de bananes représentant sensiblement le chargement complet d'un des navires devra donc posséder une capacité sensiblement égale à celle d'un des bateaux en service ; à la vérité, cette capacité pourra demeurer quelque peu inférieure au logement de 7.000 caisses, car les bananes acheminées sur Conakry, pendant les deux ou trois jours précédant l'arrivée du navire pourront sans inconvénient être chargées directement sans passer par l'entrepôt. Il suffirait, pour commencer, d'un entrepôt dont les chambres froides auraient une capacité de 1.250 m³, c'est à dire, en tenant compte de la perte de place que comporte tout arrimage, susceptibles de loger un millier de mètres cubes ou 5.000 caisses de bananes.

« D'ailleurs, lorsque le nombre des bateaux assurant l'exportation se sera accru en même temps que se sera développée la production, l'intervalle entre le chargement ne sera plus que de quelques jours et le stockage ne portera plus que sur des quantités réduites. Ce frigorifique pourra alors être utilisé pour d'autres fruits et d'autres denrées périssables. »

La Belgique, qui s'est révélée comme puissance colonisatrice et dont les initiatives, parfois hardies, ont grandement justifié l'esprit clairvoyant de ses dirigeants, a déjà entrevu la possibilité d'exploiter la banane dans sa grande colonie du Congo. En attendant elle a posé un premier jalon en s'abouchant avec la fameuse entreprise américaine *The United Fruit C*⁰, pour l'importation en Belgique des bananes des Antilles. ·

Autrefois, la Belgique était tributaire de l'Angleterre qui expédiait à Anvers des navires de bananes des Canaries pour être réparties entre la Belgique, la France, la Hollande, l'Allemagne, etc. Mais, les marchés français et allemands venant à faire défaut depuis qu'ils se sont adressés directement dans les pays producteurs, c'est par Rotterdam que la Belgique reçoit actuellement une grande partie des fruits.

Les tableaux reproduits pages 320 et 321 donnent les statistiques officielles du commerce des bananes en Belgique en 1913 et en 1920.

Depuis 1912, le monopole de la vente des bananes des Antilles en Belgique, est entre les mains de *The Banana Import C*⁰ (MM. Spiers B. M. et Sons), qui est une filiale de *The United Fruit C*⁰.

A l'arrivée des navires la cargaison est aussitôt déchargée dans des wagons spéciaux, peints en blanc, portant, en grandes lettres, la marque *West Indian Bananas* (Bananes des Indes Occidentales) et dont la température et la ventilation sont réglées automatiquement de façon à avoir toujours 13 à 15° C.

A leur arrivée à Bruxelles, les fruits sont entreposés dans un bâtiment comportant diverses chambres en bois, mesurant $5 \times 5 \times 3$ mètres, éclairées à l'électricité, où les régimes sont pendus par deux rangs, à l'aide de cordes. La banane étant un fruit très délicat et très sensible au froid, les chambres sont chauffées à la température nécessaire, qui peut être augmentée et portée parfois à 25° C. si l'on veut accélérer la maturation des fruits.

Nous avons vu, par ce qui précède, que des débouchés déjà extrêmement importants, et qui ne font qu'augmenter d'année en année, sont offerts à la production des colonies françaises en bananes. Mais, pour que cette culture prenne une plus grande extension, qui nous permette de nous affranchir des exigences de l'étranger, il est indispensable que des moyens de transport adéquats soient garantis aux

COMMERCE DES BANANES EN BELGIQUE EN 1913

IMPORTATION DIRECTE POUR LA CONSOMMATION

PAYS DE PROVENANCE	PAR MER	PAR TERRE OU CHEMIN DE FER	SORTIE DES ENTREPOTS	TOTAL	VALEUR TOTALE
	KIL.	KIL.	KIL.	KIL.	FRANCS
Iles Canaries	42.523	—	2.176	44.699	26.585
Grande Bretagne	1.303.847	—	96.957	1.400.804	788.718
Jamaïque	—	405.740	—	405.740	222.170
Pays-Bas	—	249.500	—	249.500	135.307
Autres pays	1.088	16.573	—	17.661	12.173
Totaux	1.347.458	671.813	99.133	2.118.404	1.184.953

EXPORTATION

PAYS DE DESTINATION	PAR MER	PAR TERRE OU CHEMIN DE FER	PAR CANAUX ET RIVIÈRES	TOTAL	VALEUR EN FRANCS
	KIL.	KIL.	KIL.	KIL.	
France	—	149	—	149	104
Grand Duché de Luxembourg	—	1.516	—	1.516	980
Autres pays	—	826	—	826	704
Totaux		2.491		2.491	1.788

TRANSIT

ENTRÉES

PAYS DE PROVENANCE	QUANTITÉS EN KILOG.	VALEUR EN FRANCS
Iles Canaries	606	410
Grande Bretagne	9.787	5.964
Jamaïque	—	—
Pays Bas	2.049.747	637.766
Autres pays	622	402
Totaux	2.060.762	644.542

SORTIES

PAYS DE DESTINATION	QUANTITÉS EN KILOG.	VALEUR EN FRANCS
France	2.044.813	637.041
Grand Duché de Luxembourg	1.120	698
Autres pays	14.826	6.803
Totaux	2.060.759	644.542

COMMERCE DES BANANES EN BELGIQUE EN 1920

IMPORTATION DIRECTE POUR LA CONSOMMATION

PAYS DE PROVENANCE	PAR MER	PAR TERRE OU CHEMIN DE FER	SORTIE DES ENTREPOTS	TOTAL	VALEUR TOTALE
	KIL.	KIL.	KIL.	KIL.	FRANCS
Iles Canaries	47.540	—	23.772	71.312	257.171
France	—	50.417	—	50.417	146.947
Grande Bretagne	829.904	—	2.868	832.772	1.589.135
Pays-Bas	—	16.507	—	16.507	39.000
Autres pays	4.675	—	—	4.675	11.565
Totaux	882.119	66.924	26.640	975.683	2.043.818

EXPORTATION

PAYS DE DESTINATION	PAR MER	PAR TERRE OU CHEMIN DE FER	PAR CANAUX ET RIVIÈRES	TOTAL	VALEUR EN FRANCS
	KIL.	KIL.	KIL.	KIL.	
France	—	7.445	28	7.473	16.230
Pays-Bas	—	3	—	3	36
Autres pays	—	—	—	799	1.015
Provision de bord	799	—	—	—	—
Totaux	799	7.448	28	8.275	17.280

TRANSIT

ENTRÉES

PAYS DE PROVENANCE	QUANTITÉS EN KILOG.	VALEUR EN FRANCS
Iles Canaries	200.750	464.000
France	38.319	268.000
Grande Bretagne	107.229	277.850
Pays Bas	—	—
Autres pays	5.546	3.000
Totaux	351.844	1.012.850

SORTIES

PAYS DE DESTINATION	QUANTITÉS EN KILOG.	VALEUR EN FRANCS
France	27.200	62.000
Norvège	25.700	60.000
Pays-Bas	244.567	748.950
Suisse	34.655	86.700
Autres pays	19.722	55.200
Totaux	351.844	1.012.850

producteurs français (a). Ce n'est qu'à cette condition que les bananeraies actuellement existantes pourront s'étendre et prospérer et que cette culture, qui constitue une des affaires d'avenir les plus intéressantes, puisse tenter ceux ayant des capitaux à placer.

L'éloquence des chiffres reproduits dans ce chapitre, sont certes la meilleure démonstration de la vitalité et par conséquent de l'avenir réservé à la culture de la banane.

Domaine de Cazeau

Gradignan (Gironde) Décembre 1925.

(a) S'il faut en croire l'auteur de l'article paru dans *Les Annales Coloniales* (n° du 28 janvier 1925), les 4 /9 de la production de 1923, n'auraient pu être exportées. Voici ce qu'il dit à ce sujet : « Il en résulte que, pendant cette même année 1923, les 4 /9, c'est à dire presque la moitié de la production, est restée dans la colonie, faute de moyens de transport terrestres ou maritimes suffisants. Certes, il y a lieu de tenir compte de la consommation locale ; mais il est bien évident qu'elle n'a pu absorber 748 tonnes ; d'ailleurs, les archives du chemin de fer décèlent un transport par ses soins de 1.298.800 kilogrammes, et ce transport ne peut avoir été effectué qu'en vue de l'exportation. En fait, il est arrivé plusieurs fois que les bateaux aient refusé tout ou partie du chargement qui leur était destiné, soit par faute de place en pontée, soit par détournement de route.

« Si, à ce déchet considérable, on ajoute celui qui résulte des manutentions et surtout du transport sur le pont des navires, qui atteint souvent 30 %, on comprend que les planteurs guinéens réduisent leur production et entendent, pour la renforcer, que les moyens de transport adéquats leur soient fournis. »

BIBLIOGRAPHIE

A. B. La Banane aux Antilles (*L'Agr. colon.* août 1925.)

Abbott (B. T.) Agriculture in Mexico. Present and Future Possibilities. s. d. Publié par *The Industrial and Colonization Department.*

A. C. Le Bananier en Guinée française (*Revue de Botanique appliquée et d'Agriculture coloniale,* 2ᵉ année, nᵒ 7, 31 mars, 1922, p. 112.)

Adams (Frederick Upham) Conquest of the Tropics, New York 1914.

Agati (J. A.). Banana stem and fruit rot (*Philippine agricul,* vol. X, 1922, nᵒ 9, pp. 411-422.)

Allen (W. J.). et Bartlett (Rég. G.). Spring Work of the Banana Grower. (*Agricult. Gazette of New-South Wales.* Oct. 1920, p. 738.)

Ammann (P.). La Banane sèche (*L'Agricult. prat. des Pays chauds,* 1906, pp. 381-389.)

— L'Alcool de Banane (*Bull. de l'Agence économique de l'Afrique occidentale française,* nᵒ 36. Déc. 1923, pp. 360-361.)

Arguelles (Ed.). Voy. Quisumbing.

Azevedo Marques (L. A. de). A praga da bananeira no Rio do Janeiro (*Biologia de cosmopolitis sordidus*). *Bol. minist. Agricul. Ind. Com.* Rio de Janeiro, 1922, nᵒ 5, pp. 109-117.)

Bailey. Biochemical and bacteriological studies on the Banana (*Journ. of Americ. chem. Society,* t. 34, nᵒ 12, 1912, pp. 1700-1730), et (*Journ. of Biol. Chem.* II, nᵒ 2, 1912.)

Barclay (J.), Cousins (H. H.) et Neish (James). Bananas and potash (*The Journ. of the Jamaïca agricul. Soc.* vol. VII, 1903, p. 7.)

Barret (O. W.). The World's Widest-know Fruit (*The Philippine Agricult. Review,* vol. V, july 1912, nᵒ 7.)

Bartlett (R. G.) Ripening bananas in air-tight-chamber (*Agricultural Gazette of new South Wales,* 1922, p. 482.)

Boullanger (E.). Voy. E. Kayser.

Brenier (Henri). Le Bananier sauvage en Indo-Chine, son utilisation possible comme textile (Extrait du *Bull Économ. de l'Indo-Chine*), *Revue des Cultures Coloniales,* t. VIII, nᵒ 76, mai 1901, pp. 267-273.

Briey (Cᵗᵉ Jacques de). Mission Forestière et Agricole au Mayumbe (Congo belge). Documents mis en ordre et annotés par E. De Wildeman. Bruxelles, août 1920, pp. 289-370.

Bruck (Dr W. F.). Der Faserbau in Holländisch Indien und auf den Philippinen (*Tropenpflanzer*, XVI, n° 5 et 6, 1912.)

Bryce (G.). « Bunchy-top » plantain disease. (*Department of Agriculture*. Ceylon-Leaflet, n° 18, 1921.)

Burger (Dr O.). Reisen eines Naturforschers im tropischen Süd-Amerika. Leipzig 1900. Chap. VI.

C. Le Musa Ensete comme plante alimentaire (*Revue de Botan. appl. et d'Agricul. Col. Bull.* n° 42, 28 février 1925, pp. 146-147.)

Caine (Thomas A.). Voy. Dorsey (C. W.).

Carle (Georges). Utilisation des Fruits tropicaux. Observations effectuées sur la Côte N. W. de Madagascar (*Rev. de Bot. appl. et d'Agricul. Col. Bull.* n° 35, 31 juillet 1924, pp. 454-456.)

Capus (G.) et Bois (D.). Les Produits Coloniaux. Origine. Production, Commerce Paris 1912, pp. 137-144.

Carmo (Antonio Gomes do). Fructicultura (*in Brazil, Suas riquezas naturaes, Suas industrias,* vol. II, *Industria Agricula.* Rio de Janeiro, 1908, pp. 340-343.)

Castro (A. R. de). A Bananeira e a sua Cultura. Rio de Janeiro 1922.

Cazard. La Banane aux Canaries (*L'Agricul. prat. des Pays chauds*, 1902-1903, pp. 416-426.)

C. C. Valeur alimentaire de la banane (*L'Agron. coloniale*, 1919-1920. *Bull.* n° 25, juillet août 1919, pp. 22-23.)

— La consommation des Bananes en France (*L'Agron. Coloniale. Bull.* n° 87, mars 1925, p. 112.)

Chace (Ed. Mackay), Tolman (L. M.) et Munson (L. S.). Chemical composition of some tropical fruits and their products (*U. S. Depart. of Agricult. Bureau of Chemistry. Bull,.* n° 87. Washington, 1904.)

Chalot (Ch.). Principales exportations des Colonies françaises en 1923, d'après les renseignements fournis au Ministère des Colonies par les Administrations locales. Récapitulation faite par Ch. Chalot (*L'Agron. coloniale. Bull.* n° 86, février 1925, pp. 60-79.)

Chevalier (Auguste). Les Bananiers en Afrique Occidentale. (*Revue des Cult. coloniales*, t. X, n° 101, 5 mai 1902, pp. 289-294.)

— Rapport sur la 5e Exposition internationale du Caoutchouc et des autres. Produits tropicaux à Londres. in *Rev. de Bot. appl. et d'Agr. Colon.* vol I., n° 4, 30 déc. 1921. Fruits. p. 334.

— La Culture du Bananier en Afrique tropicale en vue de l'alimentation des noirs (*Revue de Botan. appl. et d'Agricul. coloniale*, 2e année, n° 12, 31 août 1922, pp. 409-414.)

— et le Dr Roberton Proschowsky. Notes sur le Bananier de Chine. Son application botanique, sa culture dans le midi de la France. Le Bananier sauvage du Tonkin. (*Revue de Botan. appl. et d'Agricult. Coloniale*, 2e année n° 10, 30 juin 1922, pp. 285-287.)

Chillou (James). La Banane en Amérique tropicale (*L'Agron. coloniale*, 1923 n° 68, pp. 46-54 et n° 69, pp. 79-85.)

— La culture du bananier nain en Guinée française (Extrait d'un rapport de M. l'Ingénieur d'Agriculture Chillou sur la culture du bananier en Guinée française, s. d.... Résumé dans le *Chasseur français*, n° 395, février 1923, p. 981.)

Cosnier (Henry). L'Ouest Africain français. Ses ressources agricoles. Son organisation économique, Paris 1921.

Cousins (H. II.). Voy. Barclay (J.).

Defontaine. Rapport annuel d'un hectare de bananier dans l'Amérique du Sud. (*L'Agricult. prat. des Pays chauds*, 1902-1903, pp. 629-631.)

Delacroix (Dr G.). Sur une maladie vermiculaire des Bananiers en Égypte (*L'Agricult. prat. des Pays chauds*, 1901-1902 pp. 762-678.)

— Sur le développement du champignon du noir des Bananes (*Glœosporium Musarum Cooke et Massée*). (*L'Agricult. prat. des Pays chauds*, 1902-1903, p.p. 89-91.)

Descamps. Notes sur les cultures indigènes au Congo. (*L'agr. trop.*, 1re année, n° 5, 25 mai 1909, p. p. 76-78.)

D'Hérelle (F.). Utilisation of the surplus banana crop. (*Bull. off. soc. Agricul. Cuba.* III, n° 3, pp. 241-243.)

— Une enquête à faire sur le rendement des Bananes d'exportation (*Journ. d'Agricult. trop.*, n° 46, avril 1905, pp. 113-114.)

Dorsey (Clarence W.), Mesmer (Louis) et Caine (Thomas A.). Reconocimiento de terrenos desde Arecibo à Ponce. (*Bull.*, n° 3 de la *Station Agronomique de Puerto-Rico*, Washington 1903.)

Drost (A. W.). De Surinamische Panamaziekte in de Gros Michel, bacoven. (*Bull.* n° 26 *Depart of. den Landbouw.* Surinam. Paramaribo 1912.)

Dugast (J.). Le Bananier en Algérie (*Revue des Cultures Coloniales*, t. X, n° 98, 5 avril 1902, pp. 193-198.)

Dybowski (J.). Note sur un bananier du Congo français (Extrait du *Bulletin du Museum d'histoire naturelle*) (*Revue des Cultures Coloniales*, t. VI, n° 53, 20 mai 1900, pp. 300-302.)

— Traité pratique de Cultures tropicales, Paris 1902, t. I, pp. 453-470.

Descamps. Notes sur les cultures indigènes au Congo (*L'Agr. trop.* 1re année, n° 5, 25 mai 1909, pp. 76-78.)

E. D. W. Industrie bananière en Colombie (*L'Agron. trop.*, 1re année, n° 5, 25 mai 1909, 2e part.p. 120.)

— Conserves de bananes (*L'Agron. trop*, 12e année, n° 12, 25 déc. 1909, 2e part. pp. 237-238.)

Fawcett (William). The Banana, its cultivation, distribution and commercial uses. London, 1921.

Feria (Ignacio Gomez) El cultivo del platano Mexico 1899.

Fontaine (Max). Commerce des Bananes et culture du Bananier dans le monde (*Revue de Botan. appl. et d'Agricult. Coloniale. Bull.* n° 41, 31 janvier, 1925, pp. 75-78.)

Froggatt (J. L.). The Banana Beetle borer (*Queensland Agricult. Journ. Rev. of app. Entom.* vol. X, 1922, n° 10, p. 524.)

Frogatt (W. W.) The Banana Aphis (*Agricult. Gazette of New South Wales* Vol. XXXIV, 1923, n° 4, pp. 296-297.)

— Report on *Parasitic* and Injurious Insects. *Dept. of Agr. of New. South Wales*, 1909.

Gaumann (Ernest). Onderzoeking over de bloedziekte der Bananen of Celebes (*Mededeel. Inst. van Plantenziekten. Depart. van Landbouw-Nyverheid en Handel*, n° 50 1921 et n° 59. 1923.)

Ghesquière (J.). La maladie des bananiers dans le Bas-Congo (*Bull. agricole du Congo belge*, n° 1, 1924.)

Hanausek (T. F.). Zeitschrift für Untersuchung der Naehr- und Genussmittel, 1910.

Henry (Yves). Bananes et Ananas. Production et Commerce en Guinée française. Paris 1905.

— Communication sur la production et le commerce des Bananes et Ananas en Afrique Occidentale française (Congrès colonial de Marseille 1906) (*L'Agricult. prat. des Pays chauds*, t. II, 1906, pp. 284-295.)

Heuzé (Gustave). Les Plantes alimentaires des pays chauds et des Colonies. Paris, 1899.

Higgins (J. E.). The banana in Hawaii (*Hawaii Agricultural Expermient Station. Bull.* n° 7, Honolulu, 1904.)

Hubert (P.). Le Bananier. Paris, 1907.

Hutchison (Robert). Food and the Principles of Dietetics 1911.

Jores. Culture et Commerce de la Banane au Costa Rica (Extrait des rapports de M. Jores sur la Banane au Costa Rica). (*L'Agricult. prat. des Pays chauds*, t. III, 1906, pp. 296-303.)

Kayser (E.) et Boullanger (E.). Études sur une moisissure de la banane. Nancy 1899.)

Kœnigs (Dr J.). Chemische Zusammensetzung des Menschlichen Nährungs- und Genussmittel, Berlin 1910.

Kopp (A.). L'exportation de la banane à la Guadeloupe, (*Le Monde Colonial Illustré*, n° 32, avril 1926, pp. 76-77.)

Labroy (O.). La culture commerciale du bananier à la Jamaïque (*Journ. d'Agricult. trop.*, n° 109, juillet 1910.)

Landes (Gaston). Étude sur le commerce des fruits tropicaux entre la France et ses colonies de l'Atlantique tropicale (*Revue des Cultures Coloniales*, t. VI, n° 50, 5 avril 1900, pp. 201-208.)

Langworthy (C. F.). et Milner (R. D.) Some results obtained in studying ripening Bananas with the respiration calorimeter. Tirage à part n° 592 du *Yearbook of Depart. of Agricult. for* 1912. Washington 1912.

Lecomte (H.). Les graines du bananier (*Bull. Soc. Nat. d'Acclim. de France*, juin-juillet 1916.)

Lee (H. A.) et Serrano (F. B.). Banana wilt and the Manilahemp plant (*The Philippine Agricult. Journ.* vol. XVI, 1923, n° 2, pp. 104-107.)

Leuscher (E.). Farine de Banane. Procédé de fabrication moderne. Avantages du bananier-figue sur le bananier plantain (Extrait de *Das Echo* du 24 avril et 15 mai 1902) (*Journ. d'Agricult. trop.*, n° 28, octobre 1903, pp. 304-306.)

Levy (H. Q.) Banana cultivation (*The Journ. of the Jamaïca Agricult. Soc.*, vol. XVI, n° 1-8. Kingston jan. aug. 1912.)

Marcano. Essais d'agronomie tropicale (*Annales de la science Agronomique*, t. I, 1er fasc. 1891.)

Mesmer (Louis). Voy. Dorsey.

Moller (A. F.) Les Bananes à San Thomé, d'après les notes de voyages de A. F. Moller. Coïmbra). (*Revue des Cultures Coloniales*, t. IV, n° 28, 5 mai 1899, pp. 275-278.)

MONVOISIN (A.). Voir son étude sur le transport des fruits dans de bonnes conditions dans *Revue Générale du Froid et des Industries frigorifiques*, IIe année, t. 2, nº 3, pp. 80-85.

MOORE (F. W. J.). Sea transport of fruit in cold storage. (*Premier Congrès International du Froid*. Paris, 1909.)

MORAES (Paschoal de). A Bananeira. Sua cultura, Industria e Commercio. Rio de Janeiro, 1923.

MOSSERI (Victor). Sur un pourridié du cotonnier. Immunité et sélection, spécialement chez le cotonnier et le bananier. Le Caire, 1904.

MUNSON (L. S.). Voy. CHACE.

NEISH (James) Voy. BARCLAY.

NEUVILLE (H.). Sucre et Alcool de Bananes (*Journ. d'Agricult. trop.*, nº 24, juin 1903, p. 166.)

PADAVERA. La culture et le Commerce des bananes aux îles Canaries. Rapport de M. Padavera, gérant du vice-consulat de France à Las-Palmas (communiqué par l'Office National du Commerce extérieur) (*Annales de l'Institut Colonial de Bordeaux* nov. 1919, pp. 297-300.)

— Culture et Commerce de la Banane aux Iles Canaries. (*L'Agron. colon. Bull.* nº 28, Nlle Série Janv. févr. 1920, pp. 110-113.)

PASZKIEWICZ (L.). Le Bananier nain « catura » du Para. (*Journ. d'Agricult. trop.* nº 11 mai 1902, p. 142.)

— La Banane Massao dans le Bas-Parana (*Journ. d'Agricult. trop.*, nº 43, janv. 1905, pp. 12-14.)

PECTOR (Désiré). Les Bananes de l'Amérique Centrale (*Revue des Cult. colon.* t. IV, nº 28, 5 mai 1899, pp. 273-274.)

PERIGNY (Cte Maurice de). Les Cinq républiques de l'Amérique Centrale (Costa-Rica, Guatemala, Honduras, Nicaragua, Salvador), Paris: s. d.

— La République de Costa-Rica. Son avenir économique et le Canal de Panama, Paris, 1918.

PITTIER (H.). Ensayo sobre las plantas usuales de Costa Rica, Washington 1908.

POPENOE (P. B.). Costa Rica, land of the banana (*Nat. Geog. mag.*, 1922, pp. 201 219.)

PROSCHOWSKY (Robertson). Voy. CHEVALIER. Note sur le Bananier de Chine.
— Petite revue Agricole et Horticole. Antibes 8 juillet 1917, nº 535, p. 101.

PRUD'HOMME (Em.). Plantes utiles des Pays chauds. Paris, 1920. (*La Banane*, pp. 68-71.)

PYNAERT (L.). Les Bananiers (*Bull. Agric. du Congo belge*, vol. XI-XII) et tirage à part. Bruxelles, 1921.

QUISUMBING et ARGUELLES (Ed.). Studies of Philippines Bananas. (*Philipp. Agricult. Review*, XII, nº 3, 1919.)

RAOUL (E.). Voy. SAGOT.

RIVIÈRE (Ch.). Les Bananiers en Algérie et dans l'Afrique du Nord. (*Revue des Cult. colon.* t. I. 1897, nº 6, 5 nov. pp. 199-202.)

ROJALES (Pedro S.). Distribution of Abaca in Cavite province related to soil and climate (*The Philippine agriculturist*, t. IX.)

ROTHENBACH et EBERLEIN. The occurence of esters in Bananas. (*Experiment Station Record*, XVII.)

Rouget (Fernand). La Guinée. Paris 1906.

Sagot (Dr P.). Le Bananier (*Journ. de la Soc. d'Horticull. de France,* 2e Série, VI 1872, p. 226.)

— Sur le Bananier Féhi (*Bull. de la Soc. bot. de France,* t. XXXIII, 1886. p. 217)

— Les différentes espèces dans le genre Musa (Bananier) leur groupement naturel. Courtes indications sur les caractères distinctifs de chacune et sur l'intérêt alimentaire ou ornemental de plusieurs. (*Journ. de la Soc. Nat. d'Horticull. de France,* 3e série, t. IX, 1887, pp. 238-305.)

— et Raoul (E.). Manuel pratique des cultures tropicales et des plantations des pays chauds. Paris, 1893.

Salvador (W.). The food value of Philippine Bananas. (*Philippine Journ. of Science,* vol. XX, 1922, n° 3, pp. 363-366.)

Saumery (de). La banane et ses utilisations (Extrait du *Courrier de la Guadeloupe.* Pointe-à-Pitre, 1905.)

Schumann (K.). Musaceae in Engler Pflanzenreich, IV, 45, Leipzig 1900.

Sellin (Paul). Die Banane, ein neues Volksnahrungsmittel, Altona, 1912.

Serrano (F. B.). Voy. Lee.

Serre (Paul). La culture du Bananier au Costa-Rica. (*L'Agron. coloniale,* n° 57, sept. 1922, pp. 281-293.)

Stuhlmann (D^r Fr.). Beitrage zur Kulturgeschichte Deutsch-Ost-Afrika. Berlin, 1909

Teodoro (N. G.). A preliminary Study of Philippine Bananes (*The Philippine Journ. of Science,* nov. 1915.)

Tibbles (Wm.) Foods : their Origine, Composition and Manufacture, 1912.

Tischler : Ueber die Entwicklung des Samenanlagen in parthenocarpen Angiospermen Früchten, *in Jahrb. für wissensch. Bothanik,* t. L II, p. 45.

— Untersuch. über die Entwicklung der Bananen. Pollens *in Arch. Zellforsch,* V, 4 (1910), p. 623.

Tolman (L. M.). Voy. Chace.

Tonduz. El pudrimiento del tallo del Banano (*Boletin del Instituto fisico-geo grafico,* n° 11, 1901, p. 309.)

Van der Laat (J. E.). Le Bananier à Costa Rica. Bananes sèches et farine de banane (*Journ. d'Agricult. trop.* n° 87. sept. 1908, pp. 267-270.)

— Las enfermedades des Banano. Costa-Rica, 1914.

Ward (H. J.). Sea transport of bananas by refrigeration. *Premier congrès international du Froid,* Paris, 1909.

Watt (George). Dictionary of the Economic Products of India. 1889-93, t. V, pp. 290-307.

— The Commercial Products of India, 1908, pp. 786-790.

Wildeman (E. De). Un Bananier nouveau de l'État Indépendant du Congo (*Revue des cult. colon.,* t. VIII, n° 71, 1901, pp. 102-104.)

— Bananiers. In *Notices sur des plantes utiles ou intéressantes de la Flore du Congo,* I, Bruxelles, 1900, pp. 69 et suivantes.

— Les plantes tropicales de grande culture I. Bruxelles, 1908, pp. 308-385.

— Les Bananiers. Culture, exploitation, commerce, systématique du genre Musa (Extrait de Heckel, *Annales du Musée colonial Marseille,* 1912.)

— Documents pour une monographie des bananiers. (*Bull. Assoc. des planteurs de caoutchouc.* Anvers, déc. 1919 et janv. 1920.)

— Quelques considérations sur les bananiers (*Revue de Bot. Appl. et d'Agricult. colon.* vol. I, n° 4, 30 déc. 1921, pp. 214-269.)

— La régression des fleurs mâles chez des bananiers africains (C. R. de la Soc. de Biologie. Sect de Bruxelles, séance du 3 juillet 1920, t. LXXXIII pp 1000-1002.)

— Maladies des Bananiers (*Revue de Bot. appl. et d'Agricult. colon*, 2ᵉ année, n° 8, 30 avril 1922, pp. 164-166.)

WILLIAMS (R. O.). Variation chez le Bananier (*Agricultural News*, 19 mars 1921.)

WILSON (W. P.). La farine de Banane. (*Revue des Cult. colon.*, t. VIII, n° 68, 5 janv. 1901, pp. 11-13.)

Les Bananes de l'Afrique Orientale allemande (Résumé des rapports envoyés au Comité colonial allemand sur les bananes de divers postes de cette colonie et publiés dans le *Tropenpflanzer*, août 1903.) (*Revue des Cult. colon.*, t. XIII, n° 133, 20 sept. 1903, pp. 184-187.)

Censo de la Republica de Cuba. Habana 1919.

Culture de la Banane et des Ananas en Guinée française (*Annales de l'Inst. col. de Bordeaux*, sept. 1920 pp. 265-266.)

Farine et Fécule de Banane (Extrait du *Bull. agr. du Congo belge.*)

Transport et conservation de la Banane (*Annales de l'Institut Col. de Bordeaux*, mai, 1922, p. 95.)

Banana bunchy top disease (*Queensland Agricult. Journ.* vol. XIX, 1923, n° 1, pp. 32-33.)

Les charançons du bananier en Afrique Équatoriale (*Bull. de l'Agence gén. des Colonies*, n° 203, février 1925, pp. 223-224.)

La production des Bananes en Guinée française. Études des moyens de stockage et de transport à réaliser pour assurer l'évacuation de la production. (*La Dépêche coloniale et Maritime*, 16 mai 1925.)

Directoria de Estatistica Commercial (Ministerio da Fazenda) Importacaô. Exportacaô Commercio exterior do Brazil.

Une plante alimentaire éthiopienne (*Bulletin de l'Agence Générale des Colonies*, n° 206, mai 1925, pp. 725-726.)

The banana and its cultivation with special reference to the British Empire (*Bulletin of Imperial Institute*, vol. XXII, n° 3.)

Banana Cultivation in the Canary Is'ands (*Bulletin of Imperial Institute.* July 1925.)

Le bananier aux Antilles françaises (*Rev. de Bot. appl.*, n° 49, 1925.)

Développement du Commerce des bananes à la Guadeloupe. (*Bull. ag. gen, des Colon.* n° 212, février 1926, pp. 239-240.)

L'Alcool colonial carburant national (*Bull. ag. gén. des Colon.*, n° 212, février 1926, pp. 240-244.)

TABLE DES MATIÈRES

IMPRIMÉ A DIJON

PAR

MAURICE DARANTIERE

EN AOUT

M. CM. XXVI

www.ingramcontent.com/pod-product-compliance
Lightning Source LLC
LaVergne TN
LVHW050301060726
842525LV00002B/365